GUNNAR MYRDAL
ET SON ŒUVRE

La collection « Politique et Économie » se veut le véhicule d'études originales en sociologie politique et en économie politique. Elle s'articule autour de trois séries : études canadiennes ; tendances actuelles (dans les pays industrialisés) ; les grands penseurs.

La collection est dirigée par le Groupe d'étude et de recherche sur les transformations sociales et économiques (Université de Montréal-Université du Québec à Montréal). Le comité de rédaction se compose de Gérard Boismenu (directeur), Lizette Jalbert (directrice adjointe), Gilles Dostaler et Pierre Hamel.

POLITIQUE ET ÉCONOMIE
LES GRANDS PENSEURS

GUNNAR MYRDAL
ET SON ŒUVRE

sous la direction de
Gilles DOSTALER, Diane ÉTHIER, Laurent LEPAGE

1990

Les Presses de l'Université de Montréal
C.P. 6128, Succ. A, Montréal (Qc), Canada   H3C 3J7

Economica
49, rue Héricart, 75015 Paris

ISBN: 2-7606-1515-4 (PUM)
ISBN: 2-7178-1830-8 (Economica)

Dépôt légal, 2e trimestre 1990 — Bibliothèque nationale du Québec

PRÉSENTATION

Cet ouvrage constitue le troisième d'une série sur les grands économistes et penseurs sociaux du vingtième siècle. Le premier était consacré à John Maynard Keynes[1] et le second à Friedrich Hayek[2]. Il y a plus d'un lien entre ces trois auteurs. Keynes, Hayek et Myrdal ont contribué à la mise sur pied de la théorie macroéconomique moderne dans les années trente. Par ailleurs, aucun d'eux ne peut être défini comme un pur économiste. Leurs contributions se situent autant dans le champ de la philosophie, de la pensée politique et sociale que dans celui de la théorie économique. Enfin, ils sont représentatifs de trois grandes tendances politiques contemporaines.

Au terme d'une période de débats passionnés, entre autres avec Hayek, ce qu'on appelle le keynésianisme, identifié à la gestion de la conjoncture et à l'intervention de l'État pour stimuler la demande effective, s'est imposé. Après une longue traversée du désert, c'est la pensée de Hayek, libéral intransigeant et adversaire déclaré de toute forme de socialisme, qui fait cette fois autorité. Le néo-libéralisme contemporain est en grande partie inspiré de ses thèses. L'attribution du prix Nobel d'économie à Hayek, en 1974, est le symbole de la revanche du libéralisme sur le keynésianisme.

Mais ce prix Nobel fut aussi attribué, la même année, à Gunnar Myrdal, qui représente une sensibilité politique tout à fait différente de celle de Hayek. Pour reprendre les catégories usuelles, alors que Keynes se situe au centre de l'échiquier politique et Hayek à droite, Myrdal se trouve à gauche. L'Académie des sciences de Suède leur a attribué le prix Nobel pour leurs contributions à la théorie de la monnaie et des cycles, mais aussi pour leur approche multidisciplinaire des phénomènes sociaux. Elle soulignait par ailleurs le fait que ces auteurs avaient suscité beaucoup de controverses[3].

---

1. G. Boismenu et G. Dostaler (dir.), *La «Théorie générale» et le keynésianisme,* Montréal ACFAS, 1987.

2. G. Dostaler et D. Éthier (dir.), *Friedrich Hayek: philosophie, économie et politique,* Montréal, ACFAS, 1988; Paris, Économica, 1989.

3. Voir le texte officiel de l'Académie royale des sciences in: *The Swedish Journal of Ecocomics,* vol 76, 1974, 469-471.

Gunnar Myrdal est né en Suède en 1898, un an avant Hayek, et quinze ans après Keynes. Il est mort en 1987. Son oeuvre est extrêmement considérable. Une bibliographie publiée en 1984 recense plus de mille titres. Elle est surtout très variée et touche beaucoup de domaines de la connaissance. Comme Hayek, c'est d'abord comme théoricien de l'économie que Myrdal se fait connaître. Dans *L'équilibre monétaire*, publié en suédois en 1931, il se présente comme un précurseur de Keynes. Comme celles de Keynes et Hayek, les thèses de Myrdal s'inspirent de celles du grand économiste suédois Knut Wicksell. Elles mettent l'accent sur le lien entre les phénomènes monétaires et les phénomènes dits réels pour rendre compte des cycles économiques. Elles soulignent aussi les divergences entre épargne et investissement, ce qui constitue un thème important des travaux de Keynes et de Hayek. Par ailleurs, Myrdal donne dans son analyse un rôle primordial au temps, aux anticipations et à l'incertitude. Là-dessus, il va plus loin que ses deux collègues. Compte tenu du fait que la langue dans laquelle Myrdal s'est d'abord exprimé était peu lue, ce n'est que plusieurs années plus tard que l'importance de sa contribution a été reconnue.

Dès 1930, dans *L'élément politique dans le développement de la théorie économique*, Myrdal s'attaque à des questions qu'il ne cessera d'explorer jusqu'à la fin de sa vie, et qui concernent la méthodologie et la philosophie des sciences sociales et économiques. À contre-courant (pour reprendre le titre d'un de ses livres) des tendances dominantes en économie et en sciences sociales, il affirme qu'on ne peut séparer économie normative et économie positive, que les valeurs des uns et des autres imprègnent toutes les recherches, et qu'il est de la responsabilité de chacun de les énoncer clairement au début de ses travaux.

Celles de Myrdal sont claires: ce sont les valeurs associées à l'humanisme rationaliste et à la social-démocratie. Théoricien, avec son épouse Alva — elle-même prix Nobel de la paix — de la social-démocratie suédoise, Myrdal en fut aussi un inspirateur actif, dès le début. Il a occupé de nombreuses fonctions politiques en Suède mais aussi à l'échelle internationale et en particulier aux Nations-Unies. Cela nous amène à un autre aspect de l'oeuvre de Myrdal: sa contribution au renouvellement de la théorie du changement économique et social, à travers le modèle de la causalité circulaire cumulative, contribution dont témoignent, en particulier, ses deux célèbres ouvrages *An American Dilemma* et *Asian Drama*.

Il n'existe pas d'ouvrage en français qui examine les divers aspects de la pensée et de l'action de Myrdal. C'est ce vide que le présent volume vise à combler. Des spécialistes originaires de disciplines comme de pays différents, présentent une synthèse, la plus exhaustive possible, des contributions de Myrdal. D'abord Paul Streeten, collaborateur de longue date de Myrdal dont il a traduit et édité certains ouvrages, et lui-même spécialiste du développement, présente l'homme et son oeuvre. Ce tableau est complété par une postface de Madame Sissela Bok, professeure de philosophie à l'Université Brandeis et fille de Gunnar et Alva Myrdal.

Les autres textes sont regroupés par thèmes, en fonction des divers niveaux d'intervention de Myrdal. Ses contributions à la théorie économique sont d'abord examinées par Kumaraswamy Velupillai, de l'Université de Copenhague et Mario Seccareccia, de l'Université d'Ottawa. Puis, Philippe Adair, de l'Université de Paris XII, se penche sur les rapports complexes et mouvants entre Myrdal et le courant institutionnaliste, avant que ne soient abordées ses thèses épistémologiques et méthodologiques, sous les plumes de Jacques Peltier, de l'Université du Québec à Montréal, et de Michel Rosier, de l'Université de Paris VII. Viennent ensuite les textes de Timothy Tilton, professeur à l'Université d'Indiana, Francine Lalonde, de l'Université du Québec à Chicoutimi et Louis Gill, de l'Université du Québec à Montréal, qui évaluent la dimension politique de l'oeuvre et de l'action de Myrdal. Enfin, Diane Éthier, de l'Université de Montréal et Michel Chossudovsky, de l'Université d'Ottawa analysent les apports de Myrdal à la théorie du développement. Le lecteur constatera, à la lumière de ces différents textes, que les thèses de Myrdal peuvent être diversement interprétées. C'est d'ailleurs ce qui fait leur richesse. L'objectif de cet ouvrage, en effet, est d'offrir à la fois une présentation objective et une analyse critique de cette oeuvre polyvalente, complexe et pénétrante. Par ailleurs, afin d'aider le lecteur à aborder lui-même cette oeuvre, nous avons ajouté une bibliographie détaillée des principaux écrits de Myrdal et des études qui leur ont été consacrées. Cette deuxième section de la bibliographie, bien que non exhaustive, constitue, à notre connaissance, une des premières tentatives de recension des références à l'oeuvre de Myrdal. Les références aux publications de Myrdal insérées dans les textes des auteurs renvoient au code établi dans la première section de cette bibliographie. Le lecteur désireux de retrouver une citation devrait cependant consulter en premier lieu la liste des références bibliographiques, à la fin du texte concerné, pour savoir quelle édition de l'oeuvre de Myrdal l'auteur a utilisée.

***

Un travail comme celui-ci implique, outre celle des auteurs, la collaboration de plusieurs personnes. L'Association d'économie politique (AEP) et le Groupe de recherche et d'étude sur les transformations sociales et économiques (GRÉTSÉ) ont organisé un séminaire d'une journée, le 27 janvier 1989, au cours duquel la plupart des textes de ce volume ont été soumis à la critique d'un public spécialisé. Gilles Dostaler, Bonnie Campbell et Gérard Boismenu ont animé cette rencontre qui s'est tenue à l'Université de Montréal. Nous tenons à remercier le Consulat Général de Suède à Montréal pour sa précieuse collaboration.

Outre les éditeurs, Christophe Deissenberg et Françoise Aecherli ont traduit les textes anglais. Milita Mulder et David Rolland ont traduit les citations et les titres suédois. François Plourde a contribué à la préparation de la bibliographie. Enfin, Line Arès a effectué avec diligence et professionnalisme le formatage des textes. Que toutes et tous soient remerciés.

Gilles Dostaler
Diane Éthier
Laurent Lepage

janvier 1990

GUNNAR MYRDAL
L'HOMME ET LE THÉORICIEN

Paul Streeten

Si un homme a été successivement professeur d'université, conseiller du gouvernement, directeur de banque, président d'une commission de planification, fonctionnaire d'un organisme international, âme dirigeante d'un institut de recherche sur les conflits, auteur de la plus importante étude sur le développement de l'Asie, prix Nobel d'économie, et si, citoyen d'un petit pays, il a occupé ces fonctions sur plusieurs continents, quadrillé le monde d'Est en Ouest et du Nord au Sud, comment s'étonner alors qu'il se soit posé des questions fondamentales? Quelqu'un peut-il être à la fois objectif, pratique et idéaliste? Quelle relation existe-t-il entre la volonté d'interpréter le monde et celle de le changer? Comment nous libérer de notre époque et de notre culture lorsqu'il s'agit de réfléchir sur une autre époque et une autre culture? Comment nous défaire des oeillères que nous imposent nos habitudes intellectuelles et des contraintes de notre profession? Enfin, comment faire pour que la pensée suive les transformations dans les institutions sociales?

Ces questions ont été soulevées par le jeune Gunnar Myrdal dès son ouvrage iconoclaste *The Political Element in the Development of Economic Theory* (1930)[1]. D'autres économistes commencent à peine à le rejoindre.

Gunnar Myrdal est né en 1898 dans la province de Dalarna en Suède. Il attribuera sa foi dans l'éthique puritaine et son égalitarisme à ses origines rurales. Il est l'étudiant de grands personnages: Knut Wicksell, David Davidson, Eli Heckscher, Gösta Bagge et surtout Gustav Cassel dont il hérita la chaire d'économie politique (1933-1939) à l'Université de Stockholm.

Boursier Rockefeller de retour des États-Unis après le krach de 1929, Myrdal, d'abord attiré par la théorie pure, commence à s'intéresser aux

---

1. Les dates renvoient à la bibliographie qu'on trouvera à la fin de l'ouvrage.

questions politiques. Revenus en Suède, Alva et Gunnar Myrdal s'engagent politiquement. En 1935, Gunar Myrdal fait son entrée au Parlement. Avec son épouse, il formule les bases d'une politique démographique et familiale moderne. Son implication dans la vie politique suédoise de 1931 à 1938 en fait, d'un économiste théorique, un économiste politique et finalement, selon sa propre expression, un institutionnaliste. En 1938, la société Carnegie le choisit pour diriger une étude sur la question des Noirs aux États-Unis. Ce projet donne lieu à la publication de *An American Dilemma* (1944a).

En 1942, de retour dans son pays natal, il reprend jusqu'en 1947 ses activités politiques. Il dirige le comité chargé de rédiger le programme social-démocrate de l'après-guerre. Il reprend son siège au Parlement et devient membre du bureau de direction de la Banque suédoise, président d'une commission de planification et ministre du Commerce (1945-1947). À titre de ministre il est impliqué dans la signature d'un traité très controversé avec l'Union Soviétique, ainsi que dans la polémique concernant la levée des contrôles de guerre. En 1947, il est nommé secrétaire exécutif de la Commission économique européenne des Nations-Unies, pour laquelle il recrute une équipe extraordinaire. Après avoir oeuvré dix ans au sein de cette commission à Genève, il s'engage pendant une autre décade dans l'étude de la question du développement en Asie. Il en résulte l'ouvrage monumental *Asian Drama* (1968a). En 1974, il reçoit conjointement avec Friedrich von Hayek, le prix Nobel d'économie.

Toute sa vie, Myrdal s'est intéressé aux questions méthodologiques. Cette préoccupation est d'ailleurs déjà présente dans son oeuvre de jeunesse *The Political Element in the Development of Economic Theory* (1930). C'est sous l'influence de l'éminent professeur Axel Hägerström, de l'Université d'Uppsala, qu'il commence à douter de la sagesse de la pensée économique dominante.

La thèse de doctorat de Myrdal qui porte sur la formation des prix dans le cadre du changement économique (1927, non encore traduite) introduit méthodiquement les anticipations dans l'analyse des prix, des profits et des changements dans la valeur des capitaux. L'analyse microéconomique vise principalement la planification dans l'entreprise. Plusieurs de ces idées ont été reprises dans ses études macroéconomiques, dont *Monetary Equilibrium* (1931).

Une grande confusion règne à l'époque à propos de la distinction entre anticipations et résultats. Les concepts d'*ex ante* et *ex post* forgés par Myrdal contribuèrent grandement à préciser les débats sur l'épargne, l'investissement, le revenu, et leurs effets sur les prix[2]. Dans l'anticipation, l'intention et la planification, l'épargne peut être différente de l'investissement; après le fait, ils doivent être identiques, parce que la collectivité ne peut épargner qu'en accumulant des biens réels. C'est le processus par lequel les anticipations *ex*

---

2. Assar Lindbeck m'a appris que les expressions *ex ante* et *ex post* sont des trouvailles du traducteur.

ante sont ajustées de manière à provoquer *ex post* la même identité comptable qui explique les pertes et profits non anticipés de même que les fluctuations des prix. L'épargne *ex ante* ne correspond à l'investissement *ex ante* que dans une situation d'équilibre; il n'y a alors pas de tendance aux changements de prix. En introduisant le concept d'anticipation dans l'analyse des processus économiques, Myrdal contribue grandement à libérer la science économique de la théorie statique dans laquelle le futur est identique au passé, et à jeter les bases d'une théorie dynamique, dans laquelle l'incertitude et les anticipations jouent un rôle clef.

Ce qui caractérise les trois ouvrages suivants, *The Political Element in the Development of Economic Theory* (1930), *An American Dilemma* (1944a) et *Asian Drama* (1968a), c'est l'importance accordée à la recherche réaliste et pertinente, qu'il soit question des problèmes économiques, des relations entre les races ou de la pauvreté dans le monde. C'est aussi la volonté d'éliminer les biais systématiques de la pensée économique.

Commençant son étude sur les Noirs aux États-Unis, il a tôt fait de réaliser qu'il doit considérer la civilisation américaine dans sa totalité, mais aussi dans ses implications pour cette partie de la population qui est la plus désavantagée (1944a, introduction, section 4). On atteint l'objectivité en explicitant les jugements de valeur présents dans l'entreprise de recherche. Les prémisses ne sont pas choisies arbitrairement. C'est ce que Myrdal nomme le credo américain de justice, de liberté et d'égalité des chances. Même si ces jugements de valeurs sont retenus en raison de leur ancrage dans la société américaine, ils correspondent au propre système de valeurs de Myrdal. La contribution principale de cet ouvrage, que Myrdal considère comme son service militaire, consiste en l'analyse des six décennies qui ont suivi la Reconstruction comme un "interrègne temporaire" et non un "équilibre stable", en la mise à jour de ces changements naissants sur lesquels repose sa prédiction de la révolte des Noirs dans le Sud des États-Unis.

À côté de ses travaux sur les anticipations et sur les problèmes raciaux, Myrdal est surtout connu pour sa critique de la théorie économique appliquée aux pays en voie de développement.

Dans l'œuvre de Gunnar Myrdal, on retrouve cinq éléments de critique à l'égard de la théorie économique et sociale dominante. D'abord, il appelle les chercheurs à adopter une attitude réaliste dans leurs travaux, attitude qui n'est pas à confondre avec un rejet de l'abstraction. Il critique le fait que trop souvent, on retient les dimensions superficielles des problèmes pour mieux en ignorer d'autres: l'ignorance opportuniste, dit-il. Deuxièmement, il critique souvent les définitions trop étroites, voire abstraites, du développement, de la croissance économique ou encore du bien-être. Les besoins réels et les préoccupations des gens plutôt que les abstractions des statisticiens ou les concepts creux de certains métaphysiciens devraient servir de cadres de référence au moment de formuler des objectifs de politique. Troisièmement, Myrdal s'attaque à la définition étroite des disciplines et par conséquent à leurs limites. L'approche institutionnelle qu'il revendique consiste à tenir compte de toutes les connaissances pertinentes et de toutes les techniques d'analyse susceptibles d'éclairer un problème. Dans un système social, il n'y a pas de problèmes strictement économiques, sociaux ou politiques, mais tout simplement des problèmes. Une quatrième tendance critique chez Myrdal vise la simulation de l'objectivité qui, sous le couvert de l'analyse scientifique, masque les valeurs et les intérêts politiques. Pour cet homme d'action, voire pour cet intellectuel conséquent, la fausse objectivité devrait être remplacée par l'aveu de son propre parti pris. Il est conscient de l'articulation complexe des jugement de valeur et des faits, mais dans son ouvrage de jeunesse déjà, *The Political Element in the Development of Economic Theory* (1930), il combat l'héritage de la théorie naturelle et de l'utilitarisme, selon laquelle on peut déduire des recommandations de l'analyse pure. Cinquièmement, Myrdal s'oppose aux déformations terminologiques visant à satisfaire certains intérêts. Il est très sévère à l'égard d'une utilisation "diplomatique" et "opportuniste" de concepts tels que "Nations-unies", "international", "pays en voie de développement", "chômage" ou encore "monde libre". Tous ces défauts se concentrent dans le technocrate qui isole les faits économiques du contexte social, néglige les variables politiques et sociales pour satisfaire des intérêts qui autrement seraient froissés, prétend à l'objectivité scientifique et est par ailleurs insensible au social et à la culture. Puisque la majorité des universitaires, des experts et des planificateurs correspondent à ce type, Myrdal hérisse plus d'une plume.

À la question: "Pouvons-nous écarter le technocrate borné et chercher un modèle formel qui introduirait explicitement des variables sociales?" Myrdal répondrait oui et non. Dans certains domaines, un élargissement ou une redéfinition des concepts peut être profitable. Les effets bénéfiques d'une meilleure nutrition peuvent être étudiés et la frontière entre investissement et consommation peut être redessinée. L'influence du climat, des attitudes et des institutions peut être introduite comme contrainte ou variable. Une fonction de production agraire peut être construite dans laquelle la santé, l'éducation, la distance de la ville, etc., apparaissent comme des "intrants". Nous pouvons redéfinir le capital pour y inclure tout ce sur quoi une dépense de ressources actuelles peut accroître le flux de production futur.

Mais il y a des limites à ce révisionnisme. Ces limites s'appliquent tant à l'analyse des faits qu'à l'élaboration des politiques. Au plan des faits, la reformulation pose problème si la liaison entre les dépenses encourues et les résultats est ténue, comme dans le cas du démarrage d'un programme de contrôle des naissances ou d'une réforme agraire.

Dans l'analyse des valeurs, la construction d'une fonction bien-être social n'est pas, selon Myrdal, une tâche logique. L'harmonie de la politique sociale d'un parti ne s'apparente pas à la cohérence de l'ordinateur ou à un système logiquement conséquent, mais ressemble plutôt à l'harmonie d'une personnalité. Elle est mise en évidence non seulement par un raisonnement déductif, mais aussi par empathie, imagination, et même par la compréhension artistique et intuitive. Fins et moyens, cibles et instruments sont des avenues trompeuses pour saisir les valeurs d'une classe, d'un groupe d'intérêts ou de toute une société, parce que leur unité ne relève pas de la logique mais de la psychologie.

Dans *Asian Drama* (Myrdal, 1968a) les valeurs explicitées comme la rationalité, la planification pour le futur, l'accroissement de la productivité, la hausse des niveaux de vie, l'égalité économique et sociale, l'amélioration des institutions et des attitudes, l'indépendance nationale, la démocratie et la discipline sociale, relèvent des "idéaux modernisateurs".

Une idée importante dans le système de Myrdal est la causalité cumulative ou circulaire (ou le cercle vicieux ou vertueux), développée complètement pour la première fois dans *An American Dilemma* (Myrdal, 1944a). Elle postule une augmentation des bénéfices par la spécialisation et les économies d'échelle, et démontre comment de petits avantages sont amplifiés.

Ce principe remonte à Wicksell qui, dans *Interest and Prices* (1898), analysait les écarts entre les taux d'intérêt naturels et ceux du marché comme un processus cumulatif ascendant ou descendant jusqu'à ce que les divergences disparaissent. Wicksell soulignait que si les banques maintenaient leurs taux d'intérêt sous le taux réel de rendement du capital, elles encourageraient l'augmentation de la production et de l'investissement dans l'usine et ses équipements. Wicksell postulant le plein emploi des ressources productives pendant le cycle, le maintien du taux bancaire au-dessous du taux réel provoque une augmentation cumulative des prix.

Le principe de causalité cumulative peut être utilisé pour expliquer les mouvements qui s'éloignent du point d'équilibre, comme le résultat de l'interaction de plusieurs variables. Myrdal n'est pas toujours précis dans la formulation de ce principe important. Il suggère que toute forme de causalité circulaire ou mutuelle ou d'interaction est cumulative et par conséquent porte atteinte à l'équilibre. Cela est faux, parce qu'une succession d'événements en interaction, peuvent, à la suite d'une perturbation, converger rapidement vers le point d'équilibre initial ou un autre point d'équilibre stable. Pour obtenir l'instabilité, un mouvement cumulatif qui s'éloigne de la situation initiale, les valeurs numériques des coefficients d'interdépendance doivent être plus élevées qu'un certain seuil minimal critique. Par exemple, une augmentation de la consommation fera augmenter les revenus, ce qui en retour fera accroître la consommation et ainsi de suite, à l'infini. Mais aussi longtemps que la propension marginale à consommer est inférieure à un, les séries infinies convergeront vers une valeur précise.

La notion de causalité cumulative est appliquée de façon éclairante par Myrdal pour comprendre les anticipations de prix, (*l'Équilibre monétaire*, 1931), et les relations entre les régions (*Théorie économique et pays sous-développés*, 1957b et 1957c). Il montre comment les avantages propres aux pôles de croissance peuvent devenir cumulatifs, alors que les régions déshéritées peuvent s'appauvrir relativement et même absolument. Cela a des implications importantes sur le commerce international.

Myrdal utilise la notion de causalité cumulative pour traiter des variables sociologiques, par exemple les préjugés à l'égard des Noirs et leur niveau de productivité (faible compétence, criminalité, maladie, etc.), des variables économiques et surtout l'interaction entre les prétendues variables économiques et non-économiques. Ainsi, la relation entre meilleure nutrition, meilleure santé et meilleure éducation, hausse de la productivité et de ce fait chances addition-nelles d'améliorer la santé, l'éducation et la nutrition, démontre que la prise en compte des variables non-économiques permet de comprendre de nombreux processus cumulatifs ignorés par l'analyse économique conventionnelle. Cela nous protège aussi des panacées et des explications à causalité économique.

Le caractère révolutionnaire du concept de causalité cumulative tient au fait que l'interaction n'opère pas seulement à l'intérieur d'un système social ou plusieurs éléments interagissent, mais aussi dans le temps, de sorte que la mémoire et les anticipations jouent un rôle crucial. Les réponses à une variable donnée, un prix par exemple, sont différentes selon l'histoire de cette variable. Cette qualité dynamique de l'analyse et son implication pour l'élaboration des politiques distinguent l'approche de Myrdal des autres raison-nements économiques reposant sur l'idée de l'équilibre général.

Dans *Théorie économique et pays sous-développés* (1957b) et plus tard dans *Asian Drama* (1968a), Myrdal utilise les concepts de remous (*backwash*) et d'effet de propagation (*spread*) pour analyser l'évolution de régions et de pays à différents stades de développement et les effets d'unification. Il s'agit d'une explication alternative fructueuse, réaliste et stimulante à l'analyse en terme d'équilibre stable qui repose habituellement sur les conditions de la concurrence et des rendements décroissants, et qui conclut que les gains sont largement et uniformément distribués.

Comme les marxistes, Myrdal souligne que la distribution inégale du pouvoir et de la propriété constitue un obstacle non seulement à la justice mais aussi à l'efficacité et à la croissance. Sa conclusion, elle, n'est pas marxiste. Il considère la planification des institutions et le changement des attitudes (ce que Marx rangeait dans la superstructure) comme nécessaires bien que difficiles, en partie parce qu'il croit que les politiques qui cherchent à faire évoluer les attitudes et les institutions font aussi partie du système social, de la structure de pouvoir et de propriété. Mais, composer avec des variables que l'on considère comme totalement déterminées à l'intérieur du système, pose des difficultés d'ordre logique.

Dans *Asian Drama* (1968a), Myrdal critique cette sorte de gouvernement qu'il nomme "États mous". Cette critique a parfois été mal comprise. Il est clair que pour Myrdal, la mollesse des États est par ailleurs tout à fait compatible avec un haut niveau de coercition, de violence et de cruauté. Les Tamouls du Sri Lanka, les Indiens de Birmanie, les Chinois d'Indonésie, les Hindous du Pakistan, les Musulmans de l'Inde et l'ethnie Bihâr du Bangladesh — pour ne prendre que ces six soi-disant "États mous" — ne bénéficient sans doute pas d'un traitement très doux. Les "États mous" s'adonnent parfois aussi à la violence militaire à l'intérieur comme à l'extérieur de leurs frontières. Leur mollesse tient à l'absence de volonté de faire face au pouvoir local, qui repose sur les castes, la terre et la culture, et au refus de mettre en oeuvre des politiques gouvernementales explicites. Cela n'est pas attribuable à de la faiblesse ou à de la douceur, mais cela exprime une structure de pouvoir et un écart entre les intentions réelles et officielles.

On le considère comme un tenant de la planification centrale et de l'intervention économique. Mais la lecture de *Asian Drama* (1968a) démontre que selon Myrdal l'économie indienne souffre de trop de contrôles. Cet ouvrage propose, et ceci fait désormais consensus, l'utilisation des prix plutôt que des contrôles quantitatifs directs pour l'allocation des ressources. Simultanément, Myrdal croit que les prix doivent être un instrument politique plutôt que la résultante des jeux du marché. Il est donc non seulement prescient mais dépasse les "petites orthodoxies malodorantes".

Paul Samuelson confie à Charles Kindleberger que l'article du *Manchester School* de 1951 intitulé "The Trend Toward Economic Planning" contient les bases d'une théorie des choix publics du comportement politique, qui tient compte des groupes de pression et des lourdeurs imputables à ce type d'activité.

Myrdal utilise aussi sa méthode pour analyser le couple inflation-chômage présent dans les pays occidentaux à partir des années soixante-dix, et parmi les premiers, crée ou emploie l'expression "stagflation". Il explique la situation par l'organisation des producteurs en groupes de pression, couplée à la dispersion et la faiblesse des consommateurs, au système fiscal qui favorise les dépenses spéculatives, à la structure des marchés et aux modes de fixation des prix par les oligopoles. Il condamne l'inflation parce qu'il y voit une force qui divise la société.

L'approche retenue par Myrdal ne renvoie ni à l'autoritarisme soviétique, ni au laissez-faire capitaliste, mais bien à une troisième voie: l'utilisation des prix pour planifier, et la transformation des attitudes — entre autres, une plus grande sensibilité aux prix — et des institutions pour en faire des instruments de réforme. Son approche ressemble à celle des socialistes que Marx décriait pour leur utopisme. La difficulté est que tout instrument, bien qu'utilisé dans l'esprit de la réforme, peut dans une structure de pouvoir donnée, servir les intérêts des puissants et ramener le *statu quo*. Même les allocations, les rationnements, les permis et les contrôles bien intentionnés peuvent favoriser les monopoles et la grande entreprise. Comment pouvons-nous briser cette boucle? Myrdal ne tire pas de conclusions révolutionnaires, mais se fie à la possible quoique difficile mutation des individus qui survient, tant dans le credo américain que dans les idéaux modernisateurs, dès lors qu'il y a discordance entre les croyances et les actions.

An American Dilemma (1944a) et Asian Drama (1968a) sont deux ouvrages qui traitent de l'interaction et du conflit entre les idéaux et la réalité, et montrent comment, lorsqu'il y a conflit, l'un cède nécessairement le pas à l'autre. Une bonne partie de la théorie économique conventionnelle consiste en une rationalisation qui a pour but de camoufler ce conflit. Mais inévitablement, celui-ci refait surface tôt ou tard. Si tel est le cas, ou bien les idéaux sont revus pour se conformer à la réalité, ou bien la réalité est façonnée par les idéaux.

Réminiscences

Après que j'aie eu traduit *The Political Element in the Development of Economic Theory* (Myrdal,1953a) et un autre essai substantiel sur la fin et les moyens en économie politique (Myrdal, 1933f), et édité *Value in Social Theory* (Myrdal, 1958d), Richard Kahn me dit "Paul, n'en as-tu pas fait assez pour encourager ce jeune homme prometteur?" Dès le moment où Myrdal me demanda de faire cette première traduction, j'ai trouvé agréable, excitant et intellectuellement stimulant mon travail avec lui. Il est devenu un ami et le parrain de ma fille cadette.

Myrdal se disait pessimiste d'humeur joyeuse. Par là il voulait dire que malgré le peu de chance de mener à bien une réforme souhaitable, on se devait néanmoins de faire tous les efforts nécessaires. La notion de causalité cumulative peut, en effet, donner un brin d'espoir, car en visant un facteur donné dans une situation d'équilibre faible ou de spirale descendante, il est possible de redresser le système.

> Si par exemple, nous supposons que pour une quelconque raison les préjugés des Blancs pouvaient être atténués et la discrimination mitigée, cela aurait pour conséquence d'élever le niveau de vie des Noirs, ce qui diminuerait de plus les préjugés, ce qui de surcroît améliorerait la condition des noirs et ainsi de suite par un effet d'interaction.
> Un autre corollaire de notre hypothèse est pratique. Dans le champ de la politique noire, toute pression vers le haut sur l'un ou l'autre de ces

facteurs — si notre hypothèse est juste — entraîne dans la même direction les autres facteurs, et à travers ceux-ci un effet cumulatif sur la condition des Noirs. (Myrdal, 1958d, 188 et 190)

Asian Drama (1968a) est un livre plus pessimiste que *An American Dilemma* (1944a). Au cours d'un repas, il m'avoua qu'à la suite de la rédaction de cet ouvrage sur les États-Unis, il pouvait s'identifier lui-même avec les idéaux américains. Les Américains arrivaient tout au début dans l'ordre de la création, presqu'au même rang que les Suédois. Après eux, il n'y eut rien pendant un bon moment, puis arrivèrent les Anglais et les autres Européens. Il appelait les États-Unis son deuxième chez lui. Mais il dit: "Lorsque j'ai vu ces corps bruns à moitié nus dans une usine de textile de l'Inde, ils me sont apparus étrangers; je n'éprouvais rien en commun avec eux.".

De *American Dilemma* (1944a) à *Asian Drama* (1968a) il passa d'un optimisme de base à un pessimisme grandissant. Je le taquinais en disant que le troisième *A.D.* (*African Damnation*) restait à écrire. À la fin de sa vie, il devint sceptique face à l'aide et à la coopération au développement, et il confia dans un entretien que le monde "se précipitait aux Enfers de toutes les façons possibles". Mais il demeura allègre, ajoutant "qu'il ne fallait laisser les injustices de ce monde prendre le dessus."

Les repas entre amis étaient pour lui l'occasion d'étaler ses théories favorites. L'une d'entre elles était que l'on devait s'attendre à ce que les jeunes soient conservateurs et qu'avec les années ils deviennent plus radicaux. La raison étant qu'ils avaient tout à gagner en se conformant à l'ordre établi et beaucoup à perdre par la contestation. Les aînés, pour leur part, avaient établi leur réputation et n'avaient donc rien à perdre. Une seconde raison étant que plus on avance en âge, plus on reconnaît la vérité, et la vérité bien évidemment est du coté du radicalisme. Il ne voyait pas la contradiction de supposer que les jeunes devaient se conformer aux opinions de leurs aînés, qui, selon ses propres arguments, étaient plus radicaux.

Un jour, Gustav Cassel le mit en garde contre sa propre arrogance: "Gunnar, vous devriez être plus respectueux à l'égard de vos aînés, car ce sont eux qui détermineront votre promotion." "Oui, répondit le jeune Myrdal, mais c'est nous qui écrirons vos nécrologies." En effet, Myrdal écrivit une notice biographique à la mort de Cassel.

Une vertu mineure de Myrdal était, comme me le soulignait David Wightman, qu'il donnait toujours suite au courrier qu'il recevait, quel qu'en soit la futilité et qui qu'en soit l'expéditeur. Il disait que si des gens avaient pris la peine de lui écrire, ils méritaient une réponse. Je suis d'accord avec David Wightman pour reconnaître que c'est une vertu que n'ont pas nos jeunes collègues américains.

Göran Ohlin rappelle une histoire que Myrdal adorait raconter en prenant le thé dans la salle commune de l'Institut.

En 1962, Gunnar avait l'habitude de prendre le thé l'après-midi à l'Institut. J'aimerais me rappeler un peu mieux ses nombreuses histoires sur Hammarskjold. Mais la meilleure, à mon avis, concerne la thèse de Myrdal.

Elle portait bien évidemment sur la formation des prix et le changement économique, et aujourd'hui il aime avouer qu'il n'en comprend pas un mot. Je crois que nombreux étaient ceux qui ne comprenaient pas à l'époque, mais Cassel était heureux d'avoir un disciple et il avait à déterminer la note.

Cassel soutint donc vivement que cette admirable thèse devait obtenir la meilleure note, — *laudatur* (très grande distinction). Mais Gösta Bagge — professeur à l'Université de Stockholm et membre de l'équipe qui, grâce à l'aide financière Carnegie avait produit ces tomes sur les prix et les salaires en Suède, mais aussi politicien conservateur (presque oublié, mais récemment reconnu par une revue suédoise comme trop important pour être ignoré) et qui devint le chef du Parti conservateur — n'avait obtenu que la deuxième meilleure note pour sa propre thèse et ne voyait pas comment quelqu'un d'autre pouvait mériter mieux. Alors il s'opposa et dut rédiger un rapport minoritaire.

Le temps passait et il n'avait toujours pas produit ce rapport. Pâques approchait et il devait se rendre à la montagne avec les autres membres de la haute bourgeoisie pour faire du ski. Il se présenta à Lindahl qui était son étudiant et dit "...vous savez ce que je pense de cette thèse, alors pourquoi ne pas écrire quelques pages à ma place et les faire suivre." Lindahl était plutôt timide et maladroit, et je crois qu'à cette époque, on ne contredisait pas un professeur, alors il ne put refuser. Mais il ne connaissait pas le fond de la pensée de Bagge, et il ne croyait pas comprendre Myrdal. En désespoir de cause, il communiqua avec Myrdal et lui expliqua la situation en lui demandant de rédiger lui-même le rapport minoritaire. Gunnar raffola de l'idée et écrivit immédiatement quelques pages pour suggérer que sa thèse, bien que géniale, contenait quelques faiblesses mineures auxquelles pourrait s'objecter un esprit étroit.

Il le remit à Lindahl qui en fut reconnaissant et le fit suivre. Mais ce ne fut pas la fin de l'histoire, car quelques semaines plus tard, avait lieu le bal de mai — avec cravate blanche et le reste. En entrant, Gunnar remarqua Bagge qui avait un air embarrassé mais qui finalement vint à lui en disant: "J'espère que vous avez lu mon rapport minoritaire. Ne pensez-vous pas que j'ai été gentil avec vous?"

Gunnar disait qu'une des fiertés de sa vie était qu'il n'avait jamais raconté l'histoire à Bagge. Cela a dû être tout un tiraillement, particulièrement dans les années trente alors que les deux étaient actifs en politique et qu'ils devaient souvent se rencontrer.

Il avait une merveilleuse façon de donner l'impression de se tromper légèrement en anglais, alors qu'en fait, il frappait toujours dans le mille. Ces expressions peuvent être dites bonapropismes (*bonapropisms*), par opposition à malapropismes (*malapropisms*) du nom de madame Malaprop. Les bonapropismes décrivent des erreurs heureuses, des mots ou des phrases qui ratent la cible en apparence, mais qui sans le vouloir, frappent droit au but. Au moment où il est élu *Fellow* du Balliol College d'Oxford, il dit, après avoir observé Oxford pendant quelques semaines: "Je n'aime pas vos collèges homosexuels", voulant dire "collèges monosexuels". À sa manière, il commit un sacrilège: du jamais vu! Il quitta son poste à Balliol pour un autre à Nuffield, parce que ce deuxième collège lui avait offert une meilleure place de stationnement. Il me disait que Greta Garbo aimait retrouver la Suède parce que personne dans son pays natal ne s'occupait d'elle (*nobody looked after her*) voulant dire qu'on ne lui prêtait pas attention (*gazed at her*), mais cela donnait un sens à sa déclaration "Je veux qu'on me laisse seule" (*I want to be left alone*). Lorsqu'un premier jet n'était pas satisfaisant, il disait: "Déchirons et reprenons du rebut (*scraps*)", voulant dire "début (*scratch*)." Les Suédois ont un problème notoire à prononcer le "J" anglais. Ils utilisent plutôt le son "Y". Mais la seule occasion où Myrdal prononçait correctement le "J" anglais était lorsqu'il parlait des peuples qui souffraient sous le joug colonial (*colonial joke*).

Bob et Ethel Asher étaient de grands amis de Gunnar Myrdal. Ils habitaient l'avenue Cathedral à Washington. Habituellement, il séjournait chez eux. Mais à une occasion, ils affichèrent complet et ils le logèrent au Cosmos Club. De cet endroit, il téléphona à Ethel pour lui dire: "Ma chère Ethel, ici Gunnar. Il est étrange d'être ici à Washington et de ne pas coucher dans votre lit." En effet, il aimait les femmes. Un jour il me raconta: "Alva et moi sommes demeurés assis sur le lit jusqu'à quatre heures du matin, discutant de toutes ces horreurs, en nous tenant par la main." Dans leur résidence de Äppleviken, où ils logèrent de 1938 à 1947, les Myrdal avaient fait construire un mur amovible entre leurs lits, de sorte que chacun pouvait se coucher à l'heure qu'il voulait sans déranger l'autre, ou jouir, au besoin, d'un moment de solitude. Au toucher d'un bouton, le mur se retirait et cela permettait ainsi de reprendre les relations matrimoniales. Au travail et dans la vie, Alva et Gunnar formaient une équipe dans laquelle les contributions de l'un ou l'autre étaient difficiles à départager. Au moment d'une rencontre avec Robert McNamara, le président de la Banque mondiale, celui-ci, comme plusieurs, fut plus impressionné par Alva que par Gunnar.

Dans la foulée de leur livre sur les problèmes démographiques, on discuta beaucoup de la façon de résoudre le problème de la dénatalité en Suède. Les Myrdal prônaient des familles où les enfants seraient désirés et bien soignés. Dans le débat public, le mot "Myrdal" vint à entrer dans le vocabulaire suédois pour désigner l'acte de procréation. Ce mot était associé à certains noms, comme "maison-Myrdal", "lit-Myrdal", "cactus-Myrdal", suggérant ainsi aux esprits tendancieux des connotations salées.

Bob Asher me raconta aussi une histoire à propos d'un séjour à Washington vers 1954, où à la demande de Myrdal, il avait organisé une rencontre avec Harold Stassen, ancien gouverneur du Minnesota, candidat permanent à la présidence des États-Unis et à ce moment directeur du programme d'aide américain. Après avoir conduit Myrdal au bureau de Stassen, Myrdal lui demanda: "N'entrez-vous pas avec moi?" Asher répliqua: "Non, c'est vous qui vouliez le voir; je vous attend dans la voiture." Lorsque Myrdal réapparut quelque 45 minutes plus tard, ces premiers mots furent: "Bob, a-t-il vraiment l'étoffe d'un président?" (*Bob, is he really president lumber?*)

Il parlait beaucoup et certains se plaignaient qu'il n'écoutait pas suffisamment. Il avait un esprit si vif qu'il devinait ce que les gens allaient dire, et de ce fait n'avait pas à écouter. Lorsqu'il rencontra le fameux statisticien et planificateur indien, P.C. Mahalanobis, aussi un volubile, on rapporte que Gunnar gagna et imposa le silence à Mahalanobis, un exploit sans précédent. Certains racontent que les deux parlèrent 75% du temps.

Gunnar Myrdal avait cette habitude de surtout se citer lui-même dans ses écrits. Cela est courant chez les universitaires. En effet, pour identifier un auteur au moment d'une évaluation anonyme il suffit de regarder qui est le plus souvent cité dans les références bibliographiques. Dans son cas, il n'est pas question de vanité mais du fait que, dans une logique implacable, il donnait la meilleure note à ses idées. Si les idées d'un autre étaient meilleures, il les adoptait. L'habitude de se citer reflétait non pas la vanité mais l'égocentrisme. En 1969, la Société pour le développement international tenait une réunion à Delhi. Gunnar Myrdal se promettait d'y aller, mais il dut annuler. Il fit parvenir un message qui fut publié dans les documents de la conférence. Mais tout comme lorsqu'il parlait, une erreur d'impression divulgua une autre vérité profonde. Ce que Myrdal avait écrit était: "J'anticipe de lire les textes soumis à cette conférence et de réviser (*readjust*) mes propres idées." L'imprimeur en séparant les mots *read* et *just*, produisit le contresens suivant: "J'anticipe de ne lire que mes propres idées." Encore une fois dans le mille.

Non seulement Myrdal aimait la controverse, mais il croyait que c'était la seule façon de faire progresser la science sociale. Les différences devaient être avivées et non dissimulées. Il demeura un enfant terrible toute sa vie, pour devenir éventuellement un enfant terrible émérite.

Sa colère s'élevait lorsque certains affirmaient que les différentes races possédaient des patrimoines génétiques différents en ce qui concerne l'intelligence, ou bien que le haut taux de suicide en Suède était attribuable aux mesures de bien-être. Il répliquait que le taux de suicide était surévalué en comparaison d'autres pays parce que les Suédois ne stigmatisent pas le suicide. Charles Kindleberger raconte une histoire charmante. En préparant *American Dilemma* (1944a), Myrdal voyageait dans le Sud et visitait des écoles secondaires.

> Invariablement, il était invité à prendre la parole devant une assemblée d'étudiants noirs. Invariablement aussi, le directeur blanc de l'établissement demandait à la chorale ou à l'ensemble vocal de l'école d'interpréter quelques *Negro spirituals* pour leur invité. Dans l'ouvrage *American Dilemma*, on note que certains Noirs croyaient que les *spirituals* étaient un insigne de l'esclavage (Myrdal, 1944a, 755). Myrdal me raconta qu'à l'une de ces occasions, à son tour de parole, il commença par dire que puisque l'école lui avait chanté un air folklorique, il en ferait de même. Avec une voix sans entraînement et sans accompagnement, il chanta une chanson folklorique suédoise. Le mot, disait-il, se répandit rapidement dans la population noire du Sud que cet homme blanc de Suède avait décelé les habitudes condescendantes des administrateurs scolaires, et avait tendu la main aux étudiants noirs en se mettant au même niveau. (Kindleberger, 1987, 396)

Michael Lipton raconte l'histoire suivante:

> Comme vous le savez, ses habitudes de conversation étaient d'exprimer un point de vue controversé, puis de demander votre opinion à peu près comme une équipe touristique de la Banque mondiale chargée du développement rural recherche la participation des villageois. On pouvait murmurer sa réaction, allant du doute à la réfutation véhémente. Il continuait: "Oui, exactement", et poursuivait son monologue qu'il avait voulu nous faire interrompre. Ce n'est qu'après avoir travaillé six mois avec lui que j'ai enfin pu l'atteindre, et ce en étant fortement en désaccord avec lui à propos de la CEE. Si je me souviens bien, il affirmait que la Suède ne pourrait jamais, dans aucune circonstance, en faire partie, parce que cela signifierait la perte des droits sur la terre, "et que dans ce pays la terre appartient à la couronne", un argument merveilleux venant d'un socialiste ou même d'un social-démocrate (au-delà, bien sûr des droits attribués à Bruxelles qui même en 1992 seraient bien au-delà de ses rêves les plus fantaisistes). De toute façon, j'ai si bien réussi à être en désaccord avec lui qu'il finit par réaliser que quelqu'un n'était pas d'accord avec lui. À partir de ce moment, il était possible d'avoir des discussions, au cours desquelles deux personnes s'écoutaient mutuellement.

Pour Myrdal, le travail était sa vie. Même s'il parlait parfois comme s'il n'était pas fait pour rédiger des livres mais plutôt pour rêver sous les arbres, boire du vin et aimer les femmes, son travail l'accaparait totalement, au détriment de sa famille, de ses amis et de ses passe-temps. Il dévorait les journaux, mais dédaignait les romans et la lecture légère, et n'avait d'intérêt pour aucune forme de récréation. Ses conversations étaient construites principalement autour du sujet sur lequel il travaillait, des développements politiques, économiques et sociaux dans le monde. Souvent, il laissait surgir un courant de conscience et alors il faisait alors une observation originale et brillante sur le monde ou sur une personne. Il alliait la générosité et le charme à l'intolérance pour tout ce qu'il considérait comme charlatanisme ou suffisance.

Traduit par Laurent Lepage avec la collaboration de Gilles Dostaler

LES CONTRIBUTIONS DE GUNNAR MYRDAL
À LA THÉORIE ÉCONOMIQUE

Kumaraswamy Velupillai

Les grands économistes ont été associés à des aphorismes célèbres. Keynes nous a rappelé qu'«à long terme, nous sommes tous morts» (Keynes, 1923, 80). Kalecki nous a dit que «les travailleurs dépensent ce qu'ils gagnent et les capitalistes reçoivent ce qu'ils gagnent» (Kalecki, 1976, 8). Celui de Myrdal, est l'affirmation au sujet de «cette espèce d'originalité anglo-saxonne, attrayante mais inutile, qui a ses racines dans certaines lacunes systématiques de la connaissance de la langue allemande, de la part de la majorité des économistes anglais» (Myrdal, 1950, 26).

Ces «lacunes systématiques» s'étendent aux langues scandinaves, de sorte que, aussi étonnant que cela puisse paraître, certaines des contributions les plus fondamentales et novatrices de Myrdal à la théorie économique et à la théorie de la politique économique sont demeurées méconnues. Il en est ainsi en particulier pour sa thèse de doctorat, *le Problème de la formation et le changement économique* (Myrdal, 1927), et pour ses travaux comme membre de la fameuse commission sur le chômage, *les Effets économiques de la politique fiscale* (Myrdal, 1934a)[1]. Par ailleurs, son ouvrage *l'Équilibre monétaire*

---

1. "Je me souviens avoir reçu du Bureau International du Travail une invitation à publier une traduction, dans leur revue, d'un supplément que j'avais annexé à la proposition budgétaire de 1933, ce que j'ai refusé. J'étais entièrement occupé par mon propre travail, et je ne voulais pas prendre la peine de faire les corrections d'épreuves d'une traduction. Pour des raisons semblables, j'ai dû décliner la proposition aimable de Heckscher qui voulait réaliser une traduction de ma thèse, *le Problème de la formation des prix et le changement économique* (1927). Cette thèse était restée sans traduction jusqu'à très récemment, quand un collègue de Florence a commencé à la traduire en anglais, de même que *les Effets économiques de la politique fiscale* de 1934" (Myrdal, 1982, 169). Ce «collègue de Florence» c'est moi-même. Voici l'endroit approprié pour faire état de ma dette

(Myrdal, 1950) est l'une des oeuvres classiques, non seulement de l'école de Stockholm post-wicksellienne, mais de la période fondatrice de la macroéconomie. Peu de personnes contesteront le fait que Keynes, Hayek, Myrdal et Lindahl ont dominé les étapes initiales du développement de la macroéconomie, alors que Frisch, Tinbergen et Kalecki ont été les pionniers de la macrodynamique. La distinction est subtile mais importante.

Dans une certaine mesure, les contributions analytiques de Myrdal à la théorie économique évoluent de pair avec les travaux de Lindahl. Mises à part leurs premières publications dans les années vingt (Lindahl, 1924 et Myrdal, 1927), toutes les autres se sont mutuellement influencées[2]. Le *Penning-politikens Medel* de Lindahl (1930) est en fait une révision de sa monographie de 1924 à la lumière de la thèse de doctorat de Myrdal; son important article publié dans *Ekonomisk Tidskrift* (1929a) témoigne de façon évidente de la même influence. D'un autre coté, *l'Équilibre monétaire* de Myrdal (1950) s'inspire du *Penningspolitikens Medel*; enfin la publication par Myrdal de *les Effets économiques de la politique fiscale* (1934a) a été suivie du long article de Lindahl dans *Ekonomisk Tidskrift* de 1935. Il ne faut pas oublier non plus que Lindahl a été lui-même examinateur de la thèse de Myrdal[3]. Voilà pour les détails chronologiques.

Y a-t-il une histoire plausible qui permette de relier ces différents fils? Je pense que oui, mais cette histoire est relativement originale. La méthode courante consiste à lire plusieurs de ces contributions suédoises avec des lunettes keynésiennes et kaléckiennes. Cette interprétation, qui met l'accent sur la demande effective, la détermination du niveau de la production et l'agrégation des relations de comportement — mises à part, pour le moment, les nombreuses controverses virulentes sur la théorie du taux d' intérêt — est manifestement importante. L'accent mis sur ces concepts amène inévitablement à se demander si les Suédois avaient développé le concept d'équilibre de sous-emploi, ainsi que le mécanisme du multiplicateur et les critères de convergence correspondants[4]. Jusqu'où les Suédois, et en particulier Lindahl et

personnelle. C'est après avoir lu *le Drame de l'Asie* de Myrdal que j'ai décidé d'abandonner les mathématiques appliquées et le génie mécanique pour l'économie. Je suis venu pour la première fois en Suède en juillet 1968 et j'ai acheté les trois volumes pendant ma première journée à Malmo.

2. Bien entendu, Lindahl avait développé les idées de Wicksell sur la «taxation juste» dans son ouvrage antérieur *Die Gerechtichkeit der Besteuerung*, en 1919.

3. Dans les archives de Lindahl, il y a un manuscrit autographe daté du 12 avril 1927 qui résume les commentaires de Lindahl comme «adversaire». Par la suite, Lindahl a écrit une recension courte mais favorable dans *Economic Journal* (Lindahl, 1929b).

4. «Le problème de la réalisation de ce but [atteindre une pleine utilisation des ressources nationales avec un niveau de prix relativement stable] peut être étudié du point de vue monétaire ou du point de vue de l'emploi. En ce qui me concerne, je trouve la première approche, plus démodée, parfaitement appropriée à des buts didactiques. De plus, dans la formulation du problème monétaire, c'est-à-dire celui de la stabilisation du niveau des prix, j'adhère à une ancienne tradition suédoise, basée sur la contribution de Knut

Myrdal, s'étaient-ils rendus? Dans quelle mesure avaient-ils anticipé Keynes? Pourquoi restèrent-ils en deçà d'une «révolution keynésienne» complète? Cela a été élégamment analysé par Bent Hansen (Hansen, 1981). Il existe de nombreuses versions de cette histoire. Cependant, celle de Hansen est sans doute la plus complète et la plus convaincante et je ne peux rien y ajouter de nouveau, de plus valable ou de plus intéressant.

Mais je crois qu'il y a des visions alternatives tout aussi crédibles, en particulier si l'on se situe dans une perspective autre que keynésienne. Par ailleurs, la plausibilité est surtout fonction d'une tradition et d'un cadre de référence. Il est donc nécessaire de mettre en évidence ces deux éléments dans le sens précis dans lequel ils peuvent former un contexte pour l'économie politique suédoise pendant le demi-siècle qui va de 1889 à 1939, c'est-à-dire entre Davidson (1889) et la publication anglaise des classiques de Myrdal et Lindahl. On pourra alors comparer les traditions et les cadres de référence alternatifs.

Commençons par la tradition. La macroéconomie suédoise s'insère directement dans la grande tradition continentale des finances publiques et de la fiscalité d'une part, et dans le cadre des préoccupations propres à la Suède pour la démographie, la pratique de l'actuariat et l'assurance sociale d'autre part. Les fondateurs de la tradition écononomique théorique en Suède, Davidson, Wicksell et Cassel, ont tous été impliqués, au cours de leurs années de formation, dans au moins un des champs mentionnés ci-dessus. Les finances publiques, la fiscalité, la démographie et l'assurance sociale impliquaient que l'accent soit mis sur les concepts d'équité et les méthodes dynamiques. La pratique actuarielle, codifiée par les méthodes statistiques et la théorie des probabilités, fournissait les outils conceptuels.

Fiscalité juste, répartition équitable des revenus, moyens pour atteindre ces buts, rôle de la législature et contraintes économiques, tout cela avait été discuté dans les premiers travaux de Davidson, Wicksell, Cassel et finalement Lindahl. Une des nombreuses conséquences des variations cumulatives et séculaires des prix était évidemment leur impact sur la répartition des revenus et du patrimoine — entre facteurs de production, entre personnes, et entre emprunteurs et prêteurs. Ces questions allaient amener à mettre l'accent sur les avantages d'une stabilisation des prix. D'autres problèmes de répartition étaient discutés dans le cadre de la justice ou de la fiscalité juste. Cette dernière question allait de son côté être discutée en termes de normes souhaitables pour la stabilisation des prix. La discussion des normes souhaitables, ou des buts et des moyens pour les atteindre, était menée dans le contexte de ces

---

Wicksell il y a plus de cinquante ans et en accord avec cette partie de la pensée keynésienne qui est contenue dans le *Treatise on Money*.(En Suède, nous considérons que ce livre est une bonne approche générale au problème dynamique, plus valable que la *Théorie générale*, laquelle part d'hypothèses plus spécifiques)» (Lindahl, 1950, 13).

aspects concrets. Par la suite, après la leçon inaugurale de Wicksell et les deux monographies de Lindahl sur les «Buts et moyens de la politique monétaire» (Lindahl, 1924 et 1930), en passant par les «effets économiques de la politique fiscale» (Myrdal, 1934a), elle finit par être codifiée par Ragnar Frisch, Bent Hansen (et par Jan Tinbergen inspiré par le mémorandum de Frisch aux Nations-Unies) comme cadre de la théorie économique de la politique fiscale (voir Hansen, 1958).

Ainsi, dans le cadre concret et historique des variations séculaires des prix et sur la base de considérations relatives à la répartition, Wicksell cherchait un cadre théorique et des concepts propres à l'analyse et à la détermination des moyens économiques et politiques nécessaires pour construire une économie stable, dans laquelle les ressources seraient pleinement utilisées, sans déception des anticipations et sentiment d'injustice. Puis, comme Eli Hecksher l'a formulé de si heureuse manière:

> Wicksell révéla de façon plutôt inattendue, devant la Société [*Nationalekonomiska Forening*] en 1898 [le 14 avril] ce qui était peut-être sa plus grande contribution théorique, sa théorie du lien entre le taux d'intérêt et la valeur de la monnaie. (Heckscher, 1953, 119)

La théorie économique pré-wicksellienne avait maintenu la dichotomie traditionnelle entre la théorie quantitative comme fondement de la théorie de la monnaie (et du niveau absolu des prix) et, dans un compartiment indépendant, la théorie néo-classique de la valeur comme base de détermination des prix relatifs: les secteurs monétaire et réel. Wicksell, en un trait de génie, détruisit cette dichotomie et défit aussi le lien entre monnaie et prix, implicite dans la théorie quantitative. L'introduction d'une économie de crédit pur ramena de nouveau au premier plan la politique bancaire, et en particulier la politique du taux d'intérêt pour assurer l'équilibre monétaire (expression introduite toutefois plus de trente années plus tard par Myrdal). La suite de cette histoire se trouve bien rapportée dans de nombreux articles, monographies et livres. Ma tâche est ici de présenter l'entrée en scène de Myrdal.

La remarquable thèse de doctorat de Myrdal semble avoir été écrite, à plus d'un égard, sous l'influence de Cassel. Non seulement était-elle une contribution à la formulation dynamique, par Cassel, du système walrasien des prix, mais elle avait été écrite sous l'influence de l'aversion quasi pathologique de son maître pour l'analyse de l'utilité marginale. Il est bien connu que ce dernier aspect — conjugué à ses préférences propres pour le positivisme logique d'Axel Hagerstrom qui était en train de se développer face à l'idéalisme conservateur dominant de C.J. Bostrom — fut brillamment développé par Myrdal dans le premier d'une série d'essais méthodologiques, quelques années seulement après son initiation à l'économie politique.

La genèse de ce qui allait devenir la thèse de doctorat de Myrdal n'est pas, à mon avis, très bien connue. Myrdal lui-même ainsi que Cassel ont donné quelques indications là-dessus:

> J'ai réussi mon LL.B. [*Juris kandidat*]... en relativement peu de temps au printemps de 1923. Mais j'étais alors intellectuellement presque totalement abattu et profondément déprimé.
> Ce fut Alva qui me sauva. Elle me suggéra de me consacrer à l'étude de l'économie politique, qui ressemblait plus aux sciences naturelles et aux mathématiques. Elle acheta le *Theoretische Sozialoekonomi* de Gustav Cassel. J'en trouvai certaines parties plus ou moins compréhensibles, mais je m'aperçois maintenant, lorsque je feuillette le vieil exemplaire, que mes anciens doutes étaient assez bien placés.
> J'entrepris alors de lire tout ce qui avait été imprimé dans l'*Ekonomisk Tidskrift* depuis le premier volume en 1899. (Myrdal, 1982, 274)

À cette époque, de telles entreprises semblaient encore possibles!

Cassel, faisant référence à des conférences qu'il avait données à Londres en juin 1925, remarque:

> Parmi ceux qui assistaient à mes conférences, il y avait aussi Gunnar et Alva Myrdal et, comme il avait décidé de faire une étude sur l'importance des anticipations du futur en planification, je lui conseillai d'entreprendre l'étude de l'essence de la théorie des probabilités. (Cassel, 1940, vol. 2, 69)

On trouve une description concise du contenu et des buts de *le Problème de la formation des prix et le changement économique* dans le compte-rendu que Lindahl en écrivit pour *The Economic Journal* (Lindahl, 1929b). Ce que je peux ajouter à cet important résumé concerne deux questions:

(a) Manifestement, Myrdal a pris le conseil de Cassel au sérieux. Il est clair qu'il fut très influencé par le *Treatise on Probability* de Keynes et qu'il comprenait l'importante distinction entre risque et incertitude d'une part et probabilités subjectives, objectives et logiques d'autre part. En fait, en dehors des cercles ésotériques intéressés par les fondations des probabilités, il fut l'un des rares à saisir clairement cette distinction dès le début. Même de nos jours, les économistes ont tendance à situer la théorie de Keynes dans l'école subjective et à considérer Keynes et Knight comme les auteurs communs de la distinction entre risque et incertitude. Myrdal n'a pas fait cette erreur. Après avoir discuté, de manière très critique, le *Risk, Uncertainty and Profit* de Knight, il montre clairement que ce dernier n'avait pas compris la distinction keynésienne entre risque et incertitude. Par ailleurs, Myrdal note que la distinction faite par Knight concerne les décisions assurables et non assurables, distinction pour laquelle, bien entendu, le lien probabilité subjective-objective est important. Mais, comme Myrdal l'indique par la suite, cette distinction entre décisions assurables et non assurables a une longue et noble ascendance européenne — ce qui amène Myrdal à reprocher à Knight d'être un peu ignorant de la tradition intellectuelle dans laquelle il se situe. Myrdal connaissait les travaux en actuariat — en particulier ceux de Hardy — mais il s'appuyait aussi sur une remarquable tradition orale suédoise, illustrée par les travaux de F. Lundberg (le père de Erik Lundberg) et par les fameux cours d'Harald Cramer sur les «mathématiques de l'assurance» à Stockholm.

(b) De manière plus importante, les travaux de Myrdal, avec leur analyse de la dynamique des prix fondée sur le risque, l'incertitude, les anticipations et l'assurance ont influencé ceux de Lindahl en politique monétaire. Hammarskjold a résumé cette influence en termes limpides:

> Entre 1924 et 1929, parut *le Problème de la formation des prix et le changement économique* de Myrdal, et son traitement du risque et des anticipations laissa des traces claires dans le second ouvrage de Lindahl sur la politique monétaire. Ainsi, le second postulat de 1924 [«le minimum de divergences entre le contenu actuel et le contenu intentionnel de contrats monétaires lors de modifications des conditions économiques»] fut reformulé en termes de réduction du «risque que des événements imparfaitement prédits comportent pour l'activité économique». Cela implique clairement que Lindahl pose l'exigence d'un accord entre développements actuels et anticipés. Le postulat révisé rassemble donc sous une seule rubrique des éléments causals se rapportant à des considérations de répartition aussi bien que d'équilibre. Ce dernier élément, où se montrait l'influence de Myrdal, est manifestement relié au.point de départ de Wicksell dans sa critique du raisonnement de Davidson. (Hammarskjold, 1955, 151)

Le développement de thèmes wickselliens par Lindahl a porté sur les contraintes institutionnelles imposées à la politique monétaire, ou, en termes modernes, sur les régimes monétaires: la crédibilité d'une politique et sa consistance, tous des thèmes éminemment modernes. Comme il convient à l'auteur d'une monographie sur la fiscalité juste dans la grande tradition wicksellienne des *Finanztheoretische Untersuchungen*, la justice distributive joue un rôle prédominant dans le développement de la théorie monétaire de Wicksell par Lindahl. L'autre pilier de la théorie monétaire de Wicksell — le processus cumulatif et ses fondements en termes de [dés-]équilibre — ne fut intégré dans l'oeuvre de Lindahl qu'après la thèse de Myrdal.

À mon avis, il est assez facile de prouver que le bagage intellectuel de Myrdal, au cours de tous ses périples, contenait presque toujours des variantes du processus cumulatif et des déséquilibres dynamiques de Wicksell, sous la forme de la causalité cumulative et circulaire.

Tels étaient la tradition, le cadre et l'héritage intellectuel à partir desquels les discussions des années trente débutèrent et se développèrent au sein de ce qui est maintenant connu sous le nom d'école de Stockholm. Il ne s'agissait pas seulement de prouver la possibilité d'un équilibre dans des conditions de sous-emploi des ressources. Ce n'était pas la façon dont la tradition suédoise abordait le problème de la grande dépression ou de l'hyperinflation. Wicksell avait fait éclater une fois pour toutes — comme on l'espérait dans ces temps enivrants — le concept d'une économie monétaire auto-stabilisatrice pour réintroduire la politique bancaire comme composante intégrale de la macro-économie. Mais de nos jours, «l'économie pré-wicksellienne après Keynes» a choisi de ne prendre en ligne de compte aucune de ces contributions sauf dans la mesure où elles font partie de la synthèse néo-classique ou de la théorie de la politique économique traditionnelle dans ses versions les plus mécaniques.

L'enchaînement logique, d'un point de vue purement théorique, après *la Formation des prix*, en passant par le *Penningspolitikens Medel* de Lindahl jusqu'à *l'Équilibre monétaire* de Myrdal, puis aux *Effets économiques de la politique fiscale* culmine dans les remarquables travaux de Bent Hansen sur l'inflation et la théorie de la politique économique.

Entre sa thèse et les deux livres sus-mentionnés Myrdal avait non seulement entrepris d'écrire un des traités méthodologiques les plus réputés en économie, *Science et politique en économie*, mais il avait aussi pris part à l'élaboration de matériel statistique se rapportant au champ naissant de la comptabilité nationale (Myrdal, 1933b)[5]. Les problèmes d'indices auxquels Myrdal a dû s'attaquer pour construire des séries statistiques fiables et significatives sur l'évolution du coût de la vie en Suède pendant une période d'une centaine d'années, lui ont certainement été fort utiles pour *l'Équilibre monétaire*. De manière plus importante encore, les pondérations et fonctions de réaction qui furent utilisées dans la construction d'indices de prix dans la discussion de *l'Équilibre monétaire* — en particulier entre les mains de Bent Hansen sous la forme d'équilibre monétaire en tant que processus temporel (voir Hansen, 1951, ch. IX) — peuvent être retracées jusque dans les dynamiques de prix discutées dans cette thèse de doctorat remarquable, inaccessible et oubliée depuis longtemps[6].

---

5. Dans une lettre à ses enfants à l'automne de 1932, Mme Cassel écrit: "Hier après-midi chez les Myrdal, presqu'un séminaire... très intellectuel et fonctionnaliste... Une vague d'américanisme inonde la Haute école et eux, et Bagge, et l'argent des Rockefeller, qui rendent possible toute sorte de recherches économiques et de travaux collectifs - mais tout cela produira sûrement un ressac à un moment "(Giobel-Lilja, 1948, 316-317).

6. Même un scientifique aussi sérieux que Carl Uhr doit admettre que «bien que *le Problème de la formation des prix et le changement économique* n'ait pas été à la disposition de l'auteur, nous avons le témoignage d'Ohlin selon lequel cet ouvrage.....a

Avant tout, *l'Équilibre monétaire* de Myrdal occupe une place respectable, avec *Prix et production* de Hayek et le *Treatise on Money* de Keynes, comme l'une des trois contributions fondamentales à la théorie monétaire dans la tradition de Wicksell. Le long essai critique de Palander est non seulement une dissection minutieuse de *l'Équilibre monétaire,* mais aussi une brillante exposition de cette oeuvre, qui vient en deuxième place, évidemment, après la lecture de l'original et précieuse en elle-même comme étude des différences subtiles marquant la transition de la version suédoise via la traduction allemande jusqu'à la version anglaise finale de 1939 (Palander, 1953).

Je ne puis guère ajouter aux vives discussions, débats et controverses qui ne soit pas déjà présent dans la littérature et culmine chez Palander (1953). Toutefois, un élément remarquable soulevé par Myrdal dans sa critique immanente de Wicksell mérite qu'on le mentionne, en raison de l'étrange chemin qu'il a suivi dans les développements subséquents de la théorie économique.

Dans sa critique de la première des trois conditions wickselliennes pour l'équilibre monétaire, soit la condition selon laquelle «le 'taux normal d'intérêt' doit [...] être égal à la productivité technique marginale du capital réel (c'est-à-dire au taux 'réel' ou 'naturel' d'intérêt)» (Myrdal, 1950, 50), Myrdal fait l'objection familière en théorie du capital, à savoir qu'une définition sans équivoque de la «productivité physique présuppose cependant qu'il n'y a qu'un seul facteur de production, en dehors du capital disponible, et qu'un seul produit et qu'en outre, tous deux ont la même qualité physique» (Myrdal, 1950, 61). Myrdal fait alors remarquer que:

> Dans la suite de son raisonnement, Wicksell fait allusion à la possibilité de remplacer ces hypothèses d'homogénéité qualitative des facteurs de la production et des produits par l'hypothèse de la fixité des prix relatifs des marchandises. Il faut ajouter que les prix relatifs des moyens de production doivent être supposés fixes ainsi que la relation de ceux-ci avec les prix des marchandises; [...] (Myrdal, 1950, 61).

Encore plus intéressant, toutefois, est le rejet catégorique, par Myrdal, dans des termes qui jettent une triste lumière sur les controverses incessantes en théorie du capital, de toute tentative de définir le taux «naturel» en termes de «productivité marginale physique ou technique»:

> Mais comme Wicksell avait à sa disposition un appareil théorique — jugé maintenant assez désuet — qui lui faisait définir le taux naturel comme une productivité marginale physique ou technique, toutes ses formules demeuraient incomplètes et pleines de contradictions [...] (Myrdal, 1950, 127-28)

---

influencé de façon cruciale la recherche suédoise, durant la dernière décennie, dans le champ dont nous parlons». (Uhr, 1960, 305-306)

Cinquante ans ont passé et «l'appareil théorique désuet» est toujours vivant et en bonne santé!

À peu près au même moment, Sraffa se trouva lui-même dans la position étrange d'avoir à défendre Wicksell contre une critique de Hayek à l'occasion de son célèbre débat avec ce dernier dans les pages de l'*Economic Journal*. Hayek avait souligné que le but de Wicksell, l'obtention de la stabilité du niveau des prix par l'égalité entre le taux d'intérêt monétaire et le taux de profit naturel techniquement déterminé, était impossible à atteindre lorsque l'épargne nette est positive. Mais, comme le remarque Sraffa:

> [...] dans les périodes d'expansion de la production, provoquée par des additions à l'épargne, il n'y a rien qui corresponde à un taux d'intérêt d'équilibre (ou à un taux naturel unique), si bien que le taux monétaire ne peut lui être ni égal ni inférieur [...].Cela [...] ne constitue pas en soi une critique de Wicksell. En effet, il y a un taux d'intérêt «naturel» qui, s'il est adopté comme taux bancaire, stabilisera un niveau des prix (c'est-à-dire, le prix d'un bien composite): il s'agit d'une moyenne des taux «naturels» des biens faisant partie du niveau des prix, pondérés de la même manière qu'ils le sont dans le niveau des prix lui-même. Ce que l'on peut trouver à redire à Wicksell, c'est qu'un tel niveau des prix n'est pas unique, et que pour tout choix arbitraire d'un bien composite il y aura un taux correspondant qui égalisera le pouvoir d'achat, en termes de ce bien composite, de l'argent épargné et de l'argent additionnel emprunté pour fins d'investissement. Chacune de ces politiques monétaires donnera les mêmes résultats, en ce qui concerne l'épargne et l'investissement, qu'une économie non-monétaire particulière — c'est-à-dire une économie dans laquelle le bien composite choisi est utilisé comme étalon pour les paiements différés. (Sraffa, 1932, 51)

La critique de Myrdal porte sur l'hétérogénéité en général; celle de Hayek sur la dynamique. Sraffa peut défendre Wicksell grâce à une habile redéfinition du taux naturel comme taux propre d'intérêt. C'est, de nos jours, une définition courante dans la théorie de l'équilibre général et, sinon dans la théorie économique keynésienne, tout au moins dans Keynes (Keynes, 1936, ch. 17, en particulier 223). Sraffa, cependant, ne manqua pas d'ajouter, lorsqu'il définit le taux propre d'intérêt:

> Il faut noter que, dans une situation de libre concurrence, cette divergence entre les taux est tout aussi essentielle pour effectuer la transition que l'est la divergence entre les prix et les coûts de production; il s'agit, en fait, d'un autre aspect de la même question. (Sraffa, 1932, 50)

La définition proposée par Myrdal d'un indice de prix en termes de coefficients de réaction reflétant des degrés de flexibilité de prix (Myrdal, 1950,

136-38) est précisément cet autre aspect dont parle Sraffa. En effet, le chapitre 6 de *l'Équilibre monétaire* de Myrdal devrait être comparé au chapitre 17 de la *Théorie générale* de Keynes pour qu'on apprécie toute la signification et la richesse des considérations dynamiques contenues dans le premier de ces deux ouvrages. Il est aussi satisfaisant, au point de vue intellectuel, de noter que ces considérations dynamiques pour définir des indices de prix appropriés s'inscrivent naturellement dans le prolongement de *le Problème de la formation des prix et le changement économique* .

*****

> Déjà comme étudiant j'étais, de même qu'une grande partie de la jeunesse intellectuelle de ce temps, fortement influencé par Axel Hägerström. Quand celui-ci fut finalement nommé professeur de philosophie pratique à l'Université d'Uppsala en 1911 et donnait son discours d'inauguration *Sur la vérité des concepts moraux* (1911), il rompit définitivement avec la tradition de la philosophie idéaliste et conservatrice de Boström. (Myrdal, 1982, 258)

Wicksell est influencé par Mill, Keynes par Moore, Myrdal par Hägerström. Chacun d'eux est en rébellion contre l'orthodoxie et à la recherche du bien et de ses fondements éthiques dans les courants d'idées de son époque. Ils sont à contre-courant dans leurs contributions à la théorie économique, à l'avant-garde dans leurs tendances philosophiques. Tels sont les paradoxes de leurs engagements intellectuels et politiques.

Étudier les contributions de Myrdal à la théorie économique sans examiner attentivement les fondements philosophiques de son oeuvre équivaut à considérer Hamlet sans le prince, pour se servir d'une expression célèbre. Son aversion contre l'idéalisme épistémologique et son opposition constante à la métaphysique ne peuvent être ignorées lorsque l'on lit ses considérations plus étroitement économiques. L'élucidation des fondements philosophiques de son analyse économique demanderait plus d'espace que ce qui nous est alloué ici, d'autant plus qu'une telle étude devrait prendre en considération l'influence de l'empirisme logique de l'école d'Uppsala, fondée par Hägerström et Phalen. Une telle tâche, indépendamment des contraintes de temps et d'espace, dépasse nos capacités d'analyse.

Dans quelle mesure les écrits de Myrdal en théorie économique ont-ils influencé le développement de cette discipline — et, ce qui est encore plus important, sont-ils pertinents pour les recherches actuelles? La profession s'accorde sans doute en grande partie pour considérer que les frontières de la macroéconomie ont été déplacées, entre autres, par la «révolution des anticipations» et par le défi lancé à l'hypothèse de la rationalité, surtout dans ses versions utilitariennes élémentaires, par les «behavioristes» et les autres qui aimeraient substituer quelque version de l'homme raisonnable à l'homme économique rationnel borné.

Je n'ai pas le moindre doute que ses écrits en théorie économique — et en particulier *le Problème de la formation des prix et le changement économique* et *l'Équilibre monétaire* — demeurent pertinents dans le cadre des avancées les plus récentes de la théorie macroéconomique. La lacune la plus manifeste en macrodynamique est bien entendu le problème de la dynamique des prix. C'est ici que les travaux de Myrdal sur la formation dynamique des prix (ainsi que Lindahl a traduit le titre de sa thèse de doctorat) conservent toute leur pertinence, d'autant plus que la «technologie théorique» actuellement à notre disposition faciliterait des formalisations plus poussées de certains de ses concepts. En particulier, les techniques mathématiques d'estimation récursive, de filtrage et de contrôle devraient être fort utiles pour formaliser les «fonctions de réaction» définies par Myrdal.

Myrdal, comme Keynes, croyait passionnément au pouvoir de la raison dans les affaires humaines. Mais ce n'était pas la raison de l'homme rationnel de la théorie économique. C'était la raison de l'homme économique rationnel d'Adam Smith, pondérée par l'éthique. Ainsi, il se serait senti en terrain familier avec ceux qui essaient d'enrichir le concept de rationalité dans les formalisations de la théorie économique, en l'élargissant pour inclure des éléments éthiques. Ses critiques décisives contre la tentative de fonder un calcul économique sur la base d'un utilitarisme simpliste sont développées de manière particulièrement cohérente dans *Science et politique en économie.* Une formulation concise en est donnée à la fin de *l'Équilibre monétaire:*

> La plus importante est naturellement cette vieille convention qui nous est familière, du «comportement rationnel». [...]
> Le postulat du comportement rationnel a, somme toute, été très maladroitement manié dans la théorie économique. L'école de l'utilité marginale s'est mise en devoir de l'étayer à l'aide d'une explication impliquant toute une psychologie vulgaire sous la forme d'un mécanisme de plaisirs et de peines.
> [...] En quoi cela regarde-t-il la théorie économique et quelle importance cela a-t-il qu'il y ait eu et qu'il y ait encore une rationalisation métaphysico-libérale qui qualifie cette attitude de comportement «rationnel» au sens profond, en vue de poser les bases d'une apologétique sociale? Jusqu'à quel point cela nous fournit-il le genre d'explication dont nous avons besoin pour des buts scientifiques? Pourquoi ne pas partir immédiatement des mêmes bases empiriques que celles utilisées dans la «science pratique des affaires»? (Myrdal, 1950, 195-96)

De même, je pense que sa critique pénétrante de la théorie de la valeur néo-classique dans le quatrième chapitre de *Science et politique en économie* est pertinente pour ceux qui essaient de faire une évaluation critique de la théorie économique conventionelle. Ici aussi, les développements de la «technologie théorique» — dans ce cas les progrès de la logique déontique — peuvent faire de ce classique de la méthodo-logie un outil très pertinent pour un sujet en danger d'être atrophié par le vide du contenu behavioral de l'homme économique rationnel.

La version anglaise de *l'Équilibre monétaire* parut en 1939. Keynes triomphait et Hicks avait déjà publié *Valeur et capital*. Il était trop tard pour avoir une influence directe. Il est significatif que Lundberg, dont la thèse fut publiée dès le départ en anglais, en 1937, ait eu une influence plus directe sur le développement de la macrodynamique que ses deux maîtres, Lindahl et Myrdal. Cependant l'influence indirecte, en particulier par l'intermédiaire de Hicks et Hayek, mais aussi à travers les écrits influents de A.G. Hart et de G.L.S. Shackle, n'a pas été négligeable. Il ne serait pas exagéré d'affirmer que l'analyse en termes de prix fixes des keynésiens français vient directement de Myrdal et Lindahl en passant par *Studies in the Theory of Inflation* de Bent Hansen et par Hicks dans *Lindahl Festschrift* et *Capital and Growth*, pour aboutir avec Benassy et Malinvaud aux frontières de la macroéconomie — du moins du côté européen de l'Atlantique. Près de cinquante ans après sa première critique de *l'Équilibre monétaire,* Hicks remarquait que:

> La critique n'était rien de plus qu'une première impression; bien que j'ai grandement loué ce livre, j'en suis arrivé à avoir le sentiment de ne pas l'avoir loué suffisamment. [...] J'ai eu de la chance d'avoir eu ce Myrdal si tôt. (Hicks, 1982, 42).

Traduit par Christophe Deissenberg et Gilles Dostaler. Les citations en suédois ont été traduites par Milita Mulder et David Rolland.

Références bibliographiques

CASSEL, G. (1940), *I fornuftets tjanst en ekonomisk sjalvbiografi*, 2 vol., Stockholm, Bokforlaget Natur och Kultur.

DAVIDSON, D. (1889), *Om Beskattningsnormen vid inkomstskatten*, Uppsala, Lundequistska Bokhandeln.

GIOBEL-LILJA, I. (1948), *Gustav Cassel: en livsskildring*, Bokforlaget Natur och Kultur.

HAMMARSKJÖLD, D. (1955), «The Swedish Discussion on the Aims of Monetary Policy», *International Economic Papers*, n° 5, 145-154.

HANSEN, B. (1951), *A Study in the Theory of Inflation*, Londres, Allen & Unwin.

HANSEN, B. (1958), *The Economic Theory of Fiscal Policy*, Lund, Studentlitteratur.

HANSEN, B. (1981), «Unemployment, Keynes and the Stockholm School», *History of Political Economy*, vol. 13, n° 2, 256-277.

HECKSCHER, E.F. (1953), «A Survey of Economic Theory in Sweden, 1875-1950», *The Scandinavian Economic History Review*, vol. 1, n° 1, 105-125.

HICKS, J.R. (1982), *Money, Interest and Wages, Collected Essays on Economic Theory*, vol. 2, Oxford, Basil Blackwell.

HICKS, J.R. (1987), «The Swedish Influence on *Value and Capital*», conférence présentée au colloque sur «L'école de Stockholm cinquante ans après», Saltsjobaden, Suède.

KALECKI, M. (1976), *Essays on Developing Economies*, Sussex, The Harvester Press.

KEYNES, J.M. (1923), *A Tract on Monetary Reform*, Londres, Macmillan.

KEYNES, J.M. (1936), *The General Theory of Employment, Interest and Money*, Londres, Macmillan.

LINDAHL, E. (1924), *Penningpolitikens mal och medel* [Buts et moyens de la politique monétaire], Malmö, Försäkringsaktiebolaget; Lund, Gleerup.

LINDAHL, E. (1929a), «Prisbildningsproblemets uppläggning från kapitalteoretisk synpunkt» [Le problème de la formation des prix du point de vue de la théorie du capital], *Ekonomisk Tidskrift*, vol. 30, nº 2, 31-81; in *Studies in the Theory of Money and Capital*, Londres, G. Allen & Unwin, 1939, 269-350.

LINDAHL, E. (1929b), "*Dynamic Pricing*. By Gunnar Myrdal", *Economic Journal*, vol. 39, mars, 89-91.

LINDAHL, E. (1930), *Penningpolitikens medel* [Les moyens de la politique monétaire], Lund, C.W.K. Gleerup;`in *Studies in the Theory of Money and Capital*, Londres, G. Allen & Unwin, 1939, 137-268.

LINDAHL, E. (1935), «Arbetslöshet och finanspolitik» [Chômage et politique fiscale], *Ekonomisk Tidskrift*, vol. 37, nº 1-2, 1-36

LINDAHL, E. (1950), «Swedish Experience in Economic Planning», *American Economic Review*, Papers and Proceedings, vol. 40, nº 2, mai, 11-20.

MYRDAL, G. (1927) *Prisbildningsproblemet och föränderligheten* [Le problème de la formation des prix et le changement économique], Uppsala, Almqvist & Wiksell

MYRDAL, G. (1930) *Vetenskap och politik i nationalekonomien* [Science et politique en économie], Stockholm, P.A. Norstedt & Soners Forlag.

MYRDAL, G. (1933b) *The Cost of Living in Sweden, 1830-1930*, avec l'assistance de S. Bouvin, Stockholm Economic Studies, nº 2, Londres, P.S. King & Son.

MYRDAL, G. (1934a) *Finanspolitikens ekonomiska verkningar* [Les effets économiques de la politique fiscale], rapport pour le comité sur le chômage, Stockholm, P.A. Norstedt & Soner.

MYRDAL, G. (1939b) *Monetary Equilibrium*, Londres, William Hodge.

MYRDAL, G. (1950) *L'Équilibre monétaire*, traduit de l'anglais [Myrdal (1939b)] par Béatrix Marchal, avant-propos par André Marchal, Paris, Médicis.

MYRDAL, G. (1982) *Hur styrs landet?* [Comment le pays est-il dirigé?], Stockholm, Raben & Sjögren.

PALANDER, T. (1953), «On the Concepts and Methods of the Stockholm School», *International Economic Papers*, n° 3 [d'abord paru en suédois dans *Ekonomisk Tidskrift*, 1941].

SRAFFA, P. (1932), «Dr Hayek on Money and Capital», *Economic Journal*, vol. 42, 42-53.

UHR, C. G. (1962), *Economic Doctrines of Knut Wicksell*, Berkeley et Los Angeles, University of California Press.

LE WICKSELLISME, MYRDAL ET L'EXPLICATION MONÉTAIRE DE LA CRISE

Mario Seccareccia*

Dans *L'équilibre monétaire*, Gunnar Myrdal a apporté sa plus importante contribution à la théorie monétaire en formulant une analyse beaucoup plus recherchée que ne l'avait fait son prédécesseur Knut Wicksell à la fin du XIXe siècle. À son avis, Myrdal effectuait une analyse qui s'inscrivait dans la tradition de Wicksell et qui, en dépit de l'opinion de Patinkin (1982, 41-43), constituait *inter alia* une critique fondamentale de l'orthodoxie quantitativiste. Bien que l'on ne puisse douter que Wicksell et Myrdal se soient opposés dans une certaine mesure aux idées fondamentales de la théorie quantitative, on peut toutefois se demander si ce dernier ne faisait qu'extrapoler l'analyse monétaire de Wicksell ou s'il n'élaborait pas plutôt une approche qui n'était en fait que le cheminement logique d'un tout autre programme de recherche. Afin d'élucider cette question, nous allons tout d'abord exposer l'analyse de Wicksell pour ensuite commenter les travaux des chercheurs dont l'approche théorique suivait de près celle de Wicksell. Les principales idées de Myrdal, telles qu'énoncées dans son important traité, seront abordées dans la seconde section de notre texte, qui se terminera par une évaluation critique.

Le wicksellisme et le programme de recherche des Autrichiens en théorie monétaire

La théorie monétaire de Wicksell repose sur un certain nombre d'idées qu'on trouve chez les théoriciens classiques des fonds prêtables, tels que Henry

* L'auteur tient à remercier Marc Lavoie et Alain Parguez pour leurs commentaires.

Thornton et Thomas Joplin. Ces derniers, bien qu'ils fussent réticents à l'égard des idées rigides de Ricardo en faveur du «Currency Principle», rejetaient les arguments des partisans anti-quantitativistes de l'école du «Banking Principle». Pour ces théoriciens en effet, l'instabilité économique à la source des périodes d'inflation et de déflation ne constituait que le résultat de difficultés prenant leur source sur le marché des capitaux en raison de l'écart existant entre le taux d'intérêt monétaire et le taux de profit sur les fonds prêtables. Dès que le taux de rendement sur les investissements vient à dépasser le taux d'intérêt monétaire, l'écart qui en résulte entraîne automatiquement une création de monnaie bancaire due à un excédent de l'investissement sur l'épargne. Cet excédent doit alors donner lieu à l'épargne forcée, dont l'existence sert à resserrer l'écart inflationniste. Ainsi, conformément aux idées quantitativistes de l'école du Currency quant à la surémission de la monnaie bancaire, et à l'opposé des théoriciens de l'école du Banking, comme Thomas Tooke (1844, 123), ces économistes soutenaient que «en tout et partout, l'afflux de monnaie sur le marché (...) ne constitue pas l'effet, mais plutôt la cause des prix élevés» (Joplin, 1823, 258-259). Ils en sont donc arrivés à la conclusion que la rigidité du taux d'intérêt monétaire est une des causes principales de la fluctuation des prix. Seule une politique monétaire de rigueur qui chercherait à lier le taux d'intérêt au taux de profit, empêchant ainsi la déstabilisation des marchés des capitaux, peut créer une stabilité économique globale (Thornton, 1802, 254).

C'est à de semblables conclusions que Knut Wicksell en était arrivé par lui-même à la fin du XIXe siècle. Ce théoricien fut grandement troublé par l'évidence empirique que découvrirent Tooke et Newmarch (1857, 198-223); elle résidait dans la corrélation positive entre le taux d'intérêt nominal et les prix. Cette corrélation, qui fut plus tard appelée le paradoxe de Gibson, était en contradiction avec les vues des adeptes de l'école du Currency qui soutenaient que les bas taux d'intérêt monétaire étaient à l'origine de la hausse des prix. Tooke et Newmarch parvinrent en effet à la conclusion empirique que l'on pouvait généralement associer les périodes de taux d'intérêt bas aux périodes de chute des prix, et non le contraire. Pour expliquer ce phénomène qui était contraire à la vision ricardienne, Tooke (1844) proposa une théorie rudimentaire du «cost-push» qui établissait un lien entre la majoration des taux d'intérêt et la hausse des prix.

Deux réponses, chacune rejetant l'interprétation de Tooke, ne tardèrent pas à se faire jour. La première, qui tentait de réintégrer la théorie quantitative ricardienne, fut mise de l'avant par Fisher (1896). Celui-ci émettait l'hypothèse d'une séquence causale partant des changements dans le stock de monnaie (M), et allant jusqu'aux changements des prix (P) et, par l'intermédiaire des anticipations inflationnistes, jusqu'au taux d'intérêt (i). Cette structure de causalité n'est pas nouvelle pour le lecteur moderne car elle reste l'explication monétariste de la détermination du taux d'intérêt nominal. La seconde approche théorique, proposée par Wicksell (1898), renverse complètement la structure de causalité. Ce dernier postula, en effet, une séquence causale partant de 'i' pour arriver à 'P', en passant par des variations de 'M' pour financer 'P'. Ces deux théories proposées peuvent être représentées par les schémas suivants:

séquence de Fisher: $M \longrightarrow P \longrightarrow i$
séquence de Wicksell: $i \longrightarrow P \longrightarrow M$

Wicksell abondait donc dans le même sens que Thornton et Joplin qui, dans leurs travaux antérieurs, avançaient que l'origine du déséquilibre monétaire se trouvait sur le marché des capitaux. À l'opposé de ces théoriciens qui défendaient la théorie quantitative, Wicksell a toutefois développé une ligne de pensée qu'il voulait dénuée des «fondements mêmes» de cette théorie (Wicksell, 1898, 76). Dans son oeuvre *Intérêt et prix*, il accuse ainsi Marshall et d'autres adeptes de la même école d'avoir attaché trop d'importance à l'influence directe des variations des réserves bancaires sur celles des prix. Selon Wicksell, seul un système monétaire très élastique, dans lequel une monnaie de crédit endogène peut être créée *ex nihilo*, permet aux autorités monétaires d'établir d'une façon exogène un taux d'intérêt monétaire qui soit indépendant du taux naturel dans la sphère de production. Or, dans un monde de pure monnaie métallique comme dans la théorie quantitative ricardienne, un tel écart entre le taux d'intérêt monétaire et le taux naturel ne pourrait jamais apparaître. Ce n'est que dans une économie de crédit pur, où «l'on peut présumer que la quantité nécessaire de monnaie est infiniment petite et sa vitesse (virtuelle) de circulation infiniment élevée» (Wicksell, 1898, 65), qu'une monnaie de crédit endogène peut pénétrer dans le système, en éliminant le lien qui unit le taux d'intérêt monétaire et le taux naturel, tout en rompant le lien entre le flux monétaire des investissements et le flux d'épargne des ménages.

L'importance que Wicksell a attaché au flux de crédit était capitale, non seulement parce qu'il prônait une approche essentiellement anti-quantitativiste, mais aussi parce qu'il s'inscrivait tout naturellement dans le cadre des théories sur la structure de production empruntées aux théoriciens autrichiens, et plus précisément à Eugen von Böhm-Bawerk. Dans un système de production où les facteurs entrent comme *input* pendant une certaine période de temps, le crédit est avancé aux entreprises pour leur permettre de financer le flux de production. Le crédit ne peut donc être une cause en soi, au sens de la théorie quantitative, puisqu'il est créé à partir des demandes qui émanent de la structure temporelle de la production.

Dans tout système de production capable de se reproduire, il existe un taux de rendement sur le capital avancé, que Wicksell qualifie de taux d'intérêt naturel, lequel, au sens de l'école autrichienne, permet de maintenir une structure temporelle particulière de production. Ainsi, tout écart du taux naturel par rapport au taux monétaire qu'établissent les autorités monétaires modifiera en retour cette structure temporelle donnée. Selon Wicksell, dans un système dynamique où le taux naturel fluctue grandement à cause du progrès technique, l'écart influe sur le rythme de l'accumulation du capital par l'intermédiaire du prolongement ou du raccourcissement du processus de production.

En effet, chaque fois que le taux naturel monte sans être accompagné d'une augmentation du taux monétaire, un profit potentiel excédentaire apparaît, ce qui amène les entreprises à accroître leur capacité de production. Afin de financer cette nouvelle expansion, les entreprises doivent emprunter de l'argent sans tenir compte de la contrainte de financement imposée par l'épargne des ménages. Une telle restructuration générale du profil temporel de la production, financée par une création de crédit bancaire et non accompagnée d'une augmentation de la propension à épargner des ménages, ne peut qu'entraîner une situation de déséquilibre sur l'ensemble du marché des biens (Wicksell, 1906, 19). Cet état de déséquilibre ne peut être éliminé, selon lui, que par «une réduction générale et forcée de la consommation» (Wicksell, 1906, 14) occasionnée par le mécanisme de l'inflation.

Dans ce contexte particulier, l'inflation, définie comme une restructuration générale des prix, ne constitue qu'un simple symptôme de déséquilibre structurel qui existe dans le système de production. Ce déséquilibre est le résultat d'un incompatibilité entre la structure de la demande et la composition de la production, contradiction qui provient de l'existence d'une inégalité entre le taux d'intérêt monétaire et le taux naturel. L'inflation qui en résulte persistera d'une façon cumulative aussi longtemps que durera ce déséquilibre, ou plus précisément aussi longtemps que le flux d'investissement continuera d'excéder le flux d'épargne.

Ce processus cumulatif d'inflation (ou de déflation) ne s'arrête, selon Wicksell, que lorsque l'équilibre est rétabli sur le marché des capitaux par l'entremise d'un mouvement concomitant du taux d'intérêt monétaire. Aussi longtemps que la banque centrale suit une politique consistant à lier le taux d'intérêt monétaire au taux de croissance des prix, du point de vue empirique (comme l'avait déjà constaté Tooke) il existera une relation positive entre le mouvement du taux d'intérêt et le mouvement des prix, engendrée par un flux de monnaie de crédit endogène. Wicksell a donc cherché à formuler une règle simple qui prescrirait comment la banque centrale pourrait stabiliser le niveau des prix. Cette règle, comme l'a indiqué Jonung (1979), fut formellement adoptée en Suède par les autorités monétaires au cours des années trente. Voici en quoi cette norme wicksellienne consistait. Dès que le niveau des prix monte, le taux d'escompte doit être majoré jusqu'à ce que le mouvement des prix se stabilise; dès que les prix tombent, le taux d'escompte doit être diminué jusqu'à ce que les prix se stabilisent.

Vers la fin des années vingt et tout au long des années trente, bon nombre d'économistes suédois, Erik Lindahl, Bertil Ohlin et Gunnar Myrdal, entre autres, se sont inspirés des analyses de Wicksell. Mais c'est surtout dans les travaux d'auteurs autrichiens, plus particulièrement chez Friedrich von Hayek, que l'on retrouve la plus pure expression de la norme wicksellienne de stabilisation monétaire. Hayek (1935, 1975) s'est servi du même point de départ que Wicksell. À tout moment, les ressources d'une communauté vouées à la production se répartissent entre les différents stades de production. Une partie de ces stades, qui sont les plus éloignés des consommateurs, peuvent être appelés les stades supérieurs de production (des biens d'investissement). D'autres stades, plus proches des consommateurs, peuvent être appelés stades inférieurs de production (des biens de consommation). Selon Hayek, cette structure particulière de production n'est toutefois pas arbitraire. Elle repose plutôt sur les décisions que prend la communauté à l'égard de la répartition du revenu entre l'épargne et la consommation. Si la communauté décide d'épargner, elle manifeste son désir de voir ses ressources engagées dans les niveaux supérieurs de production servant à la réalisation des biens d'investissement. Si elle décide au contraire de consommer, elle exprime son désir de voir ses ressources engagées dans les niveaux inférieurs de production, ce qui accroîtra la production des biens destinés à la consommation. Ces désirs sont toutefois transmis par l'entremise du marché des capitaux, dont le rôle est d'allouer les fonds d'épargne des ménages à ceux désirant investir dans des moyens de production détournés de durée plus ou moins longue. Si le marché des capitaux fonctionne bien, un taux d'intérêt naturel (ou d'équilibre) est établi, qui égalise le désir d'accumulation de la part des entreprises aux fonds d'épargne réelle de la communauté.

Mais comment peut donc se créer un déséquilibre dans cette relation épargne-investissement? Suivant la ligne de pensée wicksellienne, Hayek avance l'idée que c'est l'existence du crédit bancaire résultant de l'écart entre le taux d'intérêt naturel et le taux monétaire qui est à l'origine du déséquilibre. Si le système bancaire intervenait en tant qu'intermédiaire neutre, la situation menant au déséquilibre structurel n'aurait pas lieu puisque le niveau d'investissement serait toujours limité par le fonds d'épargne disponible comme cela serait le cas dans une économie de troc. Cependant, dès que le système bancaire peut créer de la monnaie de crédit indépendamment de l'épargne, le taux d'intérêt monétaire peut être maintenu en dessous du taux naturel, ce qui entraîne le problème du surinvestissement. Selon Hayek, c'est l'existence d'une offre élastique de monnaie qui introduit l'élément de déséquilibre dans un système qui se réajuste de façon autonome.

Admettons qu'il y ait un écart entre le taux d'intérêt naturel et le taux monétaire, attribuable, disons, à l'augmentation du taux naturel. Aussi long-temps que le taux d'intérêt se maintient en dessous du taux naturel, il est profitable pour les entreprises d'emprunter, ce qui fait augmenter le volume total de crédit bancaire. Cet excédent de crédit étant utilisé à des fins d'inves-tissement, il en résulte une augmentation des prix des biens d'investissement par rapport aux prix des biens de consommation, une tendance à transférer les ressources à des niveaux supérieurs de production, de même qu'une augmenta-tion du nombre de projets ayant des processus détournés de production qui n'auraient pas été autrement profitables. Tandis que cette tendance vers une production plus "capitalistique" a lieu, une rareté relative des biens de con-sommation apparaît. Si cette croissance avait été la conséquence d'une réduction volontaire de la consommation, la chute de la demande des biens de consommation aurait, selon Hayek, libéré des ressources pour les besoins des industries du secteur investissement. Mais cette expansion de l'investisse-ment, financée par du crédit bancaire, n'est accompagnée d'aucune augmenta-tion de l'épargne volontaire qui libèrerait des ressources. Dans ce cas, les prix des biens de consommation augmenteront de façon à imposer une épargne forcée équivalant à la part de l'investissement total financée par une monnaie de crédit endogène.

Étant donné que les consommateurs n'ont pas approuvé les modifi-cations apportées à la structure de la production qu'ont créées les entreprises bénéficiant d'un taux d'intérêt artificiellement bas, l'épargne forcée associée à l'augmentation des prix des biens de consommation aboutira en dernier ressort à renverser la situation et à rendre maintenant la production des biens de con-sommation plus profitable pour les entrepreneurs. La pénurie d'épargne occa-sionne donc un transfert des ressources des niveaux supérieurs à des niveaux inférieurs de production, une réduction dans la production des biens d'investis-sement par rapport aux biens de consommation, et l'abandon en masse des projets ayant une longue période de gestation. Le cycle des affaires est donc largement comparable à un mouvement de bascule qui «consiste essentielle-ment en un échafaudage du stock des biens capitaux qui croît et décroît sans cesse» (Hayek, 1935, 101)[1]. En ce sens, il existe une tendance générale la-tente qui «doit inévitablement se manifester dans le système de crédit existant, et qui représente une tendance inhérente au système économique (...)» (Hayek, 1933a, 146-147).

Les autorités monétaires peuvent-elles contrecarrer le processus res-ponsable du renversement de la croissance économique et les crises de surinvestissement qui en résultent? Bien que la diminution du taux d'intérêt monétaire puisse empêcher temporairement la décroissance économique grâce

---

1. Ce passage, qui figure dans un appendice de la version anglaise de 1935, ne se trouve pas dans la version française de 1975.

à l'injection de monnaie de crédit, ce palliatif artificiel ne sert qu'à prolonger la restructuration inévitable de la production en faveur de méthodes plus détournées et à intensifier l'effondrement des prix. À ce sujet, il écrit:

> Tant que les banques continueront à accroître progressivement leurs prêts, il sera possible de continuer à utiliser les méthodes de production plus détournées, voire même d'allonger encore le détour de production. Mais pour des raisons évidentes, les banques ne peuvent continuer indéfiniment à accroître les crédits, et même si elles le pouvaient, les autres effets liés à une hausse rapide et continue des prix, rendraient au bout d'un certain temps nécessaire l'arrêt de ce processus d'inflation. (Hayek, 1975, 160-61)

Le seul remède efficace contre ces déséquilibres cycliques réside dans la politique wicksellienne de stabilisation voulant que l'on élève le taux d'intérêt monétaire dès qu'il y a inflation de façon à contrecarrer le processus d'expansion qui doit aboutir immanquablement à une diminution de la demande pour les biens d'investissement. Dans le but de réduire les dommages que la monnaie de crédit peut causer à l'économie réelle, Hayek a proposé une politique de "monnaie neutre". Cette politique n'était, tout compte fait, qu'une version modifiée de la règle de Wicksell visant la stabilisation des prix, sauf que pour Hayek, il s'agissait de «la stabilisation de quelques prix moyens des facteurs originaux de production» (Hayek, 1933b, 161) puisque ce sont eux qui annoncent les déséquilibres structurels et la crise qui en résulte.

À cet égard, l'oeuvre de Hayek n'est que l'aboutissement logique de la théorie qu'ont énoncée avant lui Wicksell et les adeptes classiques de la théorie de l'épargne forcée, tels que Thornton et Joplin. Il y a crise en raison du manque d'épargne volontaire. Seule une politique d'austérité monétaire maintenant des taux d'intérêt élevés et alliée à une réduction du flux de la monnaie de crédit peut prévenir le déséquilibre structurel à l'origine de la crise et rétablir par ce fait même le rôle central que doit jouer le marché des capitaux en établissant des priorités pour les débours financiers.

La méthode du déséquilibre temporel de Myrdal et l'explication néo-wicksellienne de la crise

Dans la préface de l'édition anglaise, publiée en 1939, de son *Équilibre monétaire* (publié pour la première fois en 1931 et revu pour la version allemande de 1933), Myrdal avoue au lecteur que son travail est avant tout une «critique immanente» de l'oeuvre de Wicksell. Plutôt que d'abandonner complètement le cadre wicksellien qui avait été longtemps au centre des discussions économiques tant en Suède qu'en Autriche, il lui était plus facile de projeter «ses propres idées à l'intérieur du vieux cadre wicksellien» (Myrdal, 1950, 17). Le cadre d'analyse de Wicksell doit donc servir d'abord de toile de fond à une tout autre approche. En dépit des nombreuses références faites aux travaux de Wicksell, comme on le verra dans la section qui suit, la méthode particulière de Myrdal peut être considérée avant tout comme une progression logique d'un programme de recherche qui n'est pas spécifiquement de nature wicksellienne. En effet, elle soulève des questions et des préoccupations qui se rattachent plutôt à une approche néo-walrasienne.

Tout au long des années vingt, plusieurs auteurs néo-classiques cherchèrent à rendre plus dynamique le modèle statique d'équilibre général de Walras en donnant au concept de temps un rôle plus important. L'un des auteurs suédois les plus connus qui suivit cette piste walrasienne fut Gustave Cassel. Ce dernier et, par la suite, d'autres adeptes de l'école de Stockholm, dont plus particulièrement Erik Lindahl, ont mis au point une méthode qui se voulait une critique du cadre statique d'analyse légué par Walras et de l'interprétation de l'équilibre intertemporel walrasien développée par Hayek (1928). L'introduction du temps dans l'analyse mena donc à un débat sur la question de l'unicité de la solution statique (ou de longue période) de l'équilibre général walrasien. Hayek (1928) défendait la solution statique. Pour une raison purement heuristique (Hayek, 1941, 21-28), dans la perspective hayékienne d'un équilibre intertemporel, tous les processus séquentiels résultant du modèle sont supposés connus avant même le déclenchement de ce processus (comme si les agents avaient une information parfaite sur le futur). L'élément du temps ne sert donc qu'à permettre à la séquence de se dérouler période par période tandis que le résultat est connu d'avance. Cette analyse quasi statique est comparable à la recherche de la solution d'une équation différentielle dont la réponse est livrée dans les valeurs des paramètres. Cassel fut quelque peu critique du modèle. Pour ce théoricien, le résultat ultime d'un processus se déroulant dans le temps ne peut être connu indépendamment du sentier particulier que la variable suit. Il affirme que «le processus d'établissement des prix normaux [d'équilibre] dépend grandement des propriétés de la période de la transition» (Cassel, 1932, 157). Cassel, malheureusement, n'avait offert aucune solution à ce problème de la dynamique de la traverse. Ce défi allait être légué aux autres membres de l'école de Stockholm et, plus précisément à Myrdal.

Sous la direction de Cassel, Myrdal s'attaque à ce problème dans sa thèse de doctorat en 1927. Tel que le démontre Hansson (1982, 29), l'importance que Cassel a accordée à la théorie walrasienne de la valeur imprègne toute l'oeuvre de Myrdal. On ne trouve, par contre, aucune influence manifeste de Wicksell sur ses travaux de recherche. Pour Myrdal, la question est de savoir comment les valeurs et les prix d'équilibre sont déterminés dans une situation où les anticipations des agents économiques forment une partie des données sur lesquelles reposent les décisions. Ces anticipations peuvent être compatibles de façon à ce qu'un équilibre intertemporel walrasien soit possible ou elles peuvent être incompatibles, ce qui signifie qu'on pourrait seulement identifier une séquence particulière des variations endogènes en tant que séries de positions d'équilibre temporaire.

Au début des années trente, Myrdal avait trouvé dans les écrits des disciples de Wicksell, la toile de fond idéale pour mettre en application ses hypothèses, puisque ceux-ci traitaient en particulier de la norme régissant la stabilisation monétaire. La question capitale qu'aborde Myrdal en ce qui a trait à la théorie monétaire de Wicksell est de savoir «quels doivent être les caractères propres d'une configuration de prix au cours d'un enchaînement non stationnaire d'événements pour que cette configuration puisse être définie comme une position d'équilibre monétaire» (Myrdal, 1950, 54). Myrdal s'attarde donc au concept de l'équilibre, en tant qu'instrument applicable à un moment donné dans des conditions qui ne sont pas stationnaires au sens traditionnellement défini par l'analyse statique, mais où les tendances dominantes, y compris les anticipations, se compensent à ce moment les unes les autres.

C'est dans le contexte de ses explications sur la notion d'équilibre monétaire, tel qu'il peut exister à un moment donné, que Myrdal introduit ses concepts de *ex ante* et de *ex post*. Ainsi, les conditions déterminant l'équilibre monétaire se réalisent à un moment donné lorsque les valeurs prospectives ou *ex ante* sont égales aux valeurs rétrospectives ou *ex post*. Tout écart entre ces valeurs entraîne un mécanisme particulier de *feedback* qui détermine la révision des anticipations. Myrdal démontre que son concept d'équilibre monétaire peut avoir une signification instrumentale dans la mesure où il permet l'analyse de questions de politique d'ordre pratique, tout en étant assez général pour couvrir les conditions particulières déterminant l'équilibre monétaire telles qu'énoncées par Wicksell.

D'après ce dernier, il y a équilibre ou stabilité monétaire lorsque les trois conditions suivantes sont réunies: (i) le taux monétaire est égal au taux naturel d'intérêt, (ii) les flux d'épargne et d'investissement sont égaux, (iii) le niveau des prix est stable. Dans sa critique de Wicksell, Myrdal affirme qu'aucune de ses conditions n'est significative en raison de l'application que fait Wicksell d'un certain nombre de concepts très équivoques. Par exemple, la première condition d'égalité du taux d'intérêt monétaire et du taux naturel chez Wicksell et Hayek implique à tort (tout comme l'avait d'ailleurs reconnu Sraffa, 1932, 42-53) que l'on peut définir de façon logique un soi-disant taux naturel existant *in natura*. Or, comme le souligne Myrdal, cette condition peut être partiellement valable, si l'on définit le taux naturel comme étant plutôt une valeur anticipée *ex ante*, réflétant le rendement monétaire prévu de l'investissement.

La seconde équation de Wicksell sur l'égalité des épargnes et des investissements a aussi été l'objet de controverses. Selon Myrdal, il ne peut y avoir équilibre sur le marché des capitaux que si l'on définit l'épargne et l'investissement en termes *ex ante*. Les valeurs *ex post* sont toujours égales au sens comptable. En réalité, comme le note Myrdal, si l'on apportait certaines modifications aux deux premières conditions de Wicksell, elles seraient fonction l'une de l'autre et n'en formeraient qu'une seule. Ainsi, tout écart entre l'épargne et l'investissement *ex ante*, menant *ex post* à la réalisation de gains ou de pertes en capital, se refléterait dans les rendements effectifs des investissements par rapport aux frais d'intérêt.

Enfin, Myrdal a complètement rejeté la troisième condition qui veut que la stabilité des prix soit liée à l'équilibre monétaire. Dans un monde où les prix sont visqueux en raison de facteurs institutionnels sur les marchés des biens et du travail, il soutient que «l'équilibre d'une situation ne peut (...), être suffisamment caractérisé par une simple étude du mouvement général des prix» (Myrdal, 1950, 140). Les prix stables peuvent donc tout simplement dissimuler le véritable processus cumulatif se déroulant dans un monde où les prix sont relativement inflexibles par rapport aux variations de la demande globale.

L'importance qu'a attachée Myrdal aux anticipations l'a toutefois mené à modifier en profondeur l'explication wicksellienne de la crise. Nous avons vu précédemment dans la théorie de Hayek que la crise n'était que le résultat d'un manque d'épargne volontaire de la part des ménages; le processus cumulatif de contraction reflétait la transition vers une structure temporelle de production moins détournée. Dans le monde myrdalien, à l'opposé, une hausse de l'épargne des ménages intensifie inévitablement la récession. Cela s'explique par deux raisons. La première, qui est de loin la plus importante, a trait à l'effet négatif des anticipations de la chute des prix des biens de consommation sur les valeurs des biens d'investissement. La seconde se fonde sur l'existence de salaires visqueux: le processus wicksellien de contraction pourrait amplifier la chute des profits et accélérer le déclin de l'investissement. Myrdal reconnaît que dans un système hayékien où la monnaie de crédit serait inexistante, une augmentation de l'épargne aurait pour effet de diminuer le taux d'intérêt déterminé sur le marché des capitaux et de prévenir ainsi le déclin de l'investissement. Pourtant, même dans un tel système invraisemblable, l'effet négatif qu'exercerait la chute des prix des biens de consommation sur les anticipations des entrepreneurs parviendrait probablement à contrecarrer, et même à dépasser, l'effet favorable que pourrait avoir la baisse du taux d'intérêt sur les dépenses d'investissement. Myrdal prétend que dans tous les cas, «un processus wicksellien de contraction a été ainsi provoqué par un accroissement d'épargne, *accroissement* qui, assez paradoxalement, se résout d'une manière continue en une *diminution* de la formation de capital réel» (Myrdal, 1950,

111). À l'instar des théoriciens de la sous-consommation de son époque qui s'opposaient à l'hypothèse de l'épargne forcée de Wicksell, Myrdal acceptait le fameux paradoxe de l'épargne, non pas en raison des effets keynésiens qu'une baisse du revenu global aurait sur le volume total des épargnes, mais seulement en raison des effets négatifs que la baisse des prix à la consommation exercerait sur l'investissement. Ainsi, comme l'a reconnu Shackle (1967, 125-26) et en dépit de l'opinion de Hansen (1981, 258-64), dans son *Équilibre monétaire*, il manquait à Myrdal le mécanisme théorique du multiplicateur qui lui aurait permis de se détacher de l'importance accordée par Wicksell au marché des capitaux à travers lequel l'investissement est égalisé à l'épargne.

Chez Myrdal, la crise est perçue dans la même perspective que celle des autres économistes wickselliens des années trente, Lindahl surtout, pour lesquels elle est un processus cumulatif de déflation résultant d'une incompatibilité entre l'épargne et l'investissement *ex ante*. Elle est donc un processus de *déséquilibre* monétaire alimenté par des anticipations continuellement non réalisées. Le processus de chute peut s'arrêter en raison d'un changement exogène dans les anticipations ou d'un «déplacement [endogène] dans la distribution des revenus en faveur des classes qui épargnent moins et aux dépens de celles qui épargnent plus [...]» (Myrdal, 1950, 121). Bien que cet aspect particulier de l'analyse de Myrdal contienne des éléments keynésiens, son explication du chômage retenait toutes les caractéristiques de la théorie néo-classique.

À l'instar de Lindahl (1939, 185) et de la majorité des économistes néo-classiques de son époque, Myrdal considère le chômage comme le résultat de salaires trop élevés ou, de façon plus précise, de la rigidité des salaires pendant les récessions, due au monopole que peuvent exercer les syndicats sur le marché du travail. Il s'agit donc d'un chômage volontaire découlant des imperfections institutionnelles dans le marché du travail. À ce sujet, il écrit:

> L'expérience montre que, sur le marché du travail, c'est le partenaire qui se trouve sur la défensive, qui lutte avec le plus d'obstination. Ainsi, en d'autres termes, la pression monopolistique des travailleurs s'accroît s'ils se sentent menacés d'une réduction de leurs salaires en monnaie. Ce qui n'est qu'une autre manière de dire que les travailleurs sont prêts à supporter un chômage plus intense qu'auparavant. Puisque la réduction des salaires ne peut alors, en aucun cas, être aussi grande qu'il le faudrait pour que le chômage reste inchangé, ce dernier augmente, la production se réduit, et le revenu total en monnaie pour toute l'économie est abaissé dans une plus forte proportion que celle qui correspond à la réduction des taux de salaires. (Myrdal, 1950, 159)

En effet, «le chômage existant peut être pris comme une mesure directe», selon cet auteur, «de l'intensité de l'élément de monopole du côté des travailleurs, ce qui, dans ce cas, serait une définition de l'intensité mono-polistique» (Myrdal, 1950, 143). Ainsi, plus important est le pouvoir de marchandage des travailleurs, plus généralisé serait le chômage dans ce jeu de monopole bilatéral. Il est curieux de constater toutefois que même si les salaires visqueux créent du chômage au sens néo-classique sur le marché du travail, ils jouent malgré tout un rôle stabilisateur dans le système des prix car ils atténuent le mouvement des anticipations sur le marché des biens.

La position de Myrdal sur le rôle des salaires visqueux pourrait sembler contradictoire, sinon complètement incohérente, par rapport à ses autres pro-pos, si cet auteur ne semblait pas insérer sa pensée dans le cadre du programme de recherche néo-walrasien. Un niveau de salaire élevé, dans le contexte de l'analyse statique néo-classique, serait associé *ceteris paribus* à une faible demande de travail et donc à un niveau de chômage élevé. Dans un pro-cessus dynamique, toutefois, un mouvement à la baisse des salaires exercerait un effet négatif sur les anticipations des entreprises, ce qui intensifierait davantage le processus de chute wicksellien. Et donc, les salaires élevés pour-raient sembler être une cause du chômage élevé, mais une tendance à la baisse des salaires aggraverait davantage le problème du manque d'emploi. C'est d'ail-leurs pourquoi Myrdal propose une politique de stabilisation monétaire qui repose sur la distinction fondamentale de prix flexibles et de prix inflexibles, distinction qu'allait plus tard adopter Hicks (1965).

L'hypothèse qui sous-tend l'équilibre monétaire de Myrdal est qu'il doit exister une correspondance entre le cours réel et le cours anticipé des événe-ments si l'on veut que le système économique suive un sentier de croissance stable à long terme. Par conséquent, toute politique monétaire doit avoir pour but de chercher à «éliminer complètement ou au moins d'atténuer le 'cycle des affaires'» (Myrdal, 1950, 172). Cette hypothèse ouvrait donc la voie à une politique gouvernementale de stabilisation comme celle de Wicksell. Mais le concept de stabilisation chez Myrdal est très différent de celui envisagé initia-lement par Wicksell; il se rapproche plutôt de la notion de finance fonction-nelle qui était très répandue dans la période d'après-guerre (voir Lundberg, 1985, 8 et Lerner, 1940, 530). Puisque ce sont essentiellement les prix flexi-bles qui perturbent les anticipations des agents économiques, toute norme de politique devrait chercher avant tout à stabiliser ces prix en les liant aux prix inflexibles, pour ensuite garantir que ces derniers ne fassent l'objet d'aucune modification brusque. Ainsi, au sujet de la grande dépression, il écrit:

> Une situation comme la situation présente (printemps 1932) n'est évi-demment pas une situation d'équilibre monétaire. Un processus wicksel-lien de dépression s'est déroulé pendant plusieurs années, ayant pour résultat la chute lente quoique retardée des prix inélastiques eux-mêmes. Si l'on veut s'engager dans une telle politique monétaire, il convient naturellement d'accroître les valeurs de capital et tous les autres prix

élastiques jusqu'à un niveau qui rétablisse l'équilibre monétaire au niveau existant des prix rigides. Ce n'est que par ce moyen que la chute progressive des prix rigides, accompagnée d'une accentuation continue de la dépression, peut être enrayée. (Myrdal, 1950, 186-87)

Étant donné que les prix du «facteur» travail constituaient de façon générale, selon Myrdal, les prix visqueux des années trente, comme l'a indiqué Hammarskjöld (1944, 152), la politique de stabilisation au cours du cycle économique en vint à signifier le maintien à court terme, par des transferts sociaux, du revenu personnel des ménages.

L'opposition de Keynes à la méthode de l'école de Stockholm et l'origine possible de la synthèse néo-classique

Dans son analyse de *l'Équilibre monétaire*, G.L.S. Shackle affirme que «si la *Théorie générale* [de J.M. Keynes] n'avait jamais été écrite, l'oeuvre de Myrdal aurait au cours du temps livré la même théorie» (Shackle, 1967, 124). Bien qu'il soit vrai que le Keynes de la *Théorie générale* et Myrdal partagent certaines idées, plus précisément en ce qui a trait à l'importance accordée au rôle des anticipations dans l'analyse économique, Keynes a tenu à s'assurer qu'il prenait ses distances à l'égard de l'approche de Myrdal toutes les fois qu'il en avait l'occasion vers la fin des années trente.

Il est intéressant de noter que Keynes n'était pas particulièrement préoccupé par le problème que constituait l'explication néo-classique du chômage de Myrdal. Bien qu'il en soit venu à rejeter complètement la rigidité des salaires comme explication du chômage, il reste que Keynes a défendu lui-même cette idée pendant les années vingt (voir Keynes, 1981, 395-396). Mais c'est avant tout l'utilisation du concept *ex ante* de Myrdal qui entrait directement en conflit avec la pensée keynésienne de la *Théorie générale*. Dans une lettre que Keynes a adressé à E.S. Shaw le 4 avril 1938, il écrit à propos de ce concept: «Parmi toute les mauvaises idées qui ont pu émerger à ce sujet, je considère que c'est la pire qui soit.» (Keynes, 1979, 280 et McGregor, 1988, 108) Pouvant le relier à son fameux "motif de finance", Keynes acceptait le concept d'investissement *ex ante* puisqu'il expliquait le fait que les entreprises établissaient des plans d'investissement en prévision des dépenses à effectuer. Par contre, il doutait fort de l'utilité du concept d'épargne *ex ante*. Dans les discussions qu'il a eues avec Ohlin en 1937, Keynes soutenait qu'il n'y avait aucune raison qui justifiait que les consommateurs établissent leur plan d'épargne en fonction des prévisions de leurs revenus futurs, en même temps que les entreprises prennent leurs décisions d'investissement. Les consommateurs n'ont aucunement à prendre des décisions définitives comme les investisseurs ont à le faire, pas plus qu'ils n'ont à le faire en même temps que les investisseurs pendant une période déterminée (Keynes, 1937, 664). Keynes craignait en fait qu'avec l'adoption du concept *ex ante* de Myrdal, il y aurait retour à la conceptualisation néo-classique du marché des capitaux et à la théorie hayékienne de l'épargne forcée. Le concept d'épargne forcée émerge dès que l'on postule un écart entre les épargnes *ex ante* et *ex post* créé par l'injection de la monnaie de crédit.

Dans la *Théorie générale*, la notion d'épargne forcée fut éliminée par l'application du principe de la demande effective au moyen duquel les changements du flux d'investissement (peu importe les sources de financement utilisées) créent automatiquement une épargne supplémentaire grâce à l'effet comptable du multiplicateur. Ainsi, à l'opposé de l'interprétation wicksellienne, Keynes affirme:

> Si l'octroi à un entrepreneur d'un crédit bancaire en addition des crédits déjà existants lui permet d'effectuer un supplément d'investissement courant qui n'aurait pas été réalisé sans cela, les revenus augmenteront nécessairement [...]. Le public choisira en toute liberté la proportion selon laquelle il répartira son supplément de revenu entre l'épargne et la dépense [...]. Au surplus, l'épargne qui résulte de la décision de l'entrepreneur est une épargne véritable tout autant que n'importe quelle autre. (Keynes, 1936, 103).

En ouvrant la voie au concept d'épargne forcée, l'oeuvre de Myrdal, pendant sa première phase de "théoricien pur" (voir Lundberg, 1984, 688), se situe trop étroitement dans le camp néo-classique. À l'opposé de Keynes dont les idées révolutionnaires dans la *Théorie générale* sur l'égalité nécessaire et continuelle entre l'investissement global et l'épargne globale, ne laissaient aucune place à la notion néo-classique du marché des capitaux (si chère à la pensée wicksellienne), Myrdal n'avait pas réussi à se défaire de ces éléments néo-classiques dans son *Équilibre monétaire*. Bien qu'il ait accepté au cours des années trente ce qui allait devenir la proposition de Lerner sur la "finance fonctionnelle", dans ses premiers écrits il ne pouvait pas passer de cette politique de stabilisation du revenu au cours du cycle, à la position beaucoup plus radicale de Keynes sur la socialisation éventuelle de l'investissement.

Contrairement à l'opinion de Siven qui veut que «ni en Suède, ni ailleurs, les idées de l'école de Stockholm n'ont su inspirer les nouvelles recherches théoriques [...]» (Siven, 1985, 578), les travaux de Myrdal et des autres adeptes de cette école ont bel et bien eu une influence considérable sur le développement d'un modèle cohérent cristallisant l'orthodoxie de l'après-guerre. Par ailleurs, le livre de Myrdal fut relativement bien reçu par les auteurs néo-classiques de son époque (voir J.R. Hicks, 1934, 479-88; H.S. Ellis, 1940, 434-36 et, entre autres, C. Rist, 1950, 450-53). C'est par l'entremise des travaux de Hicks et des autres keynésiens néo-classiques d'après-guerre que ses concepts d'épargne et d'investissement *ex ante* et *ex post*, son explication du chômage en fonction de la rigidité des salaires, et son énoncé de politique fiscale de stabilisation à court terme, ont servi de pierre angulaire à la synthèse néo-classique de Keynes qui s'est effectuée dans l'après-guerre. Ses concepts ont été intégrés aux modèles orthodoxes IS-LM. D'ailleurs, près d'un demi-siècle plus tard, ils restent toujours à la base d'un courant important de l'orthodoxie moderne, communément appelé la théorie du déséquilibre.

Références bibliographiques

CASSEL, G. (1932), *The Theory of Social Economy*, New York, Harcourt, Brace & Co.

ELLIS, H.S. (1940), «*Monetary Equilibrium* by Gunnar Myrdal», *Journal of Political Economy*, vol. 48, nº 3, juin, 434-437.

FISHER, I. (1896), «Appreciation and Interest», *Publications of the American Economic Association*, troisième série, vol. 11, nº 4, août.

HAMMARSKJÖLD, D. (1944), «The Swedish Discussion on the Aims of Monetary Policy», *International Economic Papers*, nº 5, 1955, 145-154.

HANSEN, B. (1981), «Unemployment, Keynes, and the Stockholm School», *History of Political Economy*, vol. 13, nº 2, été, 256-277.

HANSSON, B.A. (1982), *The Stockholm School and the Development of Dynamic Method*, Londres, Croom Helm.

HAYEK, F.A. (1928), «Intertemporal Price Equilibrium and Movements in the Value of Money», in: F.A. Hayek (1984), 71-117.

HAYEK, F.A. (1933a), *Monetary Theory and the Trade Cycle*, Londres, Jonathan Cape.

HAYEK, F.A. (1933b), «On Neutral Money», in: F.A. Hayek (1984), 159-162.

HAYEK, F.A. (1935), *Prices and Production*, Londres, George Routledge & Sons.

HAYEK, F.A. (1941), *The Pure Theory of Capital*, Londres, Routledge & Kegan Paul.

HAYEK, F.A. (1975), *Prix et production*, Paris, Calmann-Lévy.

HAYEK, F.A. (1984), *Money, Capital and Fluctuations: Early Essays*, Londres, Routledge & Kegan Paul.

HICKS, J.R. (1934), «Review of *Beiträge zur Geldtheorie* ed. by F.A. Hayek», *Economica*, n.s., vol. 1, nº 4, novembre, 479-483.

HICKS, J.R. (1965), *Capital and Growth*, Oxford, Oxford University Press.

JONUNG, L. (1979), «Knut Wicksell's Norm of Price Stabilization and Swedish Monetary Policy in the 1930's», *Journal of Monetary Economics*, vol. 5, nº 4, octobre.

JOPLIN, T. (1823), *Outlines of a System of Political Economy*, New York, Augustus M. Kelley, 1970.

KEYNES, J.M. (1936), *Théorie générale de l'emploi, de l'intérêt et de la monnaie*, Paris, Payot, 1975.

KEYNES, J.M. (1937), «The 'Ex Ante' Theory of the Rate of Interest», *Economic Journal*, vol. 47, nº 188, décembre.

KEYNES, J.M. (1979), *The Collected Writings of John Maynard Keynes*, vol. 29, D. Moggridge (dir.), Londres, Macmillan.

KEYNES, J.M. (1981), *The Collected Writings of John Maynard Keynes*, vol. 19, D. Moggridge (édit.), Londres, Macmillan.

LERNER, A.P. (1940), «Some Swedish Stepping Stones in Economic Theory», *Canadian Journal of Economics and Political Science*, vol. 6, nº 4, novembre, 574-591.

LINDAHL, E. (1939), *Studies in the Theory of Money and Capital*, New York, Rinehart & Co. Inc.

LUNDBERG, E. et REYNOLDS, L.G. (1984), «Lundberg and Reynolds on Myrdal», in: H.W. Spiegel et W.J. Samuels (dir.), *Contemporary Economists in Perspective*, Greenwich, Ct., JAI Press Inc., 687-708.

LUNDBERG, E. (1985), «The Rise and Fall of the Swedish Model», *Journal of Economic Literature*, vol. 23, nº 1, mars, 1-36.

MCGREGOR, P.G. (1988), «Keynes on Ex-Ante Saving and the Rate of Interest», *History of Political Economy*, vol. 20, nº 1, printemps.

MILGATE, M. (1988), «Money, Capital and Forced Saving», *Cambridge Journal of Economics*, vol. 12, nº 1, mars.

MYRDAL, G. (1950), *L'Équilibre monétaire*, Paris, Librairie de Médicis,

PATINKIN, D. (1982), *Anticipations of the "General Theory"?*, Chicago, University of Chicago Press.

RIST, C. (1950), «L'équilibre monétaire d'après Myrdal», *Revue d'économie politique*, vol. 60, 450-453.

SHACKLE, G.L.S. (1967), *The Years of High Theory*, Cambridge, Cambridge University Press.

SIVEN, C.H. (1985), «The End of the Stockholm School», *Scandinavian Journal of Economics*, vol. 87, n° 4, 577-593.

SRAFFA, P. (1932), «Dr. Hayek on Money and Capital», *Economic Journal*, vol. 42, n° 165, mars.

THORNTON, H. (1802), *An Inquiry into the Nature and Effects of the Paper Credit of Great Britain*, Londres, George Allan & Unwin, 1939.

TOOKE, T. (1844), *An Inquiry into the Currency Principle*, deuxième édition, Londres, Longman, Brown, Green and Longmans.

TOOKE, T. et NEWMARCH, W. (1857), *A History of Prices*, vol. 6, Londres, Longman, Brown, Green, Longmans and Roberts.

WICKSELL, K. (1898), *Interest and Prices*, Londres, Macmillan, 1936.

WICKSELL, K. (1906), *Lectures on Political Economy*, vol. 2, Londres, George Routledge & Sons, 1935.

MYRDAL ET L'INSTITUTIONNALISME: DU REJET À L'ADHÉSION

Philippe Adair

Il est commode d'opposer le Myrdal économiste d'avant 1939, théoricien de l'équilibre monétaire couronné par l'attribution du Prix Nobel en 1974, au Myrdal économiste de l'après-guerre, partisan déclaré de l'institutionnalisme et récipiendaire de la médaille Veblen-Commons que lui décerne l'A.F.E.E.[1] en 1975. Cette opposition est accréditée par Myrdal lui-même qui distingue, parmi ses travaux, une première phase théorique et une deuxième phase institutionnelle (Myrdal, 1978a).

Pour autant, le cheminement qui mène Myrdal du rejet de l'institutionnalisme dans les années 1930 à son adhésion ultérieure ne procède pas d'une révision déchirante de ses conceptions antérieures. Il s'agit plutôt de la résultante d'une double inflexion, tant au sein du courant institutionnaliste que chez Myrdal lui-même, qui prend tout d'abord l'allure d'un chassé-croisé pour aboutir à une convergence.

Notre texte comprend deux parties:

En premier lieu, nous caractérisons le courant institutionnaliste tel qu'il apparaît au cours de l'entre-deux guerres, c'est-à-dire un courant principalement empiriste et dont la cohérence, assez lâche sur le plan doctrinal en particulier, s'affirme surtout par le rejet de l'orthodoxie néo-classique.

Si Myrdal, de même, condamne l'orthodoxie c'est pour des raisons toutes différentes qui le conduisent à rejeter également l'institutionnalisme. Myrdal estime alors que la critique doit porter sur les présupposés de la doctrine néo-

---

1. L'A.F.E.E. (*Association for Evolutionary Economics*) créée en 1959 rassemble essentiellement les économistes qui se réclament de l'une ou l'autre des composantes de l'institutionnalisme: celle de Veblen et celle de Commons. L'A.F.E.E. compte environ 750 membres et publie le *Journal of Economic Issues* depuis 1967.

classique et affirme la nécessité d'une approche théorique (analytique) autonome, double exigence épistémologique qui fait défaut à l'institutionnalisme.

En second lieu nous montrons que l'adhésion de Myrdal procède d'une
double inflexion. D'une part, sous l'impulsion d'une nouvelle génération,
l'institutionnalisme ébauche une doctrine propre qui conjugue le ressaisisse-
ment de la critique de Veblen et l'influence de la théorie instrumentale de la
valeur de Dewey.

D'autre part, Myrdal abandonne l'analyse économique *stricto sensu* pour
adopter une approche pluridisciplinaire tandis que le champ de ses travaux
délaisse la théorie de l'équilibre monétaire pour aborder les problèmes du
développement. Il défend à cet égard une méthodologie holiste, aujourd'hui
revendiquée par l'institutionnalisme, en esquissant un modèle qui peut être
interprété comme une illustration de l'analyse systémique.

Institutionnalisme versus doctrine néo-classique: la double critique de Myrdal

L'institutionnalisme dans l'entre-deux guerres: une hétérodoxie dominante?

Au cours des années 1920 et ceci perdure jusqu'à la pénétration des idées keynésiennes aux États-Unis vers 1938-1939, l'institutionnalisme représente le
principal courant hétérodoxe à l'égard de la doctrine néo-classique alors
dominante aux États-Unis. L'influence de l'institutionnalisme est assez
puissante pour que l'un de ses détracteurs considère que l'orthodoxie consiste
alors précisément à être hétérodoxe (Homan, 1928).

L'*American Economic Review*, organe officiel de l'American Economic
Association (AEA), est le principal support d'un débat sur la pertinence et la
cohérence de l'institutionnalisme qui débute en 1918 et connaît son apogée au
début des années 1930 (Pirou, 1936, 203-218).

Les principaux représentants du courant occupent une position académique et/ou officielle de premier plan, dont celle de président de l'*American
Economic Association:* John Roger Commons (1865-1945), président en
1917, qui sera l'adjoint du gouverneur de l'État du Wisconsin; Wesley Clair
Mitchell (1874-1948), président en 1924, fondateur et directeur du principal
institut de conjoncture, National Bureau of Economic Research, qui apparaîtra
comme le chef de file du courant; John Maurice Clark (1884-1963), président
en 1936; Rexford Guy Tugwell (1891-1979), secrétaire d'État et proche
conseiller du Président Roosevelt.

Il est difficile d'identifier le noyau dur du programme de recherche scientifique des institutionnalistes étant donné le caractère disparate du courant et
l'absence de formulation d'une doctrine cohérente. Hormis la référence à

l'évolutionnisme de Darwin, opposant le paradigme dynamique de la biologie au paradigme mécanique de la physique newtonienne, le label institutionnalisme n'apparaît pas vraiment discriminant à l'égard de l'orthodoxie néo-classique, ni d'ailleurs réellement assumé par ses représentants les plus éminents (Gruchy, 1987).

Seul Commons revendique ce label, considérant qu'il caractérise un point de vue différent, certes, mais complémentaire de celui que présente l'orthodoxie (Commons, 1931). Il s'agit d'aboutir à une description plus réaliste et d'étendre le champ des investigations grâce à la multiplication des études de cas dans les domaines du syndicalisme, des biens publics et des fondements légaux du capitalisme (Commons, 1924). De même, Clark plaide pour une synthèse de l'institutionnalisme et de l'orthodoxie néo-classique qui constituerait l'ensemble plus vaste de l'"économie sociale" (Clark, 1924). Mitchell met l'accent sur l'"économie quantitative", fondée sur la collecte de données empiriques, préalable à la formulation d'hypothèses, et qu'illustrent l'analyse et la mesure des cycles d'affaires (Mitchell 1924, 1927). Tugwell défend la notion d'"économie expérimentale", laquelle consiste à identifier les problèmes et à esquisser des solutions en matière de politique économique (Tugwell, 1924b).

Il reste néanmoins qu'un certain nombre de principes unificateurs rassemblent les institutionnalistes:
— les institutions et non la valeur constituent l'objet de la science économique;
— l'analyse des processus, du changement social, requiert une analyse dynamique;
— l'exigence d'hypothèses réalistes implique l'apport d'autres sciences sociales (psychologie, anthropologie) et la réalisation d'études empiriques;
— le rejet du laissez-faire comme principe de coordination économique et la nécessité du contrôle social, de l'intervention de l'État (Hamilton, 1919).

Rejet de l'empirisme et critique des postulats néo-classiques.

Le premier contact de Myrdal avec l'institutionnalisme intervient lors de son premier séjour aux États-Unis en 1929 et 1930. Il est alors boursier de la Fondation Rockefeller et enseigne à l'université Columbia où il se lie avec Mitchell. Myrdal aura également l'occasion à cette époque de rencontrer Commons durant une courte visite. S'il sympathise avec les institutionnalistes et épouse certaines des critiques qu'ils adressent à l'orthodoxie, Myrdal n'en est pas pour aurant converti (Myrdal, 1978d).

Myrdal peut d'autant plus facilement comprendre la rébellion institutionnaliste qu'il se considère lui-même comme rebelle à l'égard de la doctrine néoclassique y compris la tradition autrichienne que Wicksell lui a transmise. Il s'accorde volontiers sur le caractère statique et faussement naturel de l'équilibre, sur le manque de réalisme de la théorie subjective de la valeur et questionne le postulat de rationalité du comportement individuel. Il reproche à l'économie conventionnelle d'occulter le caractère normatif des concepts clés, qui relèvent de la doctrine, et de présenter ceux-ci comme des instruments d'analyse propres à l'économie positive, conférant ainsi à la discipline une neutralité scientifique qu'elle ne saurait posséder. En d'autres termes, ce que Myrdal dénonce dans *The Political Element in the Development of Economic Theory* (1953a) dont il achève la rédaction aux États-Unis, c'est la confusion qu'entretient l'économie conventionnelle entre les divers niveaux de la discipline.

On peut en effet distinguer:

— le niveau 1, celui des doctrines (l'utilitarisme et le droit naturel s'agissant de l'économie conventionnelle), contient ce que doivent être les principes d'une bonne organisation de la société et implique donc des jugements de valeurs, c'est-à-dire des positions éthiques de la part des économistes;

— le niveau 2 est celui de la formulation des théories dont les instruments d'analyse, les concepts, procèdent du niveau 1;

— le niveau 3, la politique économique, constitue la mise en oeuvre, l'application d'une théorie issue du niveau 2.

Ces trois niveaux sont hiérarchiquement ordonnés et interdépendants bien qu'ils disposent d'une relative autonomie; c'est le cas en particulier du niveau 2 que l'on peut assimiler à l'économie positive, étant entendu que le niveau 1 qui relève de l'économie normative pèse tant sur les théories que sur les politiques économiques.

De ce que l'économie positive n'est pas indépendante des jugements de valeurs (positions éthiques), Myrdal tire trois conclusions: les concepts n'ont pas de fondements empiriques; les positions éthiques recouvrent des enjeux politiques qui prêtent nécessairement à controverse; la reconnaissance de ces enjeux doit néanmoins préserver l'autonomie de l'économie positive.

L'absence de fondements empiriques signifie que les théories sont issues des doctrines, c'est-à-dire de jugements de valeur (positions éthiques) et constituent des *a priori*. Ainsi, la théorie et la mesure de l'utilité ne permettent pas de fonder empiriquement la doctrine du bien-être et s'avèrent par ailleurs inutiles à l'analyse des prix.

Dans ces conditions, Myrdal estime que l'empirisme naïf dont font preuve les institutionnalistes est tout à fait inconséquent. D'une part, l'absence de réflexion théorique les rend incapables de formuler des recommandations pertinentes en matière de politique économique et, d'autre part, la critique que font les institutionnalistes de l'économie conventionnelle laisse intact le coeur de sa doctrine (Myrdal 1958d, 253-254).

Myrdal considère que la critique du raisonnement déductif et par conséquent l'adoption d'une démarche inductive — les faits précèdent les théories —
sont erronées. Ce faisant, les institutionnalistes s'inscrivent dans le prolongement de l'historicisme et aboutissent à la même impasse: l'incapacité à
formuler des théories.

D'autre part, le rejet de certaines normes (le laissez-faire) ne conduit pas
pour autant l'institutionnalisme à critiquer le caractère normatif de l'économie
conventionnelle ni à s'interroger notamment sur la question centrale du bien-
être social (Myrdal, 1953a, 104-105).

Le concept de bien-être social n'est en rien univoque. Il renvoie à plusieurs interprétations possibles, c'est-à-dire à des jugements de valeurs (positions éthiques) sur ce que doit être une bonne organisation économique de la
société et recommandent ainsi les décisions de politique économique qui
doivent être arrêtées pour y parvenir. A cet égard, les doctrines constituent un
enjeu politique qui prête nécessairement à controverse et qu'il s'agit d'expliciter; Myrdal plaide pour une réhabilitation de l'économie politique. À l'encontre de la position orthodoxe qui prétend les éliminer, il importe d'expliciter les
jugements de valeurs (positions éthiques) qui président aux théories et aux
politiques économiques; en d'autres termes il s'agit de se prononcer sur les
fins et non simplement sur l'adéquation des moyens employés comme le prétend l'économie conventionnelle (Robbins, 1935).

Toutefois, si Myrdal n'envisage pas de séparation entre économie
positive et économie normative, il n'entend pas les assimiler pour autant. La
solution qu'il avance consiste alors à expliciter les jugements de valeurs
(positions éthiques) au niveau de la politique économique, préservant ainsi
l'autonomie de l'analyse économique à laquelle il se consacre en 1931 avec sa
théorie de l'équilibre monétaire (Myrdal, 1950), et qui prend place parmi les
contributions majeures de cette période (Shackle, 1967).

Myrdal et l'institutionnalisme: inflexions et convergence

L'adhésion de Myrdal à l'institutionnalisme est le résultat d'un double processus qui aboutit à la convergence: l'institutionnalisme se dote progressivement
d'une doctrine, tandis que Myrdal abandonne l'exigence d'une analyse économique autonome pour adopter une démarche résolument holiste qui met l'accent
sur les facteurs institutionnels et le caractère interdisciplinaire des sciences
sociales.

L'ébauche d'une doctrine institutionnaliste

La nouvelle génération, parfois qualifiée de néo-institutionnaliste (Gruchy, 1972), présente une réorientation du programme de recherche institutionnaliste qui tend à rompre l'inflexion empiriste des années 1920-1930, caractérisée par l'absence d'une véritable doctrine alternative à la doctrine néo-classique (Gambs, 1946). L'édification de la doctrine institutionnaliste s'inscrit dans une double filiation: elle renoue avec celle de Veblen et la conjugue avec celle de Dewey (Ayres, 1944)[2].

Thorstein Veblen (1857-1929) est sans doute le pionnier de l'institutionnalisme et a inspiré nombre des auteurs de la génération de l'entre-deux guerres. Toutefois, il ne rejetait pas la méthode déductive et se sentait fort peu concerné par la recherche empirique. Il plaidait pour une science économique fondée sur une approche anthropologique du changement social qui était gouverné par la contradiction entre les institutions pécuniaires du système marchand capitaliste et la technologie. Celles-ci s'avèrent incapables d'établir une coordination efficace des activités productives et d'aboutir au bien-être social que le développement technologique permet d'envisager. Cette vision critique s'accompagne d'un refus de toute téléologie qui le conduit à défendre une conception de l'activité scientifique définie comme curiosité désintéressée (Veblen, 1919).

John Dewey (1859-1952), par contre, incarne la figure du spectateur engagé. Sa philosophie pragmatiste considère que la connaissance vise à l'action: la recherche scientifique consiste à identifier et à résoudre des problèmes, démarche qui a profondément influencé Mitchell et Tugwell. Le choix des problèmes aussi bien que celui des solutions est guidé par les convictions du chercheur. Aussi Dewey se prononce-t-il pour la délibération démocratique opposée à la contrainte, pour la coopération interindividuelle et le bien-être social opposés à l'hédonisme individualiste, pour le contrôle social, et partage à cet égard les mêmes convictions que Myrdal.

Il s'agit par ailleurs de traiter scientifiquement des normes, ce que Dewey appelle la théorie instrumentale de la valeur, c'est-à-dire de comprendre dans quelle mesure la solution est bien conforme au problème posé, les moyens bien ajustés aux fins. Dewey considère, à cet égard, qu'il n'y a pas de séparation entre les fins et les moyens, les valeurs et les faits; les normes doivent être fondées empiriquement ou plus exactement, elles apparaissent au terme

---

2. Clarence Ayres (1891-1972), philosophe de formation, qui est à l'origine de cette réorientation, sera l'un des fondateurs de l'A.F.E.E. Il est certainement le représentant le plus typique de la composante veblenienne de l'A.F.E.E. Celle-ci se distingue, de par sa préoccupation doctrinale, de la composante plus empiriste, associée au nom de Commons, qui considère que l'institutionnalisme n'a pas et ne doit pas avoir une telle préoccupation.

du processus de l'enquête qui vise à identifier un problème et formuler sa solution (Dewey, 1936).

L'enquête repose sur une démarche inductive et holiste: il s'agit de reconstituer la logique de la situation (le problème) dans toutes ses dimensions grâce à des observations expérimentales (faits construits). Les observations ont à la fois le statut d'hypothèses qui constituent la matière du problème et de tests à l'égard des solutions qui y sont apportées jusqu'à ce que le problème soit circonscrit. Ce *continuum* assure l'incorporation de nouveaux faits permettant de modifier les hypothèses de telle sorte que l'enquête n'est jamais véritablement close. Ce mode d'investigation est fondé sur le principe du "pattern model" qui caractérise la méthodologie institutionnaliste (Wilber et Harrison, 1978) que Myrdal va illustrer (Myrdal, 1944a).

Le holisme méthodologique de Myrdal

L'itinéraire intellectuel de Myrdal est marqué par une préoccupation croissante pour les problèmes de développement et par une inflexion méthodologique dont les premiers jalons apparaissent dès les années 1930.

Myrdal abandonne dès 1933 l'idée que les théories et les instruments d'analyse sont autonomes. Il considère que les moyens et les fins représentent un *continuum* gouverné par les jugements de valeurs (positions éthiques) qui se trouvent donc incorporés dans les théories elles-mêmes (Myrdal, 1933f). Il rejoint à cet égard la position de Dewey auquel il se réfère d'ailleurs explicitement (Myrdal, 1944a, annexe 1). Rétrospectivement, cette autocritique des positions qu'il défendait jusqu'alors marque le premier jalon du passage de la phase théorique à la phase institutionnelle de son itinéraire (Myrdal, 1976c).

Le second jalon intervient au cours de son deuxième séjour aux États-Unis en 1938, au cours duquel il coordonne une large recherche interdisciplinaire sur le problème noir aux États-Unis, *An American Dilemma* (Myrdal, 1944a). Certaines des annexes de cet ouvrage seront reprises dans des publications ultérieures (Myrdal, 1958d); elles présentent la version quasi définitive des positions méthodologiques que Myrdal défendra avec constance jusqu'à la fin de sa vie et qui illustrent la méthodologie holiste de "pattern model".

Le "pattern model" ne vise pas à établir une prédiction mais à fournir une compréhension du problème étudié; l'analyste, observateur-participant formule des hypothèses qui sont vérifiées empiriquement et construit un modèle représentatif du problème qui incorpore sans cesse de nouvelles données car le problème lui-même évolue. Aucun des facteurs explicatifs (culturel, psychologique, économique, ...) du système n'est privilégié (pondéré), le modèle est holiste, qualitatif et ouvert (Wilber et Harrison, 1978).

Sans doute le holisme présente-t-il des difficultés, compte tenu de l'introduction permanente de données empiriques dans le modèle et d'une absence de rigueur quant à la vérification des hypothèses; il constitue par ailleurs un programme extrêmement ambitieux qui, s'il est revendiqué par l'institutionnalisme, est rarement mis en oeuvre (Caldwell, 1982, 200-203).

Il reste néanmoins que Myrdal s'est efforcé d'entreprendre un tel programme et esquisse dans l'annexe 3 de *An American Dilemna* (Myrdal, 1944a, 1065-1070) une théorie dynamique de la causalité cumulative qui peut s'interpréter comme une illustration de la théorie cybernétique (Radzicki, 1988).

Cercle vicieux et causalité cumulative

Le problème noir tel qu'il se présente alors aux États-Unis constitue un dilemme. Il résulte du préjugé raciste que la majorité de la population blanche manifeste à l'égard de la minorité noire dont le statut (niveau et genre de vie) est inférieur. Ce préjugé raciste se fonde sur l'existence de ce statut inférieur qui résulte lui-même de la discrimination, du préjugé raciste des Blancs à l'égard des Noirs. La relation Blancs/Noirs prend la forme d'une boucle rétroactive

statut (x) —> discrimination (y)

La discrimination est d'autant plus forte que le statut est plus bas et le statut est d'autant plus bas que la discrimination est forte[3].

Dans ces conditions, toute dégradation du statut des Noirs aura pour conséquence de renforcer la discrimination, laquelle en retour engendrera une nouvelle dégradation selon une causalité cumulative, régression à l'infini que Myrdal qualifie de cercle vicieux.[4]

On peut imaginer également que cette causalité cumulative puisse imprimer un cercle vertueux permettant ainsi de dénouer le dilemme. Quoiqu'il en soit, cette causalité dynamique ne représente pas le passage d'un niveau

---

3. Il s'agit de deux fonctions décroissantes où t représente la période de temps :

$x_t = f(Y_t)$, $d_{x_t} / dy_t < 0$

$y_t = z(x_{t-1})$, $dy_t / dx_{t-1} < 0$

4. Si on considère des périodes de temps successives t, t + 1, t + 2.... il s'ensuit :

$y_{t+1} < y_t$ $x_{t+1} > x_t$,

$y_{t+2} < y_{t+1}$ $x_{t+2} > x_{t+1}$

d'équilibre initial à un niveau d'équilibre final, mais un processus ouvert qui demeure largement indéterminé.

En effet, le statut des Noirs représente lui-même un ensemble composite, un vecteur de variables interdépendantes: niveau d'emploi, salaire, logement, santé, éducation. Toute variation de l'une de ces variables aura des effets sur les autres variables, c'est-à-dire sur le statut lui-même et donc sur la discrimination.

Certes, l'ensemble des variables interdépendantes composant le statut des Noirs peut éventuellement être mesuré par un indice pondéré et permettre un calcul quantitatif. Toutefois, cela ne permet pas pour autant de prédire dans quelle direction évolue le système en mouvement, dans la mesure où il se trouve affecté par des facteurs, tant endogènes qu'exogènes, qui ne sont pas linéaires; les effets cumulés varient à la hausse comme à la baisse.

Aussi, le préjugé raciste dépend des changements effectifs du statut des Noirs mais également de l'anticipation de ces changements par les Blancs eux-mêmes. Si le préjugé raciste doit diminuer à long terme, sous l'effet d'une amélioration du statut des Noirs, il se peut qu'il augmente à court terme, notamment parmi les petits Blancs dont le statut alors ne serait guère plus élevé[5].

Pour ne pas conclure

Il apparaît que Myrdal est bien partie prenante de l'institutionnalisme, qu'il contribue à renouveler, dont il défend la cause alors même que celui-ci décline dans l'après-guerre. À cet égard, on ne saurait le suspecter d'opportunisme. On peut déplorer qu'il ait délaissé l'élaboration proprement théorique, militant pour une méthodologie que certains considèrent dépassée (Mingat et alii, 1985). Certes, Myrdal se dresse à contre-courant, mais il était convaincu que l'économique, comme science sociale, accorderait une importance plus grande aux facteurs institutionnels et à l'exigence de la plurisdiciplinarité (Myrdal, 1978d). La question de savoir si l'évolution de la discipline lui a donné raison ne peut sans doute pas être encore tranchée avec suffisamment de recul, mais elle mérite réponse.

---

5. La fonction x n'est donc pas nécessairement décroissante à court terme et peut engendrer une discrimination accrue x.

Références bibliographiques

AYRES, C.E. (1944), *The Theory of Economic Progress*, Chapel Hill, North Carolina University Press.

CALDWELL, B. (1982), *Beyond Positivism*, Londres, Georges Allen & Unwin.

CLARK, J.M. (1924), "The Socializing of Theoritical Economics", in: R.G. Tugwell (dir.) (1924a), 73-104.

COMMONS, J.R. (1924), *Legal Foundations of Capitalism*, New York, MacMillan.

COMMONS, J.R. (1931), "Institutional Economics", *American Economic Review*, vol. 21, n° 4, 648-658.

DEWEY, J. (1938), *Logic — The Theory of Inquiry*, New York, Holt; traduction française, *Logique — La Théorie de l'enquête*, Paris, Presses universitaires de France, 1967.

GAMBS, J.S. (1946), *Beyond Supply and Demand*, New York, Columbia University Press.

GRUCHY, A.G. (1972), *Contemporary Economics — The Contribution of Neo-Institutionalism*, New York, MacMillan.

GRUCHY, A.G. (1987), *The Reconstruction of Economics — An Analysis of the Fundamentals of Institutional Economics*, Greenwood, Connecticut.

HAMILTON, W.H. (1919), "The Institutional Approach To Economic Theory", *American Economic Review*, vol. 9, n° 1, mars.

HOMAN, P.T. (1928), *Contemporary Economic Thought*, New York, Harper.

MINGAT, A., SALMON, P. et WOLFELSPERGER, A. (1985), *Méthodologie économique*, Paris, Presses universitaires de France.

MITCHELL, W.C. (1924), "The Prospects of Economics", in: R.G. Tugwell (dir.) (1924a), 3-36.

MITCHELL, W.C. (1927), *Business Cycles — The Problem and Its Setting*, New York, National Bureau Economic Research.

MYRDAL, G. (1933f), "Das Zweck — Mittel — Denken in der Nationalöko-nomie" [La pensée pratique en économie politique], *Zeitschrift für Nationalökonomie*, vol. 4, n° 3, 305-329; traduction anglaise, in: Myrdal (1958d), 206-230.

MYRDAL, G. (1944a), *An American Dilemma. The Negro Problem and Modern Democracy*, New York/Londres, Harper & Row, 2 vol.

MYRDAL, G. (1950), *L'Équilibre monétaire*, Paris, Médicis [1re édition suédoise, 1931].

MYRDAL, G. (1953a), *The Political Element in The Development of Economic Theory*, Londres, Routledge and Kegan Paul.

MYRDAL, G. (1958d), *Value in Social Theory. A Selection of Essays on Methodology*, édité par Paul Streeten, Londres, Routledge & Kegan Paul.

MYRDAL, G. (1976c), "The Veblen Commons Award", *Journal of Economic Issues*, vol. 10, n° 2, juin, 210-218.

MYRDAL, G. (1978a), "Institutional Economics", *Journal of Economic Issues*, vol. 12, n° 4, 777-783.

MYRDAL, G. (1978d), *Procès de la croissance: à contre-courant*, Paris, Presses universitaires de France.

PIROU, G. (1936), *Les nouveaux courants de la théorie économique aux États-Unis*, Paris, Domat-Montchrestien.

ROBBINS, L. (1935), *An Essay on the Nature and Significance of Economic Science*, Londres, Macmillan.

RADZICKI, M. (1988), "Institutional Economics", *Journal of Economic Issues*, vol. 22, n° 3, septembre, 633-667.

SHACKLE, G.L.S. (1967), *The Years of High Theory 1926-1939*, Londres, Cambridge University Press.

TUGWELL, R.G. (dir.), (1924a), *The Trends of Economics*, New York, Crofts and Co.

TUGWELL, R.G. (1924b), "Experimental Economics", in: R.G. Tugwell (dir.) (1924a), 371-422.

VEBLEN, T.B. (1919), *The Place of Science in Modern Civilization and Other Essays*, New York, Huebsch.

WILBER, C. et HARRISSON, R. (1978), "The Methodological Basis of
Institutional Economics — Pattern Models, Story-Telling and Holism",
Journal of Economic Issues, vol. 12, n° 1, mars, 61-68.

MYRDAL ET LES CONCEPTS
IMPRÉGNÉS DE VALEURS

Jacques Peltier

Tout au long de son oeuvre, Myrdal élabore les éléments d'une structure des sciences sociales à l'intérieur de laquelle le rôle des valeurs est déterminant. Nous présentons au début, une reconstruction de cette élaboration.

La vision myrdalienne est tout à fait compatible avec la conceptualisation des sciences en épistémologie contemporaine. Nous montrons que Myrdal est un précurseur, qu'il anticipe les conceptions paradigmatiques de Kuhn (1972) et celle des programmes de recherche de Lakatos (1978). Ces conceptions étant orientées vers l'explication des sciences de la nature, nous voyons que Myrdal, en amplifiant et rendant déterminant le rôle des valeurs, permet d'analyser de façon plus probante les sciences sociales.

Une conséquence de l'approche myrdalienne découle de ses affirmations selon lesquelles les sciences sociales sont fondamentalement imprégnées de jugements de valeurs à tous les niveaux, depuis la conception même des théories, des concepts employés, jusqu'au choix des faits devant les tester. L'acceptation de ce rôle joué par les valeurs nous oblige à conclure à l'impossibilité de distinguer radicalement les fins des moyens, l'économie positive de l'économie normative. Cet état de choses n'est pas une condition dont il faut s'efforcer de sortir mais il est dans la nature même de toute science sociale: une économie politique libre de valeurs est une utopie.

La vision myrdalienne aboutit à une autre conséquence. Elle est confrontée, au même titre que les autres conceptualisations en épistémologie contemporaine, aux problèmes résultant de l'inexistence d'un algorithme objectif de choix entre programmes de recherche concurrents. Étant donné l'impossibilité de produire un test empirique non ambigu en économie politique, les propositions méthodogiques de Myrdal quant à la nécessité de l'explicitation des jugements de valeurs, apparaissent comme une base rationnelle du critère de choix entre les théories en présence.

Nous verrons, en conclusion, que cette interprétation de la solution myrdalienne accentue l'incommensurabilité des divers paradigmes et permet de mieux comprendre la nature des débats interminables qui naissent à tout moment en économie politique.

La structure de l'économie politique

Pour reconstruire la vision myrdalienne comme élaboration d'éléments préten-dant rendre compte de la structure de l'économie politique, nous discutons en premier du rôle des valeurs. Nous abordons par la suite les propositions méthodologiques concernant la nature des modèles à privilégier, et enfin les diverses croyances concernant la dynamique du système social, le statut des lois, et la possibilité de progrès.

Le rôle des valeurs en économie politique

Les valeurs apparaissent à tous les niveaux de l'économie politique. Les pos-tulats de valeurs ne sont pas testables et nous devons admettre le relativisme à leur sujet. Mais ce n'est pas du nihilisme. Théoriquement, toute recherche doit se faire en partant d'un nombre très grand de prémisses de valeur mais en pratique, il faut choisir des valeurs comme normes instrumentales. Les valeurs doivent répondre à certains critères précis. Myrdal décide de choisir, comme norme instrumentale, des valeurs provenant des aspirations concrètes de groupes importants de la société, mais rien n'interdit d'employer d'autres valeurs. En définitive, la proposition la plus fondamentale est celle de rendre explicites les valeurs afin de maintenir le plus d'objectivité possible, mais cela n'affecte pas l'affirmation selon laquelle l'économie politique continue d'être imprégnée de valeurs à tous les niveaux.

— Les valeurs apparaissent à tous les niveaux de l'économie politique

Myrdal nous dit, dans la préface de *The Political Element in the Development of Economic Theory* (1953a, vii), qu'il y critique les économistes qui ne reconnaissent pas la nécessité de procéder à des jugements de valeurs au niveau de l'application de la recherche théorique sans remettre en cause la possibilité de procéder à une recherche théorique d'une façon dite objective et neutre. Il reconnaît maintenant que cette critique est déficiente et imbue d'empirisme naïf et il propose une conception plus sophistiquée.

Dans sa nouvelle conceptualisation apparaissent, dès le début de la recherche, des postulats de valeurs. Au début de toute recherche théorique, nous trouvons des croyances exprimant nos idées sur ce qu'est la réalité et des évaluations exprimant ce que devrait être cette même réalité. C'est l'interaction entre les croyances et les postulats de valeurs qui, s'influençant mutuellement, détermine notre conception du monde. Cette conception du monde, par la suite, détermine l'approche poursuivie, la définition des concepts employés, la sélection des faits observés, la façon de tirer les inférences et la manière de présenter les conclusions auxquelles nous sommes arrivés. Les postulats de valeurs sont requis afin d'établir les faits et pas seulement pour tirer des conclusions de politique économique. Il ne peut donc jamais y avoir de neutralité ou d'objectivité.

Dans *Economic Theory and Under-Developed Regions* (1957b, 159-164), Myrdal qualifie de structurelle cette interdépendance entre les faits et les valeurs et la présente comme une condition nécessaire à toute recherche. La rencontre continuelle entre l'*a priori* et l'*a posteriori*, entre la vision et l'expérience y est vue comme le moteur du progrès théorique. L'interdépendance structurelle entre les valeurs et les faits n'est pas une proposition épistémologique normative mais un état de fait valant pour toutes les théories en présence.

— Les postulats de valeurs ne sont pas testables

Myrdal (1973a, 35-64) affirme que les jugements de valeurs ne peuvent être testés. Ce qui distingue les évaluations des croyances et des théories au sujet de la réalité est que ces évaluations ne peuvent être corroborées ou falsifiées. Elles existent seulement comme des faits sociaux. Cela dit, afin d'analyser d'où proviennent ces évaluations, il faut effectuer une recherche sociologique et psychologique sur les sciences sociales et les scientifiques. Les prémisses de valeur ne peuvent en même temps être *a priori,* évidentes ou généralement valides. Les évaluations, contrairement aux croyances, ne peuvent être jugées par les critères de vérité empirique.

— Il faut être relativiste en ce qui concerne les valeurs
    (Myrdal, 1958d, 157-212)

Les évaluations sont des faits subjectifs. Le processus de sélection d'un problème et des hypothèses de base limitent l'étendue, l'étude et la définition des données et leur classification implique un choix de la part du chercheur. Ce choix est fait à partir d'une infinité de possibilités et est logiquement et politiquement arbitraire. Le fait de proposer des critères de tests empiriques des valeurs considérées comme faits sociaux n'enlève rien à cette nécessité scientifique de relativisme

Théoriquement, il est nécessaire d'opérer à partir de plusieurs ensembles de prémisses de valeurs coexistantes. C'est la position théorique prise par Myrdal et c'est aussi la base de la théorie anarchiste de la connaissance. Position nécessaire à un véritable empiriste, car divers postulats de valeur vont lui permettre de découvrir de plus en plus de faits importants. Même l'analyse d'un problème pratique, si elle ne veut pas être tronquée, devra être poursuivie avec plusieurs ensembles de prémisses de valeurs coexistantes.

En pratique, cet idéal devant être pousuivi par par tous les chercheurs, il faut en arriver à déterminer une norme instrumentale qui sera privilégiée au cours de la recherche. Cette norme devra répondre aux critères de consistance logique, ainsi que de son importance pour la société étudiée.

La position définitive de Myrdal dans ses recherches appliquées est de faire usage des prémisses de valeurs provenant des aspirations concrètes des groupes importants afin de comprendre les problèmes et de faire avancer les aspirations de notre époque. Cette prise de position ne doit pas être considérée comme un absolu, mais bien comme la tentative de rendre empirique une norme instrumentale pouvant, selon les prémisses de valeurs d'un autre chercheur être totalement inacceptable, ce qui rend nécessaire la formulation d'une autre norme instrumentale. Cela est consistant avec les propositions épistémologiques de Myrdal.

— Il est nécessaire d'expliciter ses jugements de valeurs
      (Myrdal, 1969d, 55-57)

La seule solution acceptable à l'imprégnation par les valeurs est de les rendre explicites. Afin d'éviter les biais dans la recherche et de la rendre objective dans le seul sens que ce terme peut avoir en science sociale, nous devons sélectionner et rendre explicites les prémisses valorielles spécifiques testées pour leur faisabilité, leur consistance logique, et leur signification pour la société étudiée.

Nous nous rangeons à l'avis de Streeten qui, dans sa préface de Myrdal (1958e), affirme que le changement graduel effectué par Myrdal vers l'imprégnation totale par les valeurs change toute la conception de l'analyse scientifique. Et en ce sens, les valeurs ne sont pas quelque chose qu'il faut extirper ou même rendre explicite afin de les séparer de ce qui est empirique. Ces valeurs, même explicitées, sont toujours présentes et endogènes à l'analyse empirique, du commencement à la fin.

Les valeurs méthodologiques et les croyances

— La structure des modèles (Myrdal, 1973a, 143-147)

L'économie politique, dans sa conception dominante contemporaine de science économique, semble se rapprocher le plus des sciences de la nature. Cette ressemblance est vraie en ce qui concerne la forme mais non la substance. Les concepts employés, comme celui de marché, sont des concepts formalistes qui n'ont aucune ressemblance avec les marchés existant dans la réalité. Il existe des hypothèses implicites qui prétendent que seuls les facteurs importants sont d'ordre économique. Mais dans la réalité il n'existe que des problèmes. Les facteurs importants peuvent être économiques, sociologiques, psychologiques, il s'agit de trouver les plus appropriés.

Les modèles simplistes, avec leur ornementation mathématique, ne rendent pas l'économie politique plus scientifique, si cette forme n'est pas adéquate à l'analyse de la réalité sociale. L'effort récent de s'inspirer des méthodes des sciences naturelles plus simples sera reconnu dans l'avenir comme une aberration temporaire dans la recherche réaliste de la vérité.

— L'inexistence de lois

Dans *Against the Stream* (1973a, 151-153) Myrdal prétend qu'il existe peu de vérités acceptées par tous. En fait, la plus grande partie de l'économie politique n'est que rationalisation. Pour tous les problèmes, il existe des écoles de pensée avec des évangiles différents à partir desquels les politiciens et le public peuvent choisir en fonction de leur prédilection. On ne peut espérer que les sciences sociales formulent un jour le type de relations universelles et inchangeables entre les faits, comme en sciences naturelles.

Non seulement la connaissance faisant consensus est-elle plus difficile à acquérir et à établir, mais sa transformation en action par l'*engineering* social est plus complexe et constitue une entreprise incertaine. Ce qui laisse un choix large aux politiciens. Mais notre approche est scientifique même s'il n'existe aucune relation immuable et universelle entre les faits.

Chaque période dans l'évolution de l'économie politique voit la domination d'une approche, ce qui a pour effet de l'isoler face à son environnement et de ne pas remettre en question ses fondements, c'est-à-dire la vision du monde et les jugements de valeur implicites qui ont contribué à créer ces jugements de valeurs. Myrdal nous dit, entre autres, que l'école keynésienne est devenue l'école dominante en science économique et que son isolement l'a empêchée de voir les nouveaux problèmes récents tels que la stagflation. Mais Myrdal nous parle de l'arrivée du keynésianisme comme école dominante en expliquant que durant les années trente, la problématique des valeurs a été mise de côté par toute la communauté scientifique, face à la dépression. La crise économique a fait converger les valeurs dans l'acceptation du combat contre le chômage.

Myrdal (1973a, 1-3) écrit que, dans chaque période de l'évolution de l'économie politique, il existe une tendance à ce qu'une approche théorique particulière soit dominante, même si d'autres continuent à exister. La communauté scientifique qui y adhère crée autour d'elle un espace qui devient un isolement. La controverse ne vient jamais mettre la structure de base en cause. Puis il y a des crises; une remise en cause de la structure de base peut alors se produire et une nouvelle orthodoxie apparaîtra.

Une crise et le changement qui s'en suit dans les approches de recherche sont normalement non seulement des développements autonomes de notre science mais causés aussi par les forces externes de changements de la société.

Le progrès est possible en économie politique. Myrdal (1973a, 138) affirme que les problèmes en sciences sociales sont plus difficiles qu'en sciences de la nature. Mais nous ne pouvons pas arriver à des constantes. Les régularités n'ont pas la validité générale des lois de la nature. Nous avons affaire à un comportement humain aléatoire et à une structure institutionnelle changeante. Comment dès lors définir le progrès, sinon dans la multiciplicité des points de vue résultant de postulats de valeur différents.

Myrdal et Kuhn

Depuis les écrits de Kuhn (1972) sur la structure des révolutions scientifiques et de Lakatos (1978) sur la méthodologie des programmes de recherche, nombreux sont les chercheurs qui tentent d'interpréter le statut de l'économie politique avec l'une ou l'autre de ces visions.

Il est important de voir que la conception myrdalienne de l'économie politique est compatible avec l'interprétation paradigmatique de Kuhn. En effet, seules ces approches à partir de paradigmes, de programmes de recherche ou de traditions permettent d'analyser convenablement la structure d'une science (Chalmers, 1987). Le débat sur la possibilité d'une science libérée de valeurs ainsi que la problématique sur la théorie du choix entre théories ou paradigmes ne peuvent s'analyser sans référence à ces conceptions.

Comparons les conceptions kuhniennes et myrdaliennes.

Pour Kuhn, lorsqu'une science est arrivée à maturité, le travail de recherche empirique et théorique développé par la communauté scientifique s'effectue sous l'égide d'un paradigme qui peut s'interpréter comme une vision du monde ou une conception de la réalité qui n'est pas remise en cause par la communauté scientifique.

Pour Myrdal, les recherches s'effectuent toujours à l'aide d'*a priori,* de prémisses de valeurs reliées à des conceptions du monde qui en fait jouent le même rôle que le paradigme de Kuhn. Ce que Myrdal ajoute ici, c'est qu'au début, il existe une interrelation entre les prémisses de valeurs et la conception du monde. Ces prémisses de valeurs ne sont pas autre chose qu'une philosophie politique implicite ou explicite. Pour Myrdal, on retrouve à la base la croyance dans les concepts d'égalité et de liberté. L'explicitation de ce point de vue devient une philosophie politique qui est celle de la social-démocratie. Il expose dans *Beyond the Welfare State* (1958e) sa conception à ce sujet et essaie de voir comment cette vision peut s'appliquer à l'ensemble de la planète. Avancer dans cette route vers la liberté est le but explicite de son oeuvre.

Pour Kuhn, le paradigme détermine entre autres l'orientation des recherches, la conception du monde et par la suite certains critères méthodologique acceptables. Nous retrouvons ici les conceptions myrdaliennes portant sur la conception du monde tendant vers le déséquilibre dans la dynamique d'une causalité circulaire et cumulative. Nous y trouvons aussi ses propositions méthodologiques touchant la structure des modèles à produire y incluant la nature des variables à employer.

Pour Kuhn, les scientifiques dont les recherches sont fondées sur le même paradigme, forment une communauté obéissant aux même règles et aux mêmes normes dans la pratique scientifique de science normale, qui est une activité consistant à résoudre des énigmes qui sont générées, identifiées et habituellement résolues à l'intérieur du contexte théorique fourni par le paradigme. Au cours de la recherche normale, le paradigme lui-même n'est pas remis en question.

Pour Myrdal, chaque période dans l'évolution de l'économie politique est constituée par une approche dominante (une école dominante), ce qui a pour effet de l'isoler face à son environnement. L'école dominante ne remet pas normalement en question ses présupposés de valeur ainsi que sa vision du monde.

Pour Kuhn, dans l'évolution de toute science, se présentent des moments de remise en cause du paradigme dominant. Si l'activité de "sciences normales" est un essai d'insérer le monde dans la boîte précontrainte du paradigme, les recherches conduisent inévitablement à préciser le paradigme et à rendre les inconsistances de plus en plus nombreuses entre les faits et les prévisions du paradigme. Ces inconsistances sont appelées anomalies, et une accumulation d'anomalies conduit à une crise en science. Cette crise, si elle n'est pas résolue, conduit à la révolution scientifique, ce qui équivaut à un changement de paradigmes.

Pour Myrdal, l'évolution de l'économie politique se fait aussi par la remise en cause de l'école dominante qui a réussi à s'isoler de son environnement et ne peut plus à un certain moment solutionner les problèmes provenant des transformations de la société. L'évolution se produit aussi par un changement d'école, avec les mêmes connotations révolutionnaires que celles de Kuhn.

Pour Kuhn, le choix entre paradigmes ne peut être basé sur des critères empiriques. Le test de falsification n'est pas réalisable et le choix à la limite se fait sur des bases subjectives. En définitive, tout est centré sur la foi dans les possibilités futures des paradigmes en présence de résoudre les problèmes importants auxquels la science est confrontée à un moment donné. Les visions paradigmatiques ne sont pas des solutions; elles soulèvent des problèmes qu'il faut s'efforcer de solutionner.

Pour Myrdal, le choix en est un aussi entre paradigmes en concurrence, même si le terme n'est pas employé. En fait, son oeuvre est aussi un plaidoyer et une démonstration de l'incapacité de la théorie néo-classique dominante de solutionner les problèmes pressants de nos sociétés. C'est aussi la constitution d'un nouveau paradigme dans lequel il a foi.

Comment cette problématique du choix peut-elle opérer en économie politique? Étant donné le rôle omniprésent que Myrdal accorde aux valeurs, est-il encore possible de distinguer économie positive d'économie normative, et de concevoir une science libérée de valeurs où le test empirique permettra le choix entre les théories et les paradigmes en présence?

Une économie politique libérée des valeurs

La structuration myrdalienne de l'économie politique récuse la distinction radicale proposée par Friedman (1953) entre économie positive et économie normative. Elle affirme, comme nous l'avons dit précédemment, que l'économie politique est fondamentalement imprégnée de valeurs à tous les niveaux, partant de la conception même des théories, des concepts employés, jusqu'au choix des faits devant les tester.

Blaug (1982, 109-135) présente les arguments usuels tentant de démontrer la possibilité d'une science sociale libérée de valeurs. Le débat est d'une importance primordiale car les conséquences de l'acceptation de la position myrdalienne sont dévastatrices pour l'objectivité en économie politique. Il ajoute que déclarer que les jugements de valeurs sont inévitables et partout présents, introduit un relativisme où toutes les opinions économiques ne sont qu'une affaire de choix personnel.

Blaug peut accepter certaines des propositions myrdaliennes, tout en maintenant la possibilité d'une science sociale libérée de valeurs. Il reconnaît que les valeurs se glissent dans le choix même des questions auxquelles s'intéressent les chercheurs en sciences sociales, que les inférences tirées de l'évidence factuelle sont souvent influencées par des valeurs particulières ainsi que les conseils prodigués par les praticiens, et que les jugements méthodologiques sont toujours requis.

Selon lui, pour saisir vraiment le problème il faut accepter de faire une distinction entre les jugements méthodologiques, les propositions métaphysiques invérifiables, faisant partie du paradigme ou du noyau dur d'un programme de recherche, et les autres jugements de valeurs. Si l'on n'établit pas ces distinctions, la thèse que la science sociale est imprégnée de valeurs devient simpliste car l'imprégnation par les valeurs, conçues comme propositions méthodologiques ou propositions métaphysiques invérifiables, est acceptée comme une caractéristique universelle de toutes les propositions théoriques dans toutes les sciences.

Ce qui est fondamental, c'est la possibilité de faire des affirmations descriptives et factuelles relatives aux uniformités sociales qui n'expriment pas de valeurs et de pouvoir les tester empiriquement. Ce n'est que cela qui, à la limite, détermine la possibilité d'une science libérée de valeurs.

Nous pouvons donc avoir une science libre de valeurs à condition de ne pas compter comme valeurs tous les jugements méthodologiques et les énoncés non falsifiables qui ont aidé à construire et à produire les propositions empiriques. La vision de Myrdal serait donc simpliste et constituerait le lot de toutes les sciences. Pour nous, si la position de Myrdal est simpliste, la position de Blaug l'est aussi. Le débat pourra continuer éternellement puisque l'on ne s'entend pas sur la définition de valeurs et donc sur les conditions qui feraient qu'une science puisse ou non en être libérée.

Mais Myrdal ne dit pas qu'il est impossible de faire des énoncés positifs. Tout ce qu'il affirme c'est qu'étant donné les valeurs qui ont amené à faire ces énoncés et donc, les valeurs imprégnées dans les concepts même de ces énoncés empiriques, il est plus scientifique de les rendre explicites. D'où la proposition méthodologique normative consistant à expliciter tous les jugements de valeurs.

En définitive, le débat ne se règle pas uniquement par la constatation de la possibilité de produire un énoncé positif en économie politique (ce qui est simpliste). Le problème central est bien de savoir si et comment le test empirique de ces propositions positives peut se faire.

Pour Lessnoff (1974, 147), la difficulté de "testabilité" en sciences sociales ne se résout pas seulement en construisant une forme logique adéquate; étant donné l'impossibilité d'une expérience cruciale, nous devons généralement admettre l'incertitude, ce qui est une position scientifique. Notre implication en ce qui concerne les valeurs nous incite à arriver à des conclusions plus définitives, ce qui n'est en somme que du *wishful thinking*.

Si nous devons admettre que le test empirique des propositions positives ne peut se réaliser, et que des valeurs (autres que les propositions méthodologiques) sont requises afin d'effectuer un choix entre les théories ou paradigmes en présence, nous devons aussi admettre qu'il est impossible de distinguer économie positive d'économie normative, et fins de moyens. Prétendre pouvoir arriver à une économie politique libre de valeurs dans ces conditions, ne peut conduire qu'à la déception et à l'apparition de l'idéologie.

Le test des théories en économie politique

Le test empirique de falsification des théories en économie politique ne peut se faire sans ambiguïté, et le choix entre les théories en présence exige le recours à des jugements de valeurs.

Dans le cas où les théories en présence sont issues d'un même paradigme, le mieux que nous puissions dire, c'est que nous faisons face à l'incertitude. Bien entendu, le recours à des valeurs méthodologiques acceptées par la communauté scientifique concernée peut formellement résoudre le dilemme. Mais rappelons-nous que ces valeurs méthodologiques sont appréciées subjectivement, ce qui rend problématique le consensus requis et permet au débat de s'éterniser.

Par contre, si les théories en présence sont issues de paradigmes différents, l'ambiguïté ne peut se résoudre par des valeurs méthodologiques, car ces mêmes valeurs sont en conflit d'un paradigme à l'autre. Dans ce cas, l'acceptation de l'une ou l'autre théorie implique l'acceptation de l'un ou l'autre paradigme en présence. Ce choix d'après Kuhn est subjectif et est en somme un acte de foi dans les potentialités de l'un ou l'autre paradigme. La proposition méthodologique de Myrdal quant à l'explicitation des valeurs apparaît comme un élément déterminant dans la possibilité de choix rationnel.

Les critères normaux pour la théorie du choix se divisent en deux catégories, empirique ou non empirique.

Nous distinguons, comme critères empiriques, le test du réalisme des hypothèses et la comparaison de la prédiction de la théorie avec la réalité. Comme critères non empiriques, nous avons l'évaluation de la consistance logique, de la simplicité, de l'élégance, de la généralité, du support théorique etc. La proposition myrdalienne d'explicitation des valeurs et le choix en fonction de la conformité avec ces valeurs devient un des critères non-empiriques déterminants.

Si nous n'acceptons pas le test du réalisme des hypothèses, suivant en ce sens Friedman (1953) et tous les théoriciens néo-classiques, nous devons en conséquence réaliser que nous pouvons en toute liberté construire des fictions. Notre science n'étant qu'instrumentale, nous ne cherchons pas à expliquer les phénomènes étudiés; nous n'attachons d'importance qu'aux potentialités de prédiction. Cependant, nous devons reconnaître que ce test est fondamental dans la conception institutionnaliste myrdalienne qui proclame une position réaliste et s'efforce d'expliquer les phénomènes et non de seulement les prédire (cette prise de position étant jugée fondamentale). Ce test empirique, de toute façon, ne peut s'avérer concluant à cause du problème reconnu de l'inductivisme. On ne peut jamais vérifier empiriquement avec certitude une hypothèse.

Le test de prédiction des hypothèses peut s'analyser de la façon suivante. Chaque hypothèse se compose de deux parties: un *explanandum* et un *explanans*. L'*explanandum* décrit le phénomène à être expliqué. L'*explanans* contient les énoncés définissant la liste des conditions initiales et les énoncés comprenant les lois générales.

Pour qu'un test d'hypothèse soit valable, il faut que les conditions initiales et les lois générales soient clairement spécifiables et spécifiées.

Ces conditions ne sont pas présentes en économie politique (Caldwell, 1984). Il existe une multiplicité de conditions initiales. Certaines conditions initiales ne sont pas testables comme les goûts, les préférences, l'état de l'information, le principe de rationalité.

La clause *ceteris paribus* est omniprésente dans toutes les théories. La théorie traditionnelle se limitant aux variables économiques exige que l'on place dans les *ceteris paribus* une multitude de phénomènes sociaux, politiques, sociologiques et institutionnels. En aucun cas tous ces facteurs demeurent constants et ils peuvent donc toujours cautionner l'impossibilité de prédire. De plus, comme les *explananda*, ou les hypothèses, sont présentés sous forme probabiliste, une non-occurrence de l'événement prévu ne peut être employée comme une réfutation de la loi générale d'où l'hypothèse a été déduite.

Il n'y a pas encore de consensus en économie politique sur l'existence d'une proposition universelle qui aurait la robustesse d'une loi des sciences de la nature. En fait, Myrdal lui-même prétend qu'il n'existe pas de lois ou de constantes comparables à ce que l'on trouve dans les sciences de la nature. Les tests ne peuvent jamais être interprétés de façon non ambiguë.

La structure institutionnelle de l'économie change avec le temps; et le but de l'*engineering* social est bien de promouvoir ces changements dans des directions souhaitées. Nous produisons des changements dans le milieu qui est l'objet de notre recherche. Il est donc normal que les prédictions soient peu concluantes, que les relations entre variables soient altérées, que de nouvelles variables soient découvertes et que le test d'hypothèses soit ambigu.

Étant donné la nature très conditionnelle des prédictions économiques qui dépendent des clauses *ceteris paribus,* ces conditions permettent des clauses échappatoires afin de rationaliser la faillite des prédictions. Lorsqu'un modèle, de façon répétée, faillit dans ses prédictions, les conditions initiales, les clauses *ceteris paribus* peuvent toujours être mises en cause. En conséquence, les hypothèses sont rarement infirmées et l'économie positive est donc parfaitement protégée face à la réfutation. On ne peut la détruire en disant que les hypothèses ne sont pas réalistes et elle ne peut être rejetée parce que les prédictions ne rencontrent pas les faits (Wilber, 1979).

L'impossibilité du test d'hypothèses sans ambiguïté s'adresse à toutes les théories provenant de tous les programmes de recherche, y compris le programme de recherche myrdalien, bien que les théories, dans cette vision comme dans tous les autres programmes de recherche, doivent nous permettre de procéder à des prévisions.

Si les critères empiriques permettant la falsification des théories ne peuvent s'opérationaliser sans ambiguïté, on peut voir un grand nombre de théories prédisant les mêmes phénomènes vérifiées ou corroborées par défaut. En ce cas, le choix se fera à l'aide d'autres critères qui sont donnés par le paradigme auquel le chercheur appartient.

Dans le cas du paradigme myrdalien, parmi les autres critères nous avons déjà noté que:

1. Le modèle doit inclure normalement non seulement des variables économiques mais aussi des variables non économiques.

2. Il doit passer le test du réalisme des hypothèses.

3. Il ne doit pas normalement faire usage d'un formalisme mathématique.

4. Il doit être compatible avec les valeurs formant la philosophie politique explicitée dans l'analyse (pour Myrdal, il doit pouvoir s'intégrer dans sa conception de la social-démocratie).

Des conditions analogues sont requises par les diverses communautés scientifiques appartenant aux nombreux paradigmes qui sont en concurrence en économie politique

Étant donné les conditions rigoureuses d'un test d'hypothèses et l'impossibilité en économie politique de réunir les conditions nécessaires à son application, peu de débats peuvent être résolus sans ambiguïté sur des bases empiriques, même si les tests empiriques sont prolifiques. Les controverses en sciences sociales ne sont pas des situations perverses qui vont disparaître avec le développement des sciences sociales, mais une condition normale, étant donné le caractère subjectif du processus de sélection.

Les économistes peuvent toujours résister à la falsification des hypothèses fondamentales au paradigme à l'intérieur duquel ils pratiquent leur "science normale". Ces paradigmes, marxistes, néo-classiques, post-keynésiens ou autres sont partie intégrante du processus de pensée et sont virtuellement à l'épreuve du test empirique. Ils continuent leur vie quasi éternelle, passant à la limite du statut de dominant au statut de dominé ou, si l'on veut, d'après Lakatos (1978), du statut de progressivité au statut de dégénérescence, sans pour cela disparaître complètement.

Il existe en conséquence une tendance en économie politique à ce que les théories de base deviennent des types idéaux. Quand une théorie devient un type idéal, elle fonctionne d'une façon prescriptive plutôt que descriptive, comme une parabole en quelque sorte afin d'élucider l'idéal vers lequel nous devons tendre.

Le type idéal a une vie quasi éternelle. Plutôt que de s'efforcer de réécrire la théorie et de lui ajouter d'autres hypothèses auxiliaires afin de la rendre plus compatible avec la réalité, la compatibilité est placée sur le monde réel. Cela est le cas non seulement des théories néo-classiques mais de toutes les théories dans les divers paradigmes ou programmes de recherche.

Nous débouchons sur les conséquences suivantes. Les paradigmes en présence, avec leurs théories positives, vont toujours continuer leurs débats sans conclusion. Les scientifiques vont, dans chaque spécialité, changer leur appartenance de l'un à l'autre mais jamais jusqu'à la disparition d'un paradigme. Les tests empiriques passent mais les paradigmes demeurent. C'est ce qui ressort de l'histoire de l'économie politique.

Les théories provenant de ces paradigmes étant infalsifiables, nous assistons à la transformation de l'économie positive en économie normative et à la transformation du monde pour le rendre conforme à l'image de la théorie.

Cela semble vrai pour toutes les théories importantes. Toute la micro-économie traditionnelle et non traditionelle n'est rien d'autre que de l'économie normative. Toute la macroéconomie, du keynésianisme aux anticipations rationnelles, produit des théories infalsifiables, malgré tous les tests empiriques, qui deviennent des prescriptions normatives.

Nous sommes normalement, en science économique, dans un contexte d'incommensurabilité à la Feyerabend, si par incommensurabilité nous voulons dire l'impossibilité de l'existence d'un algorithme de choix.

En effet, de façon générale, le choix entre les discours issus de paradigmes ou de programmes de recherche différents ne peut se faire que par la prise en compte de jugements de valeurs qui ne sont pas seulement méthodologiques. Le choix entre des théories qui ne sont pas falsifiables sans ambiguïté, et qui ont tendance à se transformer en type idéal ne peut se faire rationnellement que si, en premier lieu, nous appliquons la proposition méthodologique myrdalienne d'explicitation des valeurs en général et la philosophie politique qui les soutient.

Conclusion

Myrdal élabore un nouveau paradigme compatible avec la structure kuhnienne et, de fait, avec les autres conceptualisations structurelles en épistémologie contemporaine.

À la fin de sa carrière, il considère que sa vision est institutionnaliste. En fait, ses propositions méthodologiques sur la structure des modèles qui doivent faire une place aux variables autres que les variables économiques, ainsi que le rôle central voué à la transformation des institutions, sont compatibles avec la méthodologie institutionnaliste (Myrdal, 1978a).

Il complète les éléments de l'approche institutionnaliste en postulant une philosophie politique explicite, et des croyances précises dans l'existence de mécanismes de causalité circulaire et cumulative, pouvant propulser le système vers le déséquilibre.

L'ajout de ces derniers éléments, ainsi que l'explicitation de l'imprégnation par les valeurs à tous les niveaux de la recherche en font un paradigme unique qui peut bien par contre être considéré comme le fondement du néo-institutionnalisme moderne.

L'imprégnation définitive par les valeurs replace le débat sur la possibilité d'une économie politique libérée des valeurs. Il s'agit, en somme, de voir comment le test des hypothèses se fait en économie politique et de spécifier le rôle joué par les valeurs dans le choix entre théories et paradigmes concurrents.

Le test empirique ne pouvant pas se faire sans ambiguïté, le choix entre les théories en présence implique un choix entre des philosophies politiques différentes.

Dans ce cas, la proposition myrdalienne d'explicitation des valeurs devient le critère déterminant de choix entre les théories. Mais d'où viennent ces valeurs de philosophie politique qui permettent le choix? C'est une régression à l'infini.

Je m'arrête aux différentes traditions et aux différents paradigmes ou programmes de recherche qui se sont constitués en économie politique. Les néo-classiques, les néo-marxistes, les post-keynésiens, les institutionnalistes, sont en concurrence avec leurs propres conceptions du monde, leurs propres valeurs méthodologiques, leurs propres philosophies politiques.

Enfin, ces paradigmes si ardemment défendus par les protagonistes, transforment à la limite les propositions empiriques infalsifiables en propositions normatives et l'*engineering* social, la politique économique, s'efforcent de rapprocher de l'idéal postulé les institutions concrètes des diverses sociétés.

Nous nous retrouvons dans un contexte d'incommensurabilité entre les paradigmes ou programmes de recherche (Feyerabend, 1979). Cette incommensurabilité est plus prononcée en économie politique qu'en sciences de la nature étant donné le rôle plus fondamental qu'y jouent les valeurs. Voilà pourquoi la compréhension du rôle joué par les valeurs et leur explicitation sont prérequises au choix rationnel et à la base même de la compréhension de l'économie politique. Le positivisme et l'empirisme naïf ne sont qu'idéologie.

Références bibliographiques

BLAUG, M. (1982), *La Méthodologie économique*, Paris, Économica.

CALDWELL, B. (1984), «Some Problems with Falsificationism in Economics», *Philosophy of Social Sciences*, vol. 14, 489-495.

CHALMERS, A.F. (1987), *Qu'est-ce que la science? Récents développements en philosophie des sciences: Popper, Kühn, Lakatos, Feyerabend*, Paris, La Découverte.

FEYERABEND, P. (1979), *Contre la méthode*, Paris, Seuil.

FRIEDMAN, M. (1953), *Essays in Positive Economics*, Chicago, University of Chicago Press.

KUHN, T.S. (1972), *La Structure des révolutions scientifiques*, Paris, Flammarion.

LAKATOS, I. (1978) *The Methodology of Scientific Research Program. Philosophical Papers*, Cambridge, Cambridge University Press.

LESSNOFF, M. (1974), *The Structure of Social Science, a Philosophical Introduction*, Londres, George Allen & Unwinn.

MYRDAL, G. (1953a), *The Political Element in the Development of Economic Theory*, traduit de l'allemand par Paul Streeten, Londres, Routledge & Kegan Paul; New York, Clarion Book, Simon and Schuster, 1969.

MYRDAL, G. (1957b), *Economic Theory and Under-Developed Regions*, Londres, Gerald Duckworth; University Paperback, Londres, Methuen, 1963.

MYRDAL, G. (1958d), *Value in Social Theory. A Selection of Essays on Methodology*, édité par Paul Streeten, New York, Harper & Row; Londres, Routledge & Kegan Paul.

MYRDAL, G. (1958e), *Beyond the Welfare State. Economic Planning and its International Implication*, Yale University School of Law, Storr lectures on jurisprudence; New Haven, Conn., New York, Bantam Books, 1967.

MYRDAL, G. (1969d), *Objectivity in Social Research*, New York, Pantheon Books; Londres, Gerald Duckworth, 1970.

MYRDAL, G. (1973a), *Against the Stream: Critical Essays on Economics*, New York, Pantheon Books; New York, Vintage, 1975.

MYRDAL, G. (1978a), «Institutional Economics», *Journal of Economic Issues*, vol. 12, nº 4 décembre, 771-783.

WILBER, C.K. (1979), «Empirical Verification and Theory Selection: The Keynesian-Monetarist Debate», *Journal of Economic Issues*, vol. 13, nº 4 décembre.

NOS «ÉVALUATIONS MORALES»
SONT-ELLES TESTABLES?

Michel Rosier[*]

Dans toute son oeuvre, Gunnar Myrdal attire l'attention des théoriciens des sciences sociales, plus particulièrement celle des économistes, sur les enjeux du questionnement éthique pour l'activité scientifique. Partant, dans *The Political Element in the Development of Economic Theory* (Myrdal, 1953a; éd. or., 1930), d'une conception de l'articulation de l'éthique à l'activité scientifique qu'il estime rétrospectivement simpliste, Myrdal effectue dans *An American Dilemma* (Myrdal, 1944a)[1], un saut qualitatif qui le conduit à en embrasser toutes les dimensions. Mais, dès lors, il ne parvient jamais plus à établir une position stable, même provisoirement, comme il le reconnaît lui-même.

L'échec de la tentative myrdalienne n'est pas dû à une incompatibilité irréductible de l'éthique et de l'activité scientifique. Ainsi, l'on peut montrer qu'en débarassant l'exposé de Myrdal de deux idées: la différence entre l'application d'une théorie et l'expérimentation de celle-ci, et la différence de statut logique entre énoncé strictement scientifique et énoncé éthique (jugement éthique), il existe une conception stable de son articulation qui conserve toutes les dimensions mises en lumière par l'auteur.

Notre texte se présente donc comme une "critique immanente" de Myrdal, au sens où ce dernier disait faire une "critique immanente" entre autres de Knut Wicksell (Myrdal, 1950, 17). Il ne s'agit pas de détruire sa thèse,

---

[*] Nous remercions Maurice Lagueux pour ses remarques et ses suggestions qui nous ont conduit à clarifier certaines de nos idées. Cela dit, nous restons entièrement responsables de celles-ci.

1. Voir en particulier l'appendice 2, "Facts and Valuations", repris in: Myrdal (1958d), 119-163.

mais, tout au contraire, de la reconstruire, d'essayer de lui donner un peu plus de cohérence en l'apurant de quelques idées encombrantes[2].

Avant d'entrer dans le vif du sujet, il convient de faire quelques remarques terminologiques. Myrdal désigne par "value premises", traduit en français par postulats de valeur[3], des principes tels que l'égalité ou la liberté de tous les hommes. Pour notre part, nous les nommerons critères éthiques. Nous éliminons par là le terme valeur, par trop équivoque, puisqu'en plus de son acception morale, il a une acception économique et une acception mathématique à laquelle nous restreignons son usage. Pour la même raison, nous substituons au terme "valuation", traduit en français par évaluation morale[4], le terme jugement éthique (énoncé éthique).

Le rejet du terme moral a une autre fin. Si on peut admettre que l'éthique, telle qu'elle va être discutée à la suite de Myrdal, relève de la morale, puisqu'elle lui emprunte en particulier ses valeurs (bien/mal), la morale par contre, ne se réduit pas à l'éthique. Il n'est pas opportun de s'étendre longuement sur ce point qui déborde largement la matière de ce texte. Cependant, prenons un exemple qui, sans l'épuiser, l'illustrera suffisamment. Le critère moral "ne fais pas à autrui ce que tu ne voudrais pas qu'il te fasse", peut éventuellement être pris pour critère éthique, mais il conserve pour chacun d'entre nous un autre sens. En particulier, ce critère moral suppose que celui qui s'y conforme considère autrui comme un autre lui-même, alors que les critères éthiques discutés ultérieurement impliquent tous une certaine dissymétrie entre le sujet de l'action et le sujet de la passion.

Jugement éthique et politique sociale

D'un point de vue épistémologique étroit, c'est-à-dire de celui de la plupart des épistémologues modernes des sciences de la nature qui ne se préoccupent que des propositions et énoncés strictement scientifiques, Myrdal soutient une thèse qui, bien qu'exprimée de manière très personnelle, est identique à celle partagée par ceux-ci: le réfutationnisme. Cette thèse, à laquelle est accolé abusivement le seul nom de Karl Popper, est en gestation dès la fin du XIXe siècle, dans les débats méthodologiques qui ont animé à cette époque tant les sciences de la nature que les sciences sociales. Elle est de surcroît clairement

---

2. La "critique immanente" selon Myrdal peut, par certains côtés, être rapprochée de la "critique de l'économie politique" selon Marx (Myrdal, "A Brief Note on Marx and 'Marxism'", in: Myrdal, 1973a, 308-316). Toutes deux exhument des contradictions. Il reste que sa prétention est tout autre. La "critique de l'économie politique" devrait aboutir à la découverte des propriétés objectives de l'économie capitaliste (Rosier, 1985). La "critique immanente" n'a d'autres fins que de clarifier une thèse embrouillée.

3. Cf. la traduction de Béatrix Marchal de *l'Équilibre monétaire* (Myrdal, 1950).

4. *Ibid.*

explicitée bien avant que ne paraisse *la Logique de la découverte scientifique* (Popper, 1935)[5]. À cet égard, il semble que Myrdal hérite de cette thèse par Wicksell (Myrdal, 1950, 198). Ce dernier la tenait peut-être de son maître Böhm-Bawerk qui, bien qu'appartenant à l'école économique autrichienne, tenta d'occuper une position médiane dans le *Methodenstreit*, où s'affrontèrent l'école historique allemande et Carl Menger (Böhm-Bawerk, 1899).

Même si la thèse réfutationniste est aujourd'hui relativement bien connue, y compris de nombreux non spécialistes, il convient ici d'en rappeler les grandes lignes. D'une part, cet exposé permettra d'en donner la formulation propre à Myrdal. D'autre part, nous en profiterons pour esquisser un schéma très utile par la suite, tant pour dégager les difficultés de la tentative myrda-lienne que pour imager notre reconstruction.

Pour Myrdal, le but de toute science et donc des sciences sociales est d'élaborer des théories sur le monde qui permettent de prévoir des événements futurs (Myrdal, 1953a, 1). Toute les théories sont par essence hypothétiques, c'est-à-dire reposant sur des propositions premières *a priori*, que nous nommons hypothèses et notons H, desquelles sont déduites d'autres propositions que nous notons P et d'où peuvent être dérivées des prévisions:

$$H ====> P$$

Critiquant l'"empirisme naïf" de l'école historique allemande[6], il affirme que les hypothèses ne peuvent être fondées sur l'observation puisqu'il ne saurait y avoir d'observation sans théorie. Il s'en prend également à la "scolastique classique" de certains économistes autrichiens qui cherchent à fonder les hypothèses sur le "bon sens"[7]. Selon lui, l'erreur de l'"empirisme naïf" et celle de la "scolastique classique" sont de même nature. L'un comme l'autre recherchent la validité d'une théorie et des propositions P dans la validité des hypothèses, alors qu'une théorie entendue comme un ensemble de questions organisées[8] ne peut trouver sa validité que dans des réponses extraites du monde:

> Les "conventions" de la théorie sont constamment mises à l'épreuve pour savoir si elles peuvent être conciliées, sans contradiction, avec notre connaissance de la réalité. (Myrdal, 1950, 200)

---

5. En particulier par Neurath, auquel Popper doit beaucoup (Rosier, 1986).
6. Sous le terme empirisme naïf, Myrdal range bien d'autres courants que les historicistes allemands, notamment les positivistes français et les institutionnalistes.
7. Le bon sens est identifié à l'intuition du théoricien (Myrdal, 1950, 194-204).
8. "Elle devrait être présentée comme un système théoriquement cohérent de questions adressées aux données observables" (Myrdal, 1950, 198).

Pour que les propositions P soient comprises comme des questions adressées au monde, il faut bien évidemment que les termes de ces propositions aient des référents dans ce monde. Ainsi, si elles sont de la forme y = f(x), il faut que x ait un référent x' et y un référent y':

$$H \Longrightarrow P : y = f(x) \quad /\!/ \quad x' \text{ et } y'$$

Autrement dit, il faut que les propositions P soient transposables au monde.

Cette transposabilité conduit Myrdal à remettre en cause l'idée de l'objectivité des lois. Les lois ne peuvent être que des propositions, par exemple de la forme y = f(x), et ces propositions ne peuvent pas prétendre découvrir des lois objectives liant y' et x':

> La théorie abstraite, par conséquent, doit toujours être *a priori*[9], par comparaison avec les "faits" et les "lois" vérifiés. En général, les faits et les lois n'existent pour la science qu'à l'intérieur d'une théorie hypothétique. S'ils ont, en plus, une autre sorte d'existence, ce n'est heureusement pas le rôle d'aucune science particulière d'en décider. (Myrdal, 1950, 199)

En effet, la classification du monde sous-jacente à l'émergence de y' et x' comme référents, résulte de la transposition elle-même de la théorie au monde.

Cela dit, Myrdal ne perçoit pas toutes les implications de cette position. Cette incapacité s'explique par l'une des idées dont on devra se débarrasser pour rendre sa conception cohérente: la distinction entre application et expérimentation d'une théorie.

Par ailleurs, il établit aussi une nette distinction entre l'observation et l'expérimentation et affirme que des expérimentations sont irréalisables en sciences sociales. Toutefois, remarquons que l'absence d'expérimentation ne trace pas de frontière épistémologique entre les sciences sociales et les sciences de la nature, puisque certaines sciences de la nature, notamment l'astronomie, ne peuvent pas plus effectuer d'expérimentations (Myrdal, 1972b, 138).

Tout en refusant aux sciences sociales le pouvoir de faire des expérimentations, Myrdal admet que les théories des sciences sociales sont susceptibles de guider l'action des hommes; construire des théories dans le but de faire des recommandations est même indispensable selon lui (Myrdal, 1950, 200). On peut résumer la démarche qu'il préconise comme suit: 1) élaborer une théorie, 2) observer, 3) faire des recommandations.

---

9. L'acception du terme *a priori* n'est pas celle de Mises. Il ne signifie pas évident, mais avant toute expérience.

Dans *The Political Element in the Development of Economic Theory* (Myrdal, 1953a), il centre son attention sur le traitement du troisième point de cette démarche. La décision d'appliquer la théorie, c'est-à-dire de prendre une mesure à la lumière de celle-ci, suppose non seulement une certaine confiance en la validité de la théorie, mais aussi un jugement éthique sur le caractère bénéfique de la mesure adoptée. Ainsi, à supposer que la mesure envisagée fasse de x le moyen et de y la fin, fixer x à la valeur x^o pour obtenir y à la valeur y^o, implique que la situation censée résulter de cette mesure, à savoir la combinaison (x^o, y^o), soit une bonne chose.

Or l'élaboration de la proposition P, pas plus que son test empirique par l'observation, ne disent quoi que ce soit de la valeur éthique, notée E^o, de la situation (x^o, y^o). Il faut introduire un critère éthique, noté e(.), grâce auquel on peut attribuer à x^o et y^o leur valeur éthique et, de surcroît, disposer d'une opération sur les valeurs éthiques, notée *, qui permette de calculer la valeur éthique de la situation (x^o, y^o):

$$E^o = e(x^o)*e(y^o)^{10}$$

On peut alors inférer simplement des conclusions de politique économique en ajoutant un ensemble choisi de critères éthiques à la connaissance scientifique objectives des faits. (Myrdal, 1953a, vii)

Le schéma précédent doit dans ces conditions être complété comme suit:

H   P : y = f(x)   //   x' et y'
=======>
e(.)   J : E = e(x)*e(y)

---

10. En fait, nous introduisons l'opération éthique * par pur formalisme, encore que l'on pourrait voir là l'une des difficultés traitées par Myrdal dans "Ends and Means in Political Economy" (Myrdal, 1933f). Dans cet article, il critique la conception de la relation fins-moyens, systématisée par von Mises. Selon ce dernier, il y aurait une certaine neutralité du calcul économique à l'égard de tout jugement éthique dans la mesure où seules les fins seraient l'objet d'un tel jugement. Les fins une fois choisies, le calcul économique n'aurait plus qu'à montrer les moyens les plus appropriés pour atteindre ces fins (Mises, 1947). Les objections de Myrdal sont premièrement que le jugement éthique doit s'exercer sur l'ensemble de la situation finale, donc aussi sur les moyens, et deuxièmement que cette situation finale doit également intégrer tous les effets secondaires. Cette dernière objection n'apporte rien de vraiment essentiel. En fait, on voit mal comment il serait possible, y compris dans la démarche de Myrdal, de tenir compte de tous les effets secondaires, si ce n'est, en principe, en déduisant des hypothèses H toutes les relations du type y = f(x) qui en sont déductibles et qui ont pour argument les moyens utilisés, puis en testant la validité de chacune d'elles par l'observation.

où J est la formule du jugement éthique (proposition éthique) par lequel on décide ou non d'une application, après s'être assuré de l'adéquation de y = f(x) à des couples (x',y').

Cela étant, l'essentiel des développements de *The Political Element in the Development of Economic Theory* (Myrdal, 1953a) consiste en une critique immanente des théoriciens des sciences sociales qui croient pouvoir justifier des recommandations de politique économique sur la base de la seule théorie, sans avoir à introduire de critère éthique. Puisque ces théoriciens avancent des conclusions (recommandations), alors même que les prémisses requises (critères éthiques) manquent, leur raisonnement est logiquement défaillant:

> Des sophismes sont inévitables quand la théorie économique tente la prouesse logiquement impossible de tirer des conclusions politiques sans prémisses politiques. (Myrdal, 1953a, 14)

Le but de la critique immanente est à la fois de mettre au jour leur défaillance logique et de révéler les critères éthiques implicitement contenus par les recommandations faites.

Une fois les critères éthiques et les jugements éthiques implicites clairement formulés, on peut séparer deux ensembles de propositions: les propositions éthiques et les propositions strictement scientifiques, ayant franchi avec succès les première et deuxième étapes de la bonne démarche selon Myrdal:

> Il est ainsi impératif de se débarasser non seulement des principes implicites mais aussi et surtout des jugements éthiques impliqués dans les concepts de base. (Myrdal, 1953a, 192)

Mais le travers le plus important des théoriciens tels que Wicksell, ne serait pas tant de cacher leurs critères éthiques que de les faire passer pour évidents et seuls valables. Ce travers conduit à la métaphysique ou au pseudo-objectivisme (Myrdal, 1933f, 219) dès que ces critères éthiques, non explicités en tant que tels, prennent l'apparence de propositions strictement scientifiques[11]. C'est dans ce cadre que Myrdal dénonce la perversité de deux philosophies dont s'inspirent les théories économiques: le droit naturel qui transforme les critères éthiques en lois naturelles, ou l'utilitarisme qui fait du bien-être une grandeur mesurable.

Le pire effet de ce travers est de rendre vraisemblable l'idée d'un point de vue unique sur la société et celle d'une harmonie sociale. Selon Myrdal, il y a une variété de critères éthiques reflétant la variété des intérêts conflictuels au

---

11. Cette dénonciation ainsi que le terme pseudo-objectivisme fait inévitablement penser à celle que O. Neurath fait du pseudo-rationalisme (Rosier, 1986).

sein de la société. Ainsi, à partir d'une même théorie, des critères éthiques différents peuvent mener à des recommandations de politique économique opposées.

Myrdal dénonce ces idées parce qu'elles sont néfastes à la mise en oeuvre d'une politique rationnelle:

> Ce n'est pas servir la conduite rationnelle de la politique que d'abuser de la méthode scientifique pour masquer les conflits. (Myrdal, 1953a, 193)

Au contraire, "l'une des tâche de l'économie appliquée devrait être d'examiner et de démêler le jeu complexe des intérêts qui tantôt convergent et tantôt divergent" (Myrdal, 1953a, 1930). L'ensemble de la théorie et de l'étude des intérêts conflictuels forme ce que Myrdal appelle la "technologie économique" (Myrdal, 1953a, 196).[12]

À cette conception, Myrdal apporte, dès *The Political Element in the Development of Economic Theory* (Myrdal, 1953a), deux inflexions annonçant ce qui constituera sa préoccupation centrale à partir de *An American Dilemma* (Myrdal, 1944a). La première précise que les conflits d'intérêts portent non seulement sur la valeur à attribuer à x pour obtenir telle valeur de y, mais aussi sur le contexte institutionnel, auquel cas toute la théorie et les propositions du type y = f(x) sont remises en cause: "En réalité dans la vie, ce sont de toute façon les institutions qui sont les enjeux des luttes politiques." (Myrdal, 1953a, 196)

La seconde inflexion concerne les intérêts conflictuels eux-mêmes. Les individus ou les groupes d'individus n'agissent ou ne comptent pas toujours agir en fonction de ce qu'ils pensent être leurs intérêts. Myrdal introduit alors la notion d'attitude:

> La technologie économique ne devrait pas se fonder sur les intérêts économiques, mais sur les attitudes sociales. Par "attitude", il faut entendre les dispositions émotionnelles d'un individu ou d'un groupe à répondre d'une certaine manière à des situations effectives ou potentielles. (Myrdal, 1953a, 200)

Forçant sans doute un peu le trait, Myrdal avance que l'économie appliquée est partie intégrante de la psychologie sociale (Myrdal, 1953a, 204).

Ces attitudes doivent être étudiées en prenant les précautions suivantes. D'une part, il ne faut pas croire systématiquement ce que ces individus ou groupes d'individus disent de leur attitudes. D'autre part, il ne faut pas considérer les attitudes qui correspondraient à une représentation incorrecte du

---

12. Ce n'est que lorsque les intérêts convergent, que l'on pourrait faire des recommandations généralement valides (Myrdal, 1953a, 193).

monde (Myrdal, 1953a, 202). Ainsi idéalement, la technologie économique "devrait se fonder sur des attitudes qu'auraient, étant donné leurs dispositions émotionnelles générales, les individus aux opinions erronées, s'ils connaissaient tous les faits ou, pour rendre la chose plus raisonnable, s'ils savaient tout ce qui est effectivement connu par les experts de leur temps" (Myrdal, 1953a, 202).

Il est clair que ces deux inflexions sont bien plus que de simples précisions. Elles font surgir des difficultés qui ébranlent la totalité de la conception de Myrdal. Ce sont justement de celles-ci qu'il va traiter, mais dans le cadre d'une conception plus complexe, lorsque, dans *An American Dilemma* (Myrdal, 1944a), il aura rompu avec ce qu'il estime lui-même comme une certaine naïveté:

> Jusqu'à maintenant, j'ai supposé qu'avant d'arriver au problème pratique de l'application, impliquant l'intervention d'un critère éthique, nous avions mené une analyse purement factuelle, indépendante de tout jugement éthique. Cette supposition relève d'un empirisme naïf. (Myrdal, 1953b, 51)

Jugement éthique et vision du monde

Cette rupture ne l'amène pas à chambouler de fond en comble sa conception première. Elle consiste plutôt en un développement de celle-ci, complétant le schéma en amont:

> Les processus de sélection d'un problème et d'une hypothèse de base, de délimitation du champ d'étude et de définition et de classification des données pertinentes, impliquent un choix de la part du chercheur. [...] Tout choix suppose un jugement éthique. On n'échappe pas au jugement éthique en limitant la recherche à la découverte de "faits". (Myrdal, 1958d, 153-155)

Le nouveau schéma est alors le suivant:

$$
e(.) \dashrightarrow e(monde) \dashrightarrow \begin{array}{l} Pb \\ H \\ e(.) \end{array} ====> \begin{array}{l} P : y = f(x) \qquad // \ x \ 'et \ y' \\ \\ J : E = e(x)*e(y) \end{array}
$$

où e(.) est le point de vue adopté, e(monde) la vision du monde qui en résulte, Pb et H les problèmes et les hypothèses formulés dans le cadre de cette vision.

Dans cette conception ainsi complétée en amont, va surgir une tension dont Myrdal est conscient du caractère paradoxal:

> Les questions traduisent l'intérêt que nous portons à un domaine. Les intérêts ne peuvent jamais être purement scientifiques. Ce sont des choix, les produits de nos jugements éthiques [...] C'est en vérité le principal paradoxe de la science: un critère éthique ne peut pas être formulé sans faire référence à tous les éléments de tous les processus de développement possibles dégagés par l'analyse des faits: l'analyse des faits ne peut pas être menée à bien sans être guidée par un critère éthique. (Myrdal, 1953b, 51)

Mais il n'en saisit pas les conséquences destructrices. En effet, il espère pouvoir résorber ce paradoxe par une étude plus fine de la façon dont les critères éthiques se forment et doivent être introduits:

> Les critères éthiques devraient être formulés aussi spécifiquement et aussi concrètement que possible. Ils ne peuvent pas être a priori évidents par eux-mêmes ou généralement valides. Ils devraient être choisis, mais non arbitrairement, parce que le choix doit satisfaire à des standards de pertinence et de signification au regard de la société dans laquelle nous vivons. (Myrdal, 1953b, 52)

Un critère éthique est pertinent s'il correspond effectivement aux intérêts et aux idéaux d'un individu ou d'un groupe d'individus. Il est significatif si cet individu, ou ce groupe d'individus, a suffisamment de pouvoir dans la société pour modifier le cours des évènements (Myrdal, 1958d, 157-158). Enfin, bien que les critères éthiques d'un individu ou d'un groupe d'individus puissent être contradictoires, l'ensemble des critères éthiques, retenus par le théoricien pour déterminer son point de vue et pour faire des recommandations, doit être cohérent (Myrdal, 1958d, 158). La cohérence des critères éthiques est bien évidemment tout à fait nécessaire, dans la mesure où ceux-ci occupent dans le schéma une place analogue à celle des hypothèses[13].

La constitution d'ensembles de critères éthiques ayant ces propriétés nécessite assurément un certain traitement des "attitudes" des individus ou des groupes d'individus, parce qu'en particulier, les "attitudes" de ceux-ci n'ont pas, semble-t-il, à se soumettre aux règles de la logique. Présent dès *Political Element* (Myrdal, 1953a, xii), ce partage entre deux sphères de la réflexion

---

13. La cohérence des ensembles de critères éthiques retenus par le théoricien est tantôt admise comme un prérequis et tantôt ne l'est pas. Lorsqu'elle est admise comme un prérequis, elle est parfois justifiée par le fait que la rationalité elle-même est l'un des critères éthiques (Myrdal, 1969d, 64).

humaine, entre l'émotionel, qui a ses raisons que la raison ignore, et l'intellectuel, entièrement surbordonné à la logique, est maintenu par Myrdal tout au long de son oeuvre (Myrdal, 1969d, 15).

Pour l'analyse des attitudes devant aboutir à la constitution d'ensembles de critères éthiques cohérents, Myrdal va distinguer deux niveaux: l'un correspond à la nation et l'autre à l'individu. Dans certains textes, il établit même une hiérarchie de ces niveaux: celui de la nation qualifié de niveau "le plus haut" et celui de l'individu, de niveau "le plus bas" (Myrdal, 1969d, 16).

Cette hiérarchie est à la base d'une explication de la formation des attitudes. Lorsqu'un critère éthique du niveau "le plus bas" entre en contradiction avec un critère éthique du niveau "le plus haut", la tendance des individus est d'oublier "le plus haut" pour ne retenir que "le plus bas". C'est ce que Myrdal appelle une attitude opportuniste (Myrdal, 1969d, 17). Mais le conflit entre les critères du niveau "le plus haut" et du niveau "le plus bas" n'en disparaît pas pour autant du coeur des hommes. L'un des moyens pour eux d'échapper à leurs remords est d'interpréter leur attitude opportuniste comme absolument conditionnée par le monde et non comme le résultat d'un choix. Ce processus d'objectivation des critères éthiques est nommé rationalisation (Myrdal, 1969d, 18).

À ce propos, soulignons que la plupart des théories économiques ne sont pour lui rien d'autres que des rationalisations:

> La théorie économique est seulement un segment de la totalité culturelle. Elle a été adaptée pour servir des besoins de rationalisation opportuniste. (Myrdal, 1957b, 159)

Il ne fait là que développer la thèse qu'il soutenait au début de sa carrière à propos des théories économiques s'enracinant dans le droit naturel ou dans l'utilitarisme qui tous deux placent le principe d'égalité à leurs fondements pour le nier par la suite.

Cela dit, comme il est quasiment impossible par une telle analyse de constituer tous les ensembles envisageables de critères éthiques pertinents, significatifs, cohérents et de plus faisables[14], Myrdal propose pratiquement de travailler avec un seul ensemble qui soit le plus pertinent, le plus significatif, ensemble qu'il baptise norme instrumentale:

> La difficulté véritable apparaît lorsque l'analyse doit être fondée sur plusieurs ensembles de critères éthiques différents. Les complications d'une telle analyse sont énormes et, peut-être, insolubles, dans la mesure où

---

14. C'est-à-dire en accord avec le monde. En se souvenant qu'il s'agit non seulement du monde tel qu'il est, mais aussi de tous les mondes pouvant être créés à partir d'un aménagement institutionnel.

les concepts de base sont eux-mêmes déterminés par les critères éthiques. J'ai conscience que travailler avec une "norme instrumentale" peut être considéré comme un tour de passe-passe et peut s'avérer un moyen de contraindre l'étude à n'envisager qu'un système particulier. (Myrdal, 1969d, 262)

Mais, une fois une norme instrumentale choisie, il faut toujours garder à l'esprit qu'elle est un ensemble de critères éthiques parmi beaucoup d'autres, en explicitant ses critères éthiques dès qu'ils sont requis par le raisonnement.

Dès lors se pose la question du groupe d'individus dont l'attitude doit être la base de la norme instrumentale. Encore que ceci ne soit jamais nettement énoncé par Myrdal, il semble que cette attitude doive être celle de l'État et des appareils étatiques. En effet, d'une part, l'État a l'attitude la plus déterminée par les critères éthiques les plus hauts:

> Les critères éthiques les plus hauts sont ordinairement très explicitement exprimés par l'État et les différentes institutions formant l'État, et peuvent aisément être établis par l'observation. Ils sont en général assez homogènes et exempts de contradiction interne. (Myrdal, 1969d, 68)

et, d'autre part, l'attitude de l'État est la plus significative:

> Nos découvertes et nos inventions dans le champ des sciences sociales doivent généralement être appliquées par les collectivités, c'est-à-dire en premier lieu par l'État et les organismes qui lui sont subordonnés. Elles doivent devenir des règlements publics, acceptés par ceux qui ont le pouvoir de déterminer l'action ou l'inaction de ces collectivités. (Myrdal, 1972b, 154-155)

Le premier motif du choix de l'attitude de l'État s'explique par la prédilection de Myrdal pour des critères éthiques de haut niveau, tels que les principes d'égalité ou de liberté des hommes. Il tente de se justifier en disant qu'il a toujours été émerveillé de constater que ces deux principes ont été énoncés à toutes époques comme les principes les plus fondamentaux, quelles que soient les civilisations (Myrdal, 1969d, 83).

On peut plus ou moins sympathiser avec Myrdal sur le choix de l'attitude de l'État et sur l'affirmation selon laquelle deux des critères éthiques de la norme instrumentale doivent être l'égalité et la liberté. De toute façon, les difficultés de la conception complète de Myrdal ne se situent pas là. Elles se rapportent à l'exécution même de ce choix, car le sujet de l'élaboration théorique et de l'étude des attitudes est un homme comme tous les autres et donc soumis à l'opportunisme et à la rationalisation (Myrdal, 1969d, 48).

C'est l'un des mérites de Myrdal d'avoir avec lucidité repéré cette ouverture. En fait, elle est présente dès la critique immanente de Wicksell, mais elle n'est véritablement prise en compte en tant que telle que dans "The Need for a Sociology and Psychology of Science and Social Scientists" (Myrdal, 1972g).

Malgré sa grande honnêteté, Myrdal ne réalise pas que la seule formulation de cette difficulté au sein de sa conception l'enferme dans un cercle vicieux auquel la sociologie de la connaissance est bien incapable de pallier. Si, du fait des biais que son opportunisme et son penchant à la rationalisation tendent à introduire dans sa réflexion, le sujet de l'élaboration en sciences sociales doit être l'objet d'un autre sujet, alors il est clair que cet autre sujet, tout aussi opportuniste et rationalisateur, doit à son tour devenir l'objet d'un troisième sujet, et ainsi de suite.

Jugement éthique et expérimentation

Ce cercle vicieux est en réalité l'expression d'une contradiction majeure de l'oeuvre de Myrdal qui soutient simultanément que:

1) toute théorie suppose des critères éthiques,
2) les critères éthiques sont des faits (Myrdal, 1958d, 260) et, en tant que tels, doivent être déduits par une théorie, compte tenu de la position épistémologique de Myrdal.

Le bouclage d'une proposition sur l'autre est si clair qu'il apparaît inutile d'en développer à l'infini la régression à laquelle Myrdal tente de mettre un terme, par un coup de force sur les principes dont l'État serait le gardien, la liberté et l'égalité.

La cause de cette régression est tout aussi claire: les critères sont conçus comme des faits construits par une théorie. Myrdal explicite la raison de cette prise de position:

> Les critères éthiques ne peuvent pas être *a priori*, évidents en soi ou généralement valides; ils peuvent seulement avoir un caractère hypothétique. (Myrdal, 1944a, 157)

C'est donc la manière dont il essaie d'établir le caractère hypothétique des critères éthiques qui engendre le cercle vicieux: ceux-ci sont, pour lui, hypothétiques dans la mesure où ils résultent d'une théorie elle-même hypothétique.

Mais il y a une autre manière d'assurer leur caractère hypothétique, tout en échappant à la contradiction myrdalienne. Tout d'abord les critères éthiques occupent dans le schéma complet de la conception myrdalienne une place analogue à celle des hypothèses, et ensuite, la validité des hypothèses n'est pas recherchée en amont, c'est-à-dire par l'élaboration d'une théorie d'où elles seraient déduites, mais en aval, dans le test. Pourquoi donc n'appliquerait-on pas aux critères éthiques ce que l'on admet pour les hypothèses?

À notre avis, Myrdal se refuse à envisager cette éventualité parce qu'elle établirait un trop grand parallélisme entre hypothèses et critères éthiques, ce qui gommerait définitivement toute différence entre "croyance" (énoncé scientifique) et jugement éthique, différence à laquelle il est attaché depuis le début de sa carrière[15]. Écartons ce préjugé[16] et jugeons des conséquences d'un traitement des critères éthiques, identique à celui des hypothèses, sur l'ensemble de la thèse de Myrdal. Est-elle bouleversée ou reconstruite?

Quant à la forme, rien ne distingue un énoncé scientifique, dérivé d'une proposition strictement scientifique, d'un jugement éthique, dérivé d'une proposition éthique, pourvu qu'on ne se laisse pas abuser par les termes énoncé et jugement. Un énoncé scientifique est de la forme:

$$\text{si } x = x^o \text{ et } y = f(x), \text{ alors } y = y^o = f(x^o)$$

et un jugement éthique:

$$\text{si } x = x^o \text{ et } y = y^o$$
$$\text{et} \qquad , \text{ alors } E = E^o = e(x^o)*e(y^o)$$
$$E = e(x)*e(y)$$

Le fait que y soit, par exemple, une grandeur prenant des valeurs numériques telle que y^o, tandis que E est une variable éthique prenant, par exemple, les valeurs bien ou mal, pour ne retenir que le cas simple de la bivalence, ne change rien à la parfaite similitude des formes des deux énoncés.

C'est précisément parce qu'il voit une différence entre ces deux types de valeurs que Myrdal ne peut envisager la solution que nous allons proposer dans un instant. Pour lui, fondamentalement, les couples de valeurs vrai/faux et bien/mal se situent à des degrés analogues mais dans des domaines foncièrement étrangers. Il ne fait que reprendre par là la vieille opposition entre logique et éthique. Il se refuse a fortiori à placer les valeurs éthiques au même niveau que les valeurs numériques au regard du vrai et du faux (Myrdal,

---

15. Il aurait compris l'importance de cette distinction grâce à l'enseignement de philosophie du droit d'A. Hägerström, auquel il voue tout au long de sa vie une grande admiration (Myrdal, 1958d, 250).

16. Nous n'employons pas ce terme sans une certaine malice.

1969d, 72), c'est-à-dire dans le domaine où s'exerce le jugement scientifique (logique et empirique)[17].

D'autre part, le test d'une proposition strictement scientifique portant sur les variables x et y, revient à confronter un énoncé scientifique, qui en est dérivé, à un énoncé protocolaire empirique portant sur les référents empiriques x' et y'. x' étant fixé à la valeur x^o, alors on constate que y' prend la valeur y'^o. Il s'agit bien d'un énoncé de même forme que l'énoncé scientifique, mais dérivé d'un autre lieu et selon d'autres règles[18]:

$$\text{si } x' = x^o \text{, alors } y' = y'^o$$

Pour que les jugements éthiques puissent être traités de la même manière que les énoncés scientifiques, il suffit donc de concevoir des énoncés protocolaires empiriques éthiques, c'est-à-dire de désigner un référent empirique E' à la variable éthique E, et de trouver un protocole par lequel attribuer une valeur à la variable E'.

En fait, de tels protocoles existent d'ores et déjà, et une assez grande variété de ceux-ci se sont succédés dans l'histoire de l'humanité. Ils sont inclus dans les institutions politiques. Prenons, par exemple, pour simplifier, une démocratie idéale où un vote de l'ensemble des citoyens concernés a lieu après chaque mesure gouvernementale fixant x' à une valeur x^o pour atteindre un objectif y' = y^o, étant donnée une théorie démontrant la proposition y = f(x). A supposer que la théorie soit corroborée et que y' prenne effectivement la valeur y^o, on procède alors à un vote pour savoir si la mesure est appréciée des citoyens ou non. Si la majorité de ceux-ci reconnaît que la mesure est bonne, la variable E' se voit attribuer la valeur bien; à l'inverse, si une majorité se dégage pour la considérer comme mauvaise, E' se voit attribuer la valeur mal. Maintenant, on dispose d'un test du jugement éthique du gouvernement qui a décidé de prendre la mesure x' = x^o. Admettant que ce gouvernement n'est pas pervers et a décidé cette mesure parce qu'il la jugeait bonne (E = "bon"), si E' a pour valeur bien, le jugement éthique du gouvernement s'avère valide et son critère éthique acceptable; a contrario, si E' a pour valeur mal, le jugement éthique du gouvernement est invalidé et son critère éthique doit être rejeté[19].

Le schéma définitif est dans ces conditions:

17. Remarquons que Myrdal est à deux doigts de faire le saut lorsqu'il admet, après l'avoir critiqué, que les critères éthiques peuvent être jugés du point de vue de leur cohérence.

18. Pour une identification de ces règles, voir Rosier (1986).

19. Dans ce cas, en effet, la défaillance de la théorie éthico-scientifique ne peut pas être imputée à la théorie strictement scientifique, puisque par hypothèse celle-ci est censée marcher. Si cette hypothèse n'avait pas été faite, l'interprétation du résultat aurait bien évidemment été plus complexe. Mais sa complexité aurait été du même ordre que celle où se trouve n'importe quelle théorie réfutée quant à la question de savoir quelle hypothèse remettre en cause.

$$y'$$
$$\text{Pb} \qquad P : y = f(x) \qquad // \quad x' \text{ et } y'$$
$$e(.) \longrightarrow e(\text{monde}) \longrightarrow \quad H \; =====>$$
$$e(.) \qquad J : E = e(x)*e(y) \; // \quad E'$$

Une fois reconnue l'existence d'un protocole empirique éthique grâce auquel des énoncés empiriques éthiques peuvent être formés, les jugements éthiques peuvent être à la fois *a priori*, hypothétiques et non évidents dans la mesure où ils sont réfutables. Les désirs de Myrdal sont exaucés, mais d'une manière bien différente de celle qu'il avait envisagée et dont il faut estimer les effets sur l'ensemble de la conception myrdalienne.

En premier lieu, bien que pour exposer ce que pouvait être le test d'un jugement éthique, nous ayons seulement envisagé la relation entre l'éthique et le strictement scientifique à l'aval du schéma, il reste que l'ensemble des critères éthiques conservent leur place en amont de celui-ci, lors de la formulation des problèmes et des hypothèses. Ceux-ci sont soit directement testables, quand ils appartiennent également aux critères éthiques requis au jugement éthique sur une recommandation, soit indirectement testables. Dans le cas où l'on peut admettre une certaine univocité entre la formulation des problèmes et des hypothèses et le choix des critères éthiques en amont, toute réfutation des propositions déduites (strictement scientifiques ou éthiques) doit conduire à remettre en cause les prémisses, en particulier, l'ensemble des critères éthiques en amont. Dans le cas contraire, lorsque le lien entre les critères éthiques en amont et les hypothèses est plus lâche, aucun traitement aussi automatique n'est envisageable.

Il faut remarquer que le rejet ou non des critères éthiques en aval et en amont sont d'un ordre différent. Cette différence ne tient pas à notre résolution de la difficulté de Myrdal, puisqu'elle est déjà présente dans sa propre conception. Les critères éthiques en aval ont pour argument des actions, tandis que ceux en amont ont pour argument des idées. Il y a là toute la distance entre une bonne action et une mauvaise pensée.

Pour notre part, bien que nous reconnaissions que des critères éthiques doivent sûrement guider la formation de notre vision du monde et par là même conditionner la formulation de nos problèmes et de nos hypothèses, nous ne saisissons pas bien l'intérêt d'y associer un certain coefficient de validité. Les motivations profondes de la formulation des problèmes et des hypothèses importent peu, d'autant que contrairement à ce que nous avons supposé pour rester au plus près de Myrdal, il y a tout lieu de croire que la relation entre les critères éthiques en amont et les hypothèses est si évanescente que l'on ne puisse rien en dire.

En second lieu, la confrontation d'ensemble de critères éthiques différents, supposés correspondre à des groupes d'individus en conflit, est tout à fait possible. Tous ces ensembles sont toujours constitués par le théoricien. Mais la procédure que nous proposons permet de tester la validité d'un ensemble de critères éthiques censé être celui d'un groupe d'individus particulier, en analysant le résultat du vote selon la structuration[20] retenue des groupes d'individus. Elle permet également de décider de la norme instrumentale telle que Myrdal la définit: tant qu'un ensemble de critères éthiques n'a pas été réfuté, il peut être considéré comme l'ensemble devant être utilisé pour de futures décisions de politique économique.

En troisième lieu, notre manière de reconstruire la tentative myrdalienne n'empêche pas de concevoir des attitudes opportunistes et des processus de rationalisation des jugements éthiques en croyance. En fait, comme nous l'avons fait remarquer, ces deux idées sont déjà dans l'oeuvre de Myrdal avant même qu'il introduise des critères éthiques en amont du schéma, puisqu'elles sont à la base de sa critique des théories économiques dans *The Political Element in the Development of Economic Theory* (Myrdal, 1953a).

Elle n'empêche pas non plus que les attitudes des scientifiques soient un domaine d'étude, autrement dit, elle n'interdit pas la sociologie de la connaissance. En effet, le cercle vicieux apparu précédemment au moment de l'introduction de la sociologie de la connaissance ne résultait pas de cette discipline elle-même, mais de la fonction que lui attribuait Myrdal dans sa propre conception. Au contraire, la sociologie de la connaissance devient une activité scientifique comme les autres, procédant à des observations ou des expérimentations, bases d'un test de leurs propositions *a priori*. Elle est par là libérée du pseudo-rationalisme ou du pseudo-objectivisme dans laquelle la confine, par exemple, l'approche popperienne (Rosier, 1986).

Pour finir, en quatrième lieu, elle résorbe une contradiction qui, quoique secondaire dans l'oeuvre de Myrdal, a son importance quant au rapport des sciences sociales et des sciences de la nature. Comme nous l'avons vu, Myrdal pense que seules des observations sont réalisables en sciences sociales et que les observations se distinguent des expérimentations par le fait que les premières n'impliquent aucune intervention humaine, à la différence des secondes, comme l'illustre l'exemple de l'astronomie. Cependant, Myrdal affirme, par ailleurs, que le rôle des sciences sociales est d'élaborer des théories qui doivent guider l'action des hommes. L'action dans le domaine des sciences sociales n'est donc pas exclue.

Dans toute l'oeuvre de Myrdal, la politique économique est la réflexion sur l'action économique à l'aide d'une théorie validée par l'observation et à la lumière d'un ensemble de critères éthiques. La théorie étant validée par des observations, les recommandations doivent, dans l'esprit de Myrdal, nécessairement marcher. Pourtant, rien ne le garantit[20]. Dans une telle éventualité,

---

20. Le problème bien connu de l'induction.

quel sens donner à l'échec, si ce n'est que la théorie est défaillante et doit être rejetée? Autrement dit, toute mesure de politique économique prise à la lumière d'une théorie, peut être interprétée comme une expérimentation de cette théorie.

Cette interprétation a l'avantage de pouvoir intégrer à la conception de Myrdal, une préoccupation qui se fait jour dans l'un de ses derniers ouvrages: la nécessité de jugement éthique sur les applications des sciences de la nature. Une fois conçues des expérimentations pour les sciences sociales, celles-ci ne se distinguent plus du tout épistémologiquement des sciences de la nature, et par effet de retour, les sciences de la nature apparaissent comme ressortissant à des jugements éthiques à l'instar des sciences sociales.

Myrdal note bien que les critères éthiques sont tout aussi nécessaires aux sciences de la nature qu'aux sciences sociales, mais selon lui, les critères éthiques des premières sont simples:

> Il est vrai qu'en principe, toute élaboration scientifique est fondée sur des critères éthiques [...]. Dans le domaine des phénomènes naturels, les critères éthiques sont simples, évidents et souvent *a priori*. (Myrdal, 1972b, 147)

Les critères éthiques auxquels Myrdal fait ici référence sont ceux en amont du schéma et leur simplicité est hautement contestable. Mais de toute façon, ce sont surtout les critères éthiques en aval dont l'urgence se fait sentir. Myrdal en est pleinement conscient comme le prouve l'un des passages de *Against the Stream*, intitulé "Natural Sciences and The Threat of Disaster" (Myrdal, 1973a, 155-156). Il y affirme que nos sociétés se sont laissées emporter par un "dangereux laissez-faire" et que seule une soumission des sciences de la nature aux sciences sociales remédierait à cet état de fait (Myrdal, 1973a, 156). Manifestement, il apparaît alors quelque chose de paradoxal: d'un côté, les critères éthiques des sciences de la nature sont simples et évidents et, de l'autre, ils sont si compliqués que l'application des sciences de la nature devrait être en partie décidée par les sciences sociales, mieux préparées au traitement de cette complexité.

Ce dilemme tient tout entier dans l'idée que Myrdal se fait des expérimentations des sciences de la nature. Leurs expérimentations ne sont pas des applications de leurs théories réclamant l'intervention d'un jugement éthique. Les expérimentations des sciences de la nature ont pour lui un statut identique aux observations des sciences sociales: elles valident la théorie que l'on s'apprête à appliquer. Mais de même que toute application des sciences sociales peut être interprétée comme une expérimentation, réciproquement, toute expérimentation d'une théorie physique est une application de celle-ci, aussi limitée soit-elle. Or, toute application nécessite dans le cadre de la conception myrdalienne l'intervention d'un jugement éthique.

L'omission de jugement éthique sur les expérimentations des sciences de la nature, d'où découle selon nous l'omission de jugement éthique sur toutes leurs applications, dénoncée par Myrdal, s'explique historiquement. Les applications expérimentales des sciences de la nature sont restées longtemps si petites et apparemment si dépourvues d'effets qu'un jugement éthique ne se justifiait pour ainsi dire pas. Cette attitude acquise par le passé devient aujourd'hui manifestement insensée dans la mesure où les effets des applications expérimentales des sciences de la nature ne peuvent plus être estimés comme négligeables, soit parce qu'ils ont une grande ampleur (bombes atomiques, synchrotron,...), soit parce que, même minuscule, la moindre défaillance du système de sécurité peut entraîner une application non expérimentale indésirable (manipulations génétiques sur les microbes,...).

Conclusion

Il semble que notre critique immanente des thèses de Myrdal ait abouti en définitive à une reformulation de la conception qu'il défendait avant la rupture de *An American Dilemma* (Myrdal, 1944a). En effet, dans notre reconstruction, les critères éthiques n'ont véritablement d'efficacité qu'en aval du schéma. Mais, d'un autre côté, tous les apports que Myrdal fait après cette rupture s'y trouvent être articulés et toutes les contradictions de la conception complète de Myrdal y sont surmontées.

Pour ce faire, il a fallu supprimer la différence entre énoncé scientifique (croyance) et jugement éthique, à laquelle Myrdal tient tant. Il a fallu faire des propositions éthiques un genre de propositions scientifiques, tributaire comme tout autre du double jugement scientifique: logique et empirique.

Toutefois, on aurait tort de se méprendre sur cette assimilation pour aboutir à la conclusion outrancière que la morale est entièrement phagocytée par la science. C'est précisément pour éviter cette extension que nous avons délibérément retenu le terme éthique et non le terme moral, dont use assez souvent Myrdal.

Références bibliographiques

BÖHM-BAWERK, E. von (1899), «The Historical vs Deductive Method in Political Economy», *Annals of the American Academy of Policital and Social Sciences*, vol 1.

MISES, L. von (1947), *L'Action humaine*, Paris, Presses universitaires de France, 1985.

MYRDAL, G. (1933f), «Ends and Means in Political Economy», *Zeitschrift für Nationalökonomie*, vol. IV, n° 3, 1933, in: Myrdal (1958d), 206-230.

MYRDAL, G. (1944a), *An American Dilemma: The Negro Problem and Modern Society*, New York, Harper.

MYRDAL, G. (1950), *L'Équilibre monétaire*, Paris, Médicis.

MYRDAL, G. (1953a), *The Political Element in the Development of Economic Theory*, Cambridge, Massachussets, Harvard University Press, 1954; 1re éd. suédoise, 1930.

MYRDAL, G. (1953b), «The Relation Between Social Theory and Social Policy», *The British Journal of Sociology*, vol. 4, 210-242, in: Myrdal (1958d), 9-54.

MYRDAL, G. (1957b), *Economic Theory and Under-Developed Regions*, Londres, Gerald Duckworth.

MYRDAL, G. (1958a), *Une économie internationale*, Paris, Presses universitaires de France.

MYRDAL, G. (1958d), *Value in Social Theory. A Selection of Essays on Methodology*, éd. par Paul Streeten, Londres, Routledge & Kegan.

MYRDAL, G. (1969d), *Objectivity in Social Research*, New York, Pantheon Books.

MYRDAL, G. (1972b), «How Scientific are the Social Sciences?», *Journal of Social Issues*, vol. 28, n° 4, 151-170, in: Myrdal (1973a), 133-157.

MYRDAL, G. (1972g), «The Need for a Sociology and Psychology of Social Science and Scientists», in: Milton Kleg et John H. Litcher (dir.), *Social Studies. The Humanizing Process*. Winter Haven, Florida, 1-9, in: Myrdal (1973a), 52-64.

MYRDAL, G. (1973a), *Against the Stream: Critical Essays on Economics*, Londres, Macmillan, 1974.

POPPER, K. (1935), *La Logique de la découverte scientifique*, Paris, Payot, 1982.

ROSIER, M. (1985), «Le couteau et la dialectique (Schumpeter et Marx historiens de la réflexion économique)», *Cahiers d'économie politique*, n° 10-11, 445-463.

ROSIER, M. (1986), «Otto Neurath et la critique du pseudo-rationalisme (leçons épistémologiques des sciences sociales)», *Dialogue*, vol. XXV, 675-696.

LES MYRDAL ET LE MODÈLE SUÉDOIS

Timothy Tilton

Hors de la Suède, Gunnar Myrdal est surtout connu pour ses oeuvres *An American Dilemma* (1944a) et *Asian Drama* (1968a). Sa fonction de secrétaire exécutif à la Commission économique des Nations-Unies pour l'Europe (1947-57), une agence qui joua un rôle-clé dans la reprise économique de l'Europe, lui a également conféré une certaine renommée. Son long engagement dans la recherche et dans l'action voué à un monde plus égalitaire, sûr et rationnel lui a apporté les plus hautes distinctions: en 1974, il partagea le prix Nobel d'économie avec Friedrich Hayek et en 1970, lui et sa femme Alva, reçurent le prix Ouest-allemand de la paix — pour ne mentionner que les prix les plus prestigieux. Peu de gens considèrent Gunnar Myrdal comme un politicien et un réformiste suédois. Or, il siégea au Rikstag de 1934 à 1938 et de 1942 à 1947 tout en étant, de 1945 à 1947, un ministre du commerce entreprenant et controversé. Mais son influence sur la politique suédoise découle davantage de l'impact de ses recherches, de sa propagande et de son *lobbying*, fait souvent en tandem avec Alva, que de ses fonctions ministérielles.

Gunnar Myrdal et la politique suédoise

Les Myrdal ne sont pas nés sociaux-démocrates; aussi étonnant que cela puisse paraître, ils adhérèrent au parti peu de temps après leur retour en Suède en 1931, après avoir passé l'année académique 1929-30 aux États-Unis, comme boursiers Rockefeller. Lors de ce séjour, ils observèrent les débuts de la Dépression, les taudis urbains, une criminalité généralisée, et une pauvreté sinistre, mais ils trouvèrent également une inspiration dans le système de l'école unifiée américaine, dans les premières expériences de réforme sociale urbaine, et dans la sociologie américaine de la famille. Pendant ces années Myrdal se tailla une réputation d'économiste grâce à ses premiers travaux sur la formation des prix et la théorie monétaire, mais surtout grâce à son ouvrage désormais classique, *The Political Element in the Development of Economic Theory*, publié pour la première fois en 1930 (1953a). Sur un plan plus directement politique, il travailla dans le cercle de Wigforss qui développpait la nouvelle politique économique de crise, et rédigea un plaidoyer en faveur de ses politiques fiscales, *les Effets économiques de la politique fiscale* (1934a)

Lorsque les Myrdal retournèrent en Suède, ils nouèrent d'étroites relations avec un groupe d'architectes radicaux, dont Uno Åhren, Gunnar Asplund, et Sven Markelius. Ces architectes représentaient le courant fonctionnaliste qui triompha à l'exposition de Stockholm en 1930. Dans leur manifeste *Acceptera* (Asplund et al., 1937) ils plaidaient en faveur de l'emploi de la technologie moderne afin de créer une société juste, fonctionnelle et attrayante. Ils cherchaient à créer un environnement urbain adapté à la communauté. Ils voulaient tirer profit de la production de masse pour la fabrication à bon marché de biens de consommation simples, utiles et esthétiques. Contrairement à la caricature du fonctionnalisme rigide et monotone qui naquit dans les années 1950, le fonctionnalisme des années 1930 était «chaud, doux et humain» (Myrdal, 1982, 30). Il est difficile de ne pas surestimer sa contribution à la qualité de la planification urbaine, au logement, à la décoration intérieure et au *design* industriel suédois. La qualité robuste et le bon goût du cadre de vie suédois qui frappent l'observateur étranger sont hérités, dans une large mesure, de ce fonctionnalisme.

L'association des Myrdal avec ces esprits créateurs fut fructueuse. Alva Myrdal et Sven Markelius conçurent, en collaboration, un modèle de maison collective qui devait permettre aux familles de vivre dans des conditions qui, tout en sauvegardant les meilleurs éléments de la vie familiale traditionnelle, leur donnaient accès à des services collectifs modernes facilitant l'éducation des enfants, l'organisation des repas, la pratique des sports, et la poursuite des études. Gunnar Myrdal et Uno Åhren tirèrent profit de la victoire sociale-démocrate de 1932 pour promouvoir aux plus hauts échelons du gouvernement leur idée d'une nouvelle politique du logement.

> Uno Åhren et moi-même avons demandé un rendez-vous avec Gustav Möller, ministre des Affaires sociales. Nous avons soutenu qu'il était grand temps de considérer la question du logement comme un sérieux problème social, qu'il fallait lui accorder de l'importance à la fois sur les plans de la politique économique de crise et de la planification économique à long terme. Nous lui avons proposé de nous confier la responsabilité d'une enquête approfondie sur le problème du logement à

Göteborg, où Åhren était directeur de la planification urbaine. Nous nous sommes engagés à rédiger, pour fins de discussion, une politique de logement social pour le court et le long termes. (Myrdal, 1982, 190)

Möller, doutant de ces jeunes intellectuels, refusa, mais des démarches subséquentes faites auprès de Wigforss donnèrent des résultats et une commission d'enquête fut mise sur pied. En 1933, Myrdal et Åhren présentèrent leur rapport sous la forme d'un document gouvernemental. Ils le firent publier dans une édition populaire par la maison d'édition du mouvement coopératif et encouragèrent sa promotion par l'organisation de cercles d'étude et de discussions à la base dans le mouvement syndical. À l'automne 1933, Möller, désormais confronté à la pression publique, annonça la formation d'une commission sociale plus ambitieuse présidée par Alf Johansson et comprenant Myrdal et Åhren, afin d'énoncer une nouvelle politique du logement urbain. Cette commission travailla par la suite sous l'égide de la Commission de la population et créa à la fois les politiques et les structures que Alf Johansson devait administrer plus tard en tant que directeur du Conseil du logement[1]. (Myrdal, 1982, 191-92)

La publication, en 1934, de leur livre *État critique du problème démographique* (1934b) accrut considérablement l'influence politique des Myrdal. Traitant d'un point de vue progressiste une des principales préoccupations des conservateurs, les Myrdal soutenaient que seule une réforme sociale en profondeur pourrait augmenter le taux de fertilité et ainsi prévenir la disparition graduelle du peuple suédois. Comme solution au déclin du taux de natalité, le livre proposait un programme exhaustif de réformes sociales, allant de la gratuité des repas scolaires à la planification économique. Au début, plusieurs sociaux-démocrates accueillirent le livre avec méfiance; comme les néo-malthusiens, ils craignaient que l'augmentation du taux de natalité n'entraîne une réduction des salaires et n'accentue, par conséquent, le contrôle des naissances. Le Premier ministre Per Albin Hansson fut le premier au sein de la direction du parti à accepter les arguments des Myrdal, peut-être parce que, comme le pensait Gunnar Myrdal «le programme détaillé d'assistance sociale que nous avons mis de l'avant s'inscrit parfaitement dans la continuité du rêve de Per Albin de 'good people's home'» (Myrdal, 1982, 188). La reconnaissance progressive des arguments des Myrdal par la direction du parti permit aux sociaux-démocrates de mettre sur pied un programme de réforme du logement, des affaires féminines, de l'éducation sexuelle, du contrôle des naissances, des garderies et de l'instruction. «Au début, souligne Myrdal, tout allait plus

---

1. «Des mémoranda furent produits les uns après les autres avec Alf Johansson comme auteur et progressivement les résultats apparurent sous la forme de propositions gouvernementales et de décisions parlementaires ... En les parcourant au moment où je griffonne ces mémoires, je suis surpris de constater combien de lignes directrices, pour des travaux futurs de réforme, furent posées et légitimées ici». (Myrdal, 1968a)

lentement que nous le voulions et les choses ne progressaient pas exactement comme nous l'aurions souhaité» (1982, 188), mais le livre *État critique du problème démographique* eut un impact si important sur la mise en place des structures de l'État-providence suédois qu'il sera examiné plus en détails ci-dessous.

Les Myrdal poursuivirent et développèrent leur travail. Ils siégèrent à la Commission de la population et à la Commission du logement social. Gunnar élabora un modèle de planification économique pour l'agriculture suédoise, fondé sur le contrôle des prix plutôt que sur des règlementations directes. Il voulut remplacer l'accord général conclu avec le parti des agriculteurs par un programme plus détaillé qui prévoyait le remplacement de la production de grains par l'élevage et les cultures maraîchères (Myrdal, 1934b, 220-21). Alva devint une des principales promotrices de l'abolition du double réseau scolaire et de la démocratisation du système d'éducation; de 1946 à 1948, elle utilisa ses connaissances du système scolaire américain pour mettre en place un nouveau système scolaire, plus ouvert et pluraliste. De 1940 à 1948, elle siégea à la Commission du marché du travail en tant qu'expert conseil (Lindskog, 1981).

Les entreprises des Myrdal furent si régulièrement couronnées de succès qu'une action moins réussie semble une anomalie dans l'ensemble de leurs réalisations. Tel fut le cas pourtant des actions entreprises par Myrdal pendant son mandat de ministre du Commerce. Le fait que celles-ci suscitèrent d'importantes controverses ne devrait pas cependant ternir son image. Au cours de l'après-guerre, les adversaires de la planification économique organi-sèrent une gigantesque campagne contre les sociaux-démocrates dont Myrdal, évidemment, devint la cible. En tant qu'éditeur du *Tiden*, l'organe théorique des sociaux-démocrates, il était devenu en effet un des principaux défenseurs des interventions de l'État dans le secteur industriel. Il publia une série d'arti-cles critiques sur les branches les moins performantes de l'industrie suédoise et l'inefficacité des mesures de redistribution. Il encouragea le parti social-démocrate à réorienter ses politiques en fonction d'une amélioration de la productivité des entreprises industrielles. Myrdal croyait naïvement que le milieu des affaires appuierait cet objectif (1945e, 107), mais il dut rapidement admettre que tel n'était pas le cas. Le traité commercial qu'il négocia avec l'Union Soviétique fut vivement critiqué, souvent d'ailleurs sans raison vala-ble (voir les aveux d'exagération de Tingsten, 1963, 128). Mais suite à cette affaire, les critiques à son égard se multiplièrent.

La critique la plus sérieuse concernait la responsabilité de Myrdal quant à la dévaluation de la couronne suédoise, qui succéda à son intervention devant l'Association d'économie politique, en décembre 1946, intervention dans le cadre de laquelle il insistait sur les conséquences négatives possibles d'une détérioration de la balance commerciale. La crise monétaire qui suivit, au printemps 1947, et la restauration des mesures de contrôles adoptées durant la guerre, nuisirent sérieusement aux sociaux-démocrates; Myrdal reconnut lui-même que l'échec de la politique économique «liait nos mains [et] nous empêchait de mener à bien nos projets dans beaucoup de domaines. Je lui attribue la suspension relative des réformes de notre politique d' assistance sociale [...]» (Myrdal, 1982, 235). Dans un article et dans ses mémoires Myrdal défendit ses politiques et rejeta la responsabilité de la crise sur le ministre des finances Ernst Wigforss. Il soutint que Wigforss n'avait pas tenu compte de ses avertissements concernant la nécessité d'établir une politique économique plus sévère, une fois les restrictions de guerre abolies (Myrdal, 1979c, 1982, chap. 10). Une analyse en profondeur de cette controverse nous mènerait trop loin, mais l'examen des faits nous incite à croire que Myrdal a peut-être sous-estimé les pressions politiques exercées sur Wigforss et les obstacles politiques à l'établissement d'une politique économique rationnelle. L'allégation de Myrdal, selon laquelle l'échec des politiques du parti « est lié au fait que mon approche et mes suggestions [...] n'ont pas été appuyées par le gouvernement» (1982, 225) témoigne de son acuité intellectuelle mais elle confirme également le jugement de Wigforss selon lequel ses aptitudes politiques n'étaient pas très développées (Wigforss, 1964, 362f).

Après 1947, Myrdal s'intéressa de plus en plus aux questions internationales. Il délaissa presqu'entièrement la politique suédoise, se contentant de critiquer, sporadiquement, ses excès et sa rigidité. Avant de poursuivre l'analyse plus détaillée de sa contribution idéologique à la social-démocratie suédoise, nous voudrions insister sur les fondements intellectuels de son oeuvre.

Rationalisme, liberté et démocratie

Les Myrdal sont les philosophes de la social-démocratie suédoise. Ils s'inspirent moins du marxisme du dix-neuvième siècle que de l'optimisme du dix-huitième siècle selon lequel l'application des principes rationnels peut rendre la vie plus décente et humaine. Gunnar Myrdal a écrit que pour lui «la thèse centrale de la philosophie des Lumières est devenue la conviction, qu'à travers les réformes, les gens et la société peuvent être améliorés» (1982, 279). Cet optimisme imprègne ses premiers travaux, en particulier *État critique du problème démographique* et *An American Dilemma* (1944a), et explique en partie leur attrait; comme toujours, l'espoir constitue un ingrédient essentiel des politiques radicales. Toutefois, lorsque Myrdal écrivit *Asian Drama* (1968a), cet optimisme s'était estompé; c'est pourquoi il accepta l'étiquette «d'optimiste pessimiste» que lui conféra Paul Streeten. Tout comme la philosophie des Lumières elle-même, Myrdal passa d'un optimisme facile à un espoir et à un engagement kantien plus sobres.

Dans ses premiers écrits, Myrdal envisage le développement historique avec optimisme, non pas parce qu'il croit, comme les marxistes Branting ou Möller, à la destinée historique du mouvement des travailleurs, mais grâce à sa foi dans le pouvoir des idées rationnelles et de la propagande politique éclairée. L'histoire, selon lui, n'a pas de fin prédéterminée, elle n'aboutit pas inévitablement à des conclusions préétablies, mais elle engendre des problèmes - ou plus précisément, l'impact collectif des efforts humains engendre sans cesse de nouveaux défis pour l'humanité.

> D'une façon ou d'une autre les institutions sociales se sont constamment adaptées au changement des conditions économiques. Mais il y a plusieurs types d'adaptations et certaines d'entre elles sont de mauvaises adaptations. Heureusement nous pouvons toujours — à l'intérieur de certaines limites — contrôler ces processus d'ajustement ... Toutes les politiques rationnelles sont maintenant davantage perçues comme un effort ininterrompu d'adaptation intelligente des institutions sociales aux changements technologiques et économiques. (1934b, 139)

Les valeurs ne sont pas des données intrinsèques de l'évolution historique; les êtres humains imposent leurs propres valeurs, plus ou moins justes, d'une façon plus ou moins intelligente. La mission des étudiants engagés est de percevoir correctement les besoins du présent, de cerner les vraies questions politiques, et de concevoir des solutions qui sont efficaces du point de vue technique et mobilisatrices du point de vue politique.

Parce que l'histoire génère constamment de nouvelles demandes, les conceptions intellectuelles et les institutions sociales doivent être sans cesse renouvelées. Le conservatisme est un non-sens parce que les conditions qui rendaient les politiques précédentes efficaces disparaissent, imposant ainsi de nouvelles adaptations. Les socialistes aussi doivent adapter leur façon de penser aux nouvelles circonstances. Sur la question démographique, par exemple, ils doivent renoncer à leur vision néo-malthusienne du contrôle des naissances, qui est «irrémédiablement incompatible avec l'époque», reconnaître les difficultés d'adaptation de la famille traditionnelle dans l'environnement industriel contemporain, rechercher les causes de ces difficultés et proposer des solutions basées sur les valeurs sociales-démocrates de la communauté: la liberté, l'égalité et l'efficacité (1934b, 12, 136 et 335).

La défense des politiques rationnelles occupe une place centrale dans l'oeuvre de Myrdal. Dans un petit essai rédigé en suédois, fascinant et peu connu, «Le dilemme de la politique sociale» (1932a), Myrdal retrace la dissolution du libéralisme classique et du socialisme et l'émergence d'une nouvelle conception rationnelle de la politique sociale préventive, une vision rationnelle apparemment dépouillée de toute connotation idéologique; cet idéal, dira-t-il, était «l'idéal de l'ingénieur social». Parfois ce rationalisme aboutit à un paternalisme assez voisin de celui de Béatrice et Sydney Webb. Lorsque Myrdal et Åhren conclurent que la pauvreté à Göteborg résultait non pas de la surpopulation mais de certaines habitudes de vie discutables et de l'orientation des revenus vers les loisirs et la consommation de luxe, Myrdal décida que, dans ce domaine, la souveraineté du consommateur devait être remplacée par des prestations publiques «en nature» (Carlson, 1979, 18).

> La consommation, en fait, a besoin d'être dirigée dans l'intérêt du consommateur. Les gens doivent avoir pris l'habitude de se brosser les dents et de manger des tomates avant d'apprécier ce type de consommation et il en est ainsi pour le logement rationnellement organisé (Myrdal, 1932b, 44).

Le désir de Myrdal de définir avec une grande précision les équipements adéquats pour les nouveaux-nés et son soutien à la stérilisation des handicapés mentaux en tant que «réforme sociale corrective» (1934b, 257) sont difficilement conciliables avec deux autres de ses positions: sa conviction que les valeurs morales découlent d'une évaluation individuelle plutôt que de normes éthiques et son rejet d'une société ultrabureaucratisée. À l'instar d'Axel Hägerstrom, un philosophe suédois dont les travaux ont devancé *Ethics and Language* de Stevenson, et qui prône une stricte séparation entre les faits et les valeurs, Gunnar Myrdal insista sur l'explicitation par les spécialistes des sciences sociales de leurs valeurs morales afin de pouvoir exposer plus facilement les prémisses morales implicites de leurs argumentations. Il plaida constamment en faveur d'un socialisme conçu comme mouvement de libération et soutint qu'étant originaire de Dalarna, une région traditionnellement rebelle et anti-bureaucratique, il avait hérité d'une résistance opiniâtre contre une autorité centrale excessive (Myrdal,1945e, 7; et 1982, 11). Il traita de myopes les réformateurs qui placent «une confiance presqu'exclusive dans l'extension continue de la réglementation étatique, proposant ainsi à leurs concitoyens une sorte de libéralisme étatique». À l'inverse, il défendit avec insistance l'utopie selon laquelle les citoyens, dans le cadre de paramètres publics généraux, négocient et organisent leur vie «avec seulement le minimum nécessaire d'intervention étatique directe» (Myrdal, 1958e, 97 et 96). Le conflit entre la recherche de solutions politiques rationnelles (i.e. celles qui découlent de ses valeurs) et la défense de la liberté et d'une éthique non objective est réel et permanent dans l'oeuvre de Myrdal; il permet d'expliquer la force morale de son analyse, ses caractéristiques parfois moins intéressantes, et son impatience face au processus politique. On pourrait, sur un ton misérieux, mi-moqueur, suggérer que Myrdal ne se préoccupait de ce problème que parce qu'il était confiant de convaincre une majorité démocratique et parce qu'il croyait qu'une bureaucratie composée de gens très doués et actifs comme lui n'aurait pas besoin d'être très développée!

En tant que socialiste optimiste, Myrdal rejeta le pessimisme libéral des politicologues tels Isaiah Berlin, qui insistaient sur l'incompatibilité des biens, et des économistes tels Arthur Okun qui considéraient l'égalité et l'efficacité comme des objectifs concurrents (Berlin, 1969; Okun, 1975). Pour Myrdal, les biens sociaux sont largement compatibles et l'effort pour les atteindre ne représente pas une menace à la liberté en dépit des objections des libéraux. En effet, l'égalité et la communauté, loin de mettre en danger la liberté et l'efficacité, les renforcent. La persistance de l'injustice sociale n'est pas le résultat inéluctable des oppositions humaines incompatibles mais la conséquence du maintien de structures sociales démodées.

La critique du capitalisme libéral

Ayant donné un aperçu des activités politiques de Myrdal en Suède ainsi que les prémisses de sa position intellectuelle, nous pouvons maintenant commencer l'étude, plus approfondie, de sa contribution à la théorie sociale-démocrate. Celle-ci peut-être subidivisée en deux parties: d'une part, sa critique de l'économie néo-classique et de l'individualisme libéral et, d'autre part, l'argumentation constructive de *État critique du problème démographique*.

Gunnar Myrdal entreprit son ouvrage classique *The Political Element in the Development of Economic Theory* avec l'intention de critiquer, pour un vaste public, le dogme très populaire du laissez-faire. Mais il délaissa cet objectif au cours de son travail et le livre devint une critique immanente des théories économiques classique et néo-classique, une mise à jour des présupposés idéologiques qui sous-tendent le développement de la science économique depuis l'époque d'Adam Smith. La thèse centrale de cette critique est que si «l'économie veut devenir une science, elle doit éviter d'établir des normes politiques» (Myrdal, 1953a, 13).

Après avoir montré que la théorie économique origine de la loi naturelle et de l'utilitarisme, Myrdal démontre ensuite la manière dont la science économique néo-classique introduit régulièrement et incorrectement des évaluations dans la théorie, dans le but d'arriver à des conclusions normatives. Par exemple, elle suppose des quantités mesurables et commensurables d'utilités et d'inutilités individuelles. Elle suppose que ces utilités et inutilités puissent être additionnées dans une fonction de bien-être social. Elle présuppose l'harmonie des intérêts individuels. Sur la base de ces postulats, dont aucun n'est justifiable, et d'une psychologie rationaliste qui est circulaire dans sa conception et empiriquement non valable, elle propose le laissez-faire. Elle ne peut justifier cette politique, car elle n'a pas de mesure commune pour calculer le rendement objectif de la production, et qui plus est, pas de moyens moralement neutres pour évaluer l'utilité subjective personnelle. La théorie économique néglige la question de la répartition. De plus, elle considère la consommation comme la seule préoccupation des êtres humains, négligeant ainsi l'intérêt qu'ils portent au processus de production lui-même. La critique de Myrdal est approfondie et accablante mais il ne propose pas d'alternative. Il souligne l'incompatibilité des propositions socialistes en faveur d'une distribution selon les besoins et selon le principe de l'appropriation par les travailleurs du produit de leur travail. Ces deux principes, remarque-t-il avec une grande justesse, ne s'accordent pas, car il est possible, par exemple, d'être à la fois chômeur et indigent. Il place ses espoirs dans une science économique idéologiquement neutre, au service d'une conception plus large des intérêts sociaux — un empirisme naïf, qu'il reniera dans sa préface de l'édition de 1953 (Myrdal, 1953a, vii).

La critique par Myrdal de la science économique néo-classique s'intensifie au début des années trente. Avec Erik Lindahl et Bertil Ohlin, les autres membres fondateurs de l'école de Stockholm, il soutient, avant Kahn et Keynes, que le capitalisme ne produit pas automatiquement l'équilibre en situation de plein emploi et qu'il n'y a aucune garantie que les épargnes nécessaires et l'investissement se réalisent. La loi de Say ne s'étant pas réalisée comme prévu, le gouvernement, soutient-il, devrait intervenir pour soutenir le niveau de la demande agrégée. Dans ce cas, la politique classique de l'équilibre budgétaire annuel doit être abandonnée. Myrdal insiste cependant sur le fait que le budget public doit être équilibré tout au long du cycle économique (Myrdal, 1982, chap. VII). Cette insistance sur la nécessité d'éviter des déficits budgétaires récurrents, qui plus tard fut endossée par les économistes des syndicats suédois, permet d'expliquer le fait que les sociaux-démocrates suédois élaborèrent des politiques fiscales plus rigoureuses que les partis américains ou les partis suédois non socialistes.

Alors qu'il étudiait la question du logement, non seulement Myrdal remit-il en cause la stabilité globale du capitalisme, mais il critiqua d'une façon de plus en plus radicale ses injustices et son inefficacité. Dans son essai de 1932 sur la politique du logement, il qualifia la science économique libérale d'idéologie capitaliste, de justification trompeuse basée sur la présomption que les ressources sont distribuées et utilisées de manière raisonnable et juste. Il est important, souligna-t-il, «de ne pas identifier la société à ses catégories relativement mieux nanties» (1932b, 39). Il décrivit la propriété privée comme étant l'obstacle majeur à une planification sociale rationnelle et plaida pour une appropriation publique des terrains destinés à la construction. Il préconisa une intervention de l'État dans l'industrie de la construction afin d'éliminer les temps morts et favoriser une permanence de ses activités tout au long de l'année. Conformément à la tradition sociale-démocrate suédoise, il soutint que ces mesures pour accroître la production étaient essentielles car la simple redistribution des logements existants ne suffirait pas à remédier aux pénuries importantes dans ce domaine (Myrdal, 1932a). Progressivement, ses propositions donnèrent naissance à des politiques publiques.

Ces mêmes thèmes réapparaissent dans *État critique du problème démographique*. De la même façon qu'il n'y a pas d'équilibre naturel en situation de plein emploi, il n'y a pas de point d'équilibre naturel pour la population; le déclin du taux de natalité suédois est tel qu'il serait grotesque de soutenir un tel point de vue, soulignent les Myrdal. L'inexactitude de l'hypothèse libérale voulant que l'intérêt privé coïncide avec l'intérêt public est manifestement illustrée par le choix des individus de ne plus concevoir d'enfants, décisions qui dans leur ensemble menacent la survie de la nation suédoise. Ces choix individuels résultent de l'échec du capitalisme à satisfaire les besoins des familles avec enfants.

> Pendant sa phase libérale [...] la théorie économique se fondait sur une théorie des besoins humains — principalement inspirée de la soi-disant théorie de l'utilité marginale — et l'on était soucieux de signaler que la distribution économique est seulement un aspect de la formation générale des prix. *Mais lorsqu'on traite des questions pratiques de la distribution on évite sciemment tout lien avec la théorie des besoins.* (Myrdal, 1934b, 211; l'italique est de nous)

Cette incapacité d'assurer les ressources nécessaires pour l'éducation des enfants démontre le caractère insatisfaisant du capitalisme libéral et les présupposés irréalistes de la théorie économique néo-classique. Malgré ses prétentions idéologiques, le capitalisme non réglementé n'a pas satisfait aux besoins humains; par conséquent le gouvernement doit intervenir pour remédier à ses distorsions.

> La politique sociale n'offre pas seulement le moyen d'une égalisation radicale des revenus selon les besoins actuels de la société. Le nivellement des revenus est actuellement plus qu'un dérivé. La tâche la plus importante de la politique sociale, ou son objectif immédiat, est d'organiser et de diriger la consommation dans d'autres directions que celles qui se dégagent du prétendu libre choix de la consommation des unités familiales, qui ont souvent un pouvoir d'achat trop petit pour être efficace et sont soumises aux pressions des incitations et de la publicité de masse. (Myrdal, 1934b, 243)

La politique sociale doit de plus en plus corriger les imperfections d'une économie dans laquelle le choix individuel a frustré la satisfaction des besoins, même ceux de l'individu!

La critique de l'individualisme capitaliste culmine dans *État critique du problème démographique*. Les Myrdal se détournent de la critique des négligences philosophiques de la science économique libérale et de l'instabilité, l'injustice, et l'inefficacité du capitalisme afin de critiquer son incapacité croissante à se reproduire! Les gens deviennent si individualistes que leur bien-être matériel supplante l'intérêt de la société face à la nouvelle génération. Les couples mariés refusent d'avoir des enfants. Les membres productifs de la société qui n'ont pas d'enfant refusent d'aider les familles qui ont des enfants.

> Notre problème se ramène à la dépopulation ou à la réforme sociale. Et le programme doit être une nouvelle société inspirée d'une solidarité sociale, où la nation entière éprouve une responsabilité commune face aux enfants, qui constituent la prochaine génération. D'abord, à travers la prise de conscience graduelle de cette société, il serait possible de briser petit à petit l'individualisme étroit qui empoisonne maintenant l'existence entière de notre peuple et le menace même dans son existence. (Myrdal, 1934b, 17)

La psychologie individualiste du capitalisme entre de plus en plus en conflit avec le besoin grandissant d'une coopération sociale.

Les Myrdal soulignent le besoin d'une plus grande coopération et solidarité, mais ils ne limitent pas leurs recommandations à un appel pour un plus grand esprit civique et une volonté parallèle d'élever des enfants. Ils demandent des programmes sociaux pour réduire ou prévenir les coûts que suppose le fait d'avoir des enfants. Ils ne demandent pas à des parents éventuels de sacrifier leur bien-être matériel; ils tentent plutôt d'empêcher l'abaissement du niveau de vie des parents qui choisissent d'avoir des enfants. Les travailleurs célibataires de la société doivent accepter de partager le fardeau financier que représente l'éducation d'une nouvelle génération. En bref, élever des enfants doit être la responsabilité de la société entière, et non seulement celle des parents. Ce principe découle de leur engagement (spécialement celui d'Alva) à créer «une société douce, humaine et solidaire» (Lindskog, 1981, 170). Une société décente à l'heure actuelle exige davantage de coopération et de communauté — au sein des familles, au travail, dans le voisinage, dans les communautés locales, et au sein de la nation. L'illusion individualiste est inhérente au capitalisme libéral, les Myrdal en sont convaincus. Elle obstrue non seulement le chemin qui mène à une communauté plus coopérative mais menace également de destruction la société même dans laquelle elle prospère.

La question démographique et la réforme radicale

«L'idée que le parti travailliste doive s'engager lui-même sur la question démographique, laquelle a été jusqu'ici le point de ralliement des forces conservatrices, semble étrange ... [mais] le livre *État critique du problème démographique* a sans doute eu une importance déterminante pour la recherche ultérieure dans le domaine de la politique sociale» écrivit l'ancien premier ministre Tage Erlander dans ses mémoires (cité par Lindskog, 1981, 30). En s'accaparant de la question nataliste au nom de la social-démocratie, les Myrdal marquèrent un grand coup. Leurs arguments, difficilement acceptables au premier abord par leur propre parti, affaiblirent radicalement les arguments idéologiques conservateurs contre la réforme sociale. Leur force politique est démontrée par la déclaration du ministre des affaires sociales Gustav Möller qui disait qu'il n'hésiterait pas à menacer les membres des partis non socialistes de la disparition de la nation suédoise, s'il était certain d'obtenir leurs votes. Tout comme "Le dilemme de la politique sociale", *État critique du problème démographique* proposait une nouvelle solution qui faisait appel à toutes les factions politiques, dans le but de résoudre l'impasse entre les conservateurs pro-natalistes et les sociaux-démocrates néo-malthusiens.

Les Myrdal préconisaient un programme qui préservait l'idée néo-malthusienne du contrôle des naissances tout en insistant sur le fait que chaque enfant doit être un enfant désiré. Ils retenaient de la position conservatrice le besoin d'augmenter le taux de natalité, mais déclaraient que ceux qui le désirent doivent également en désirer les moyens, c'est-à-dire une réforme sociale globale. La réforme sociale était de première nécessité car elle seule permettrait aux familles d'avoir des enfants sans pour autant abaisser leur niveau de vie. Une simple augmentation de la croissance économique n'aurait pas le même résultat, car les familles sans enfant maintiendraient leur avantage économique par rapport aux familles avec des enfants. Une législation sur le salaire familial, comme en France, ne serait pas efficace non plus car les employeurs défavoriseraient simplement tous ceux ayant une grande famille. L'argumentation des Myrdal était fondée sur la possibilité de réduire les coûts liés au fait d'avoir des enfants par une politique sociale. Ils supposaient que les aspects non monétaires de l'éducation des enfants contribueraient au bien-être de chacun; ils évoquaient sans cesse la joie que procurent les enfants.

À cette vision de la famille traditionnelle heureuse s'articulait une seconde approche, plus radicale, de la politique familiale. Au cours de ses études, Alva Myrdal avait réalisé que la famille bourgeoise traditionnelle n'offrait plus un environnement adéquat pour l'épanouissement des enfants. La production économique n'était plus confinée au foyer; le père était absent et la mère, de plus en plus fréquemment, l'était également, travaillant à l'usine ou au bureau. Ces changements ainsi que la nouvelle évolution vers les familles nucléaires, sans grands-parents, appauvrissaient l'environnement social de l'enfant. Les nouveaux rapports économiques imposaient de nouvelles exigences aux enfants, soit la nécessité d'une plus grande indépendance et d'une plus grande capacité de coopération. L'adaptation rationnelle de la famille à ces transformations nécessitait l'éducation collective des enfants. Alva Myrdal soutenait que «l'éducation collective des enfants est socialement et psycholo-giquement souhaitable pour tous les enfants, que leurs mères travaillent ou non à l'extérieur du foyer» (Cité dans Lindskog, 1981, 28).

Cette thèse s'inspirait d'une perspective fonctionnaliste radicale. Quel-ques institutions sociales devaient prendre en charge l'éducation des enfants. Étant donné l'évolution rapide des exigences du système productif à l'égard de la force de travail, la responsabilité d'une éducation efficace et d'une socialisa-tion des enfants devenait de plus en plus difficile à assumer pour la famille. Si celle-ci n'est plus en mesure d'accomplir sa mission traditionnelle d'éduca-tion, il faut alors, écrivaient les Myrdal, trouver des substituts:

> Alors que la famille, en tant que lieu d'éducation des enfants, perd de plus en plus son importance, l'école ou une autre institution de la société doit assumer cette fonction et organiser l'éducation collective des enfants d'une façon harmonieuse et efficace qui puisse remplacer et élargir l'éducation offerte par la famille... uniquement dans le cas où cette dernière devient insuffisante. (Myrdal, 1934b, 368)

Le souci des Myrdal n'était pas que les enfants soient simplement mis au monde, mais qu'ils soient désirés, bien traités, et bien éduqués.

Ils rejetaient tout retour au passé et refusaient l'idée d'interdire aux femmes de travailler en dehors du foyer. Ce choix, écrivaient-ils, ne ferait que reconnaître l'inaptitude de la société à organiser un ordre productif rationnel. Il limiterait la liberté de la femme en lui interdisant l'accès au marché du travail. Il est temps pour la société de reconnaître les limites de l'individualisme.

> Chaque famille ne peut résoudre seule ses problèmes existentiels. Elle est trop étroitement soumise à la forte influence des conditions sociales. Mais grâce à un effort commun, les familles peuvent collectivement modifier ces conditions afin d'élargir les possibilités de vie des familles individuelles. (Myrdal, 1934b, 385)

En coopérant pour mettre sur pied des garderies bien organisées, publi-ques et gratuites, la société ou les groupes pourront ainsi élargir la liberté et les chances de leurs membres. Les femmes pourront travailler à l'extérieur de la maison et les enfants pourront profiter d'une maternelle ou d'une garderie d'une qualité supérieure à celle des services de garde fournis par la moyenne des parents. À cet égard, il est clair que les Myrdal appliquent à l'ensemble de la société le raisonnement conçu en fonction de la «maison collective».

L'interdiction du contrôle des naissances constituait une méthode plus brutale de maintien du taux de natalité. L'État suédois utilisa cette stratégie à partir de 1911, jusqu'à ce que les sociaux-démocrates abolissent la loi inter-disant la contraception dans les années 1930. Les Myrdal contribuèrent à ce changement de politique, en vantant les mérites d'une éducation sexuelle globale pour toutes les classes sociales, des moyens contraceptifs peu coûteux et facilement disponibles, et des assouplissements à la loi sur l'avortement. Ils condamnèrent l'hypocrisie et l'égoïsme d'une société de classe qui restreignait la diffusion de l'information concernant le contrôle des naissances aux échelons supérieurs de la société, laissant ainsi aux pauvres la responsabilité d'assumer les frais d'éducation des générations futures. L'élargissement de l'accès à la contraception donnerait la liberté aux gens de décider s'ils voulaient avoir des enfants ou non. En le combinant à des réformes visant à réduire le fardeau économique que constituent les enfants, on pourrait éliminer dans une large mesure le recours à l'avortement, une méthode que les Myrdal endossaient uniquement pour des cas exceptionnels. Ils jugeaient incorrect le fait de subir un avortement pour protéger sa réputation; la société, selon eux, devait plutôt éliminer la honte d'être mère célibataire. Il est moralement anormal de la part d'une société d'isoler les mères célibataires et d'encourager ainsi l'avortement. Dans un passage des plus émouvants de *Hur styrs landet?* (Comment le pays est-il gouverné?, 1982), Gunnar Myrdal décrit la condition d'une enseignante célibataire et enceinte dans les années 1930, obligée de choisir entre la perte de son emploi et de son statut, et un avortement. Grâce aux Myrdal, cette situation ne prévaut plus.

Par ailleurs, la pensée des Myrdal peut sembler moins attirante au lecteur contemporain lorsqu'elle traite du bien-fondé de la stérilisation. Ils désavouaient toute prévision voulant que la stérilisation puisse «nettoyer la population des traits génétiques indésirables» (Myrdal, 1934b, 250). Ils reconnurent la difficulté de distinguer les groupes pouvant être affectés par ces traits— les aliénés, les personnes génétiquement anormales, les criminels — et, en particulier, la difficulté d'établir des frontières entre ces groupes. Néanmoins, les Myrdal étaient prêts à appuyer la stérilisation sur des bases eugéniques afin d'empêcher la reproduction. En 1934, ils appuyèrent une loi sur la stérilisation et un renforcement possible de celle-ci. Ils s'inquiétèrent de la possibilité que les personnes trop retardées mentalement pour adopter des méthodes contraceptives mettent au monde de nombreux enfants dans des conditions défavorables.

Le malaise actuel au sujet de l'eugénisme et de la stérilisation, en tant qu'objets des politiques publiques, ne devrait pas obscurcir la validité du contexte plus large et plus important dans le cadre duquel est apparue cette discussion. Les Myrdal mettaient l'accent sur les demandes croissantes qu'impose le développement technologique à l'intelligence et à la personnalité humaine. La société moderne, disaient-ils, évolue «consciemment ou inconsciemment dans une même direction: elle vise à rationaliser et à complexifier la production et tout ce qui concerne la vie humaine, en augmentant de cette façon les exigences vis-à-vis de nous-mêmes et de nos semblables» (Myrdal, 1934b, 246).

Ces développements, ajoutaient-ils, améliorent la qualité de la vie mais ils sapent la situation de ceux qui ne peuvent soutenir le rythme des demandes croissantes, ou qui se laissent dépasser par celles-ci. Ils engendrent l'obsolescence des compétences traditionnelles et créent le chômage.

Considérer ces chômeurs comme des fainéants et des profiteurs de prestations sociales, est une fausse question. Le problème réside moins dans la psychologie individuelle du travailleur — qui peut désirer ardemment travailler — que dans les demandes accélérées que la production moderne lui impose et dans l'échec de la société à l'éduquer (et à le rééduquer) correctement.

> Le grand problème social réside bien au-delà [...] de la rhétorique habituelle et erronée au sujet de «la paresse des récipiendaires de prestations sociales». Le problème se résume à ceci: comment pouvons-nous améliorer la qualité de l'être humain afin de nous ajuster aux exigences de la vie moderne. (Myrdal, 1934b, 252)

À court terme le problème est de savoir comment employer les moins qualifiés et éviter qu'ils deviennent des parias. Il est temps, soutenaient-ils, d'abandonner la fiction économique voulant que la main-d'oeuvre soit homogène et que tous les travailleurs soient totalement qualifiés ou aucunement qualifiés — et que la société tienne compte de leurs problèmes d'emploi.

Permettre à des citoyens moins habiles, qu'ils soient handicapés mentalement ou physiquement, ou simplement peu qualifiés, de rester en chômage, c'est permettre une diminution encore plus marquée de leurs qualifications et de leurs motivations. Leur permettre de glisser dans un statut inférieur est également intolérable.

> Isoler tous les individus qui ne sont pas les plus doués dans des institutions spécialisées deviendrait trop coûteux et inutilement sévère. Afin de préserver leur propre bonheur et également protéger la société contre les tendances asociales qu'ils développeront autrement et les coûts que cela entraînera, ces gens doivent être intégrés autant que cela est possible au monde du travail des citoyens. (Myrdal, 1934b, 255)

Pour parvenir à une solution, la société doit abandonner à la fois le dogme conservateur voulant que les chômeurs ne peuvent ou ne veulent pas travailler et l'orthodoxie radicale voulant que les chômeurs ne se distinguent pas des autres, c'est-à-dire reconnaître que certaines personnes sont moins aptes à faire face aux demandes de la production moderne. Ce dont nous avons besoin, ce sont des politiques de plein emploi et, à plus long terme, des politiques sociales préventives qui assurent des services de santé et des conditions de nutrition, de logement et d'éducation adéquates à tous.

Ici, l'opinion des Myrdal sur ce qui doit être fait pour préparer la prochaine génération aux nouvelles exigences du marché du travail rejoint leurs recommandations en vue de prévenir une baisse démographique. Ces deux objectifs requièrent de vastes efforts au niveau de la politique sociale ainsi que des mesures pour accroître la production.

> Si on veut arrêter le déclin de la fertilité, il n'y a pas d'autres moyens qu'une politique sociale redistributrice très radicale qui ne peut être implantée en l'absence d'une politique radicale de production visant à augmenter l'efficacité de la production au niveau des possibilités techniques. (Myrdal, 1934b, 139)

Le programme des Myrdal comprenait des allocations familiales (à cet égard, ils furent influencés par le système adopté par la Nouvelle-Zélande en 1926 ainsi que par les écrits de Paul Douglas et d'Eleanor Rathbone), des subventions pour le logement, la gratuité des soins médicaux, des dîners scolaires gratuits, des subventions pour les aliments de base et d'autres produits de base, la gratuité des fournitures scolaires, la gratuité des maternelles et des garderies, des allocations d'études, et une aide aux femmes enceintes. Ce programme était inspiré de «la nouvelle idéologie de responsabilité commune de la nation face à ses enfants» (Myrdal, 1934b, 243).

Cinq thèmes de politique sociale

Cinq aspects des propositions de politique sociale des Myrdal méritent d'être plus amplement discutés. Le premier met l'accent sur la socialisation de la consommation plutôt que sur la socialisation de la production. Comme l'écrivit plus tard Alva Myrdal dans *Nation and Family*,[2]

> Une certaine nationalisation ou socialisation du revenu est sincèrement préconisée. Aussi franchement, il y a eu des efforts pour lui trouver une place sans perturber la structure économique de base. Au lieu de la démarche théorique traditionnelle de la socialisation, qui débute avec les industries et institutions financières clés, il est proposé ici de commencer du côté de la consommation. Il est proposé d'examiner quel degré de socialisation dans le domaine de la production et de la distribution des biens et services pour la consommation exclusive des enfants serait

---

2. *Nation and Family* fut écrit «comme un substitut à une version anglaise de *État critique du problème démographique*», selon la préface écrite par Alva Myrdal. Toutefois, ce livre ne reflète pas l'engagement politique et le plaidoyer puissant de la version originale suédoise. L'édition de poche américaine contient une introduction intéressante faite par Daniel Moynihan démontrant l'impact du livre sur la quête américaine d'une politique familiale.

possible et souhaitable indépendamment des arguments pour ou contre son extension aux domaines ordinaires de l'entreprise commerciale. (Myrdal, 1945e, 151)

Conformément à la tradition du mouvement ouvrier suédois, les Myrdal privilégiaient une stratégie partielle, graduelle, et ininterrompue d'extension du secteur public. Deuxièmement, et bien qu'ils ne recommandent pas de changement à la propriété des moyens de production, dans leur politique démographique, les Myrdal préconisent un transfert important du contrôle de la propriété à l'État, afin que la planification publique supplante, dans plusieurs domaines, la planification privée. La socialisation de la consommation peut, par elle-même, réorienter la production, mais les Myrdal allèrent beaucoup plus loin dans leur appui à la planification. Une politique macroéconomique générale de type contre-cyclique succéda naturellement à politique de crise antérieure des sociaux-démocrates. De plus, Gunnar Myrdal recommanda une intervention dans des industries spécifiques. Le logement et l'agriculture, en particulier, requéraient, selon lui, un contrôle public plus précis comprenant l'adoption de mesures incitatives telles que l'ajustement des prix et l'attribution de subventions aux entreprises, mais non une planification centrale comme celle des Soviétiques. L'emphase sur la planification plutôt que sur la nationalisation occupa une place de plus en plus importante au sein de la vision sociale-démocrate de Gunnar Myrdal. À la conférence du parti, en 1936, il proposa des politiques économiques non seulement anti-cycliques mais axées sur le plein emploi. Il déclara que la majorité des marchés étant, depuis la fin de la guerre, plus ou moins réglementés, le vrai problème était de savoir qui les réglementerait, un gouvernement démocratiquement élu ou «l'influence anonyme des forces capitalistes» (Myrdal, 1945e, 7).

> Notre intérêt n'est pas de savoir à qui appartient la firme mais ce qu'elle produit. Nous devons exiger des industries où les salaires sont bas, l'emploi instable et les prix élevés, une efficacité et une rationalisation plus grandes. (Myrdal, 1945e, 8)

Si la socialisation pouvait réaliser ces objectifs, elle deviendrait une alternative viable. Pour Myrdal la planification est un témoignage de la rationalité humaine. On ne doit pas laisser la croissance économique à des processus autonomes, on doit la guider: «Prévoir et planifier l'action afin d'améliorer le résultat du développement que nous escomptons, en particulier l'action qui vise à éviter les dangers futurs, est l'essence de la rationalité qui caractérise toute vie humaine.» (Myrdal, 1957d, 2) Cette même conviction sous-tend le principe moral de la politique démographique des Myrdal:

> Un ordre social, où pourtant le taux de fertilité est tombé bien en
> dessous du taux de remplacement et qui tend encore à décroître, ne peut
> nourrir convenablement ses enfants, leur fournir des logements spacieux
> et salubres, des soins médicaux et une éducation adéquats, et en même
> temps ne peut offrir de l'emploi à une grande partie de ses travailleurs —
> cet ordre social est irrationnel, déraisonnable et immoral, et il est déjà
> condamné de son propre aveu. (Myrdal, 1934b, 333)

Une telle société appelle la planification. De même si les citoyens gas-
pillent leurs ressources en produits de luxe, alors que leurs enfants manquent
de l'essentiel, le gouvernement a le devoir de réglementer leur consommation
en leur fournissant des prestations en nature. La préférence des Myrdal pour
des prestations en nature, troisième aspect distinct de leur programme, prove-
nait de leur désir d'assurer la satisfaction des besoins fondamentaux des enfants. Plusieurs parents manquaient des ressources nécessaires pour pourvoir
aux besoins de leurs enfants. D'autres gaspillaient. Ce constat convainquit les
Myrdal que des prestations en nature seraient plus efficaces que des prestations
en argent. Dans la prestation des services de santé, par exemple, un service
direct permettrait des économies d'échelle grâce à la coopération, à la standar-
disation et aux réductions des frais de publicité. Des primes en argent distribuées aux parents pourraient davantage stimuler le taux de natalité, mais «on
peut oser dire que les gens attirés le plus facilement par la paternité ou la
maternité pour des raisons économiques seraient de moins bons parents pour
les enfants» (Myrdal, 1945e, 145). À ceux qui s'opposaient à ce programme
en évoquant la restriction possible des libertés individuelles, ils rétorquèrent
que les enfants, eux, n'étaient jamais consultés sur leur consommation, bien
que fût acceptée l'indiscrète sélection, par le secteur public, d'articles aussi
personnels que les vêtements, les poussettes ou la literie.

Cette attention portée à l'éducation des enfants représenta la forme la
plus avancée de la politique sociale. Jusqu'ici, la politique sociale et particulièrement le système libéral d'assurance sociale n'avait qu'allégé les symp-
tômes de la misère. Il avait aidé les pauvres, les chômeurs et les malades mais
ne s'était pas attaqué aux causes de ces phénomènes. L'orientation de la
politique sociale préventive, le quatrième aspect important du programme des
Myrdal, visait à faire obstacle ou à éliminer l'existence de la pauvreté, du
chômage et de la maladie. Il établissait la responsabilité de l'État, non
seulement à l'égard des personnes en détresse, mais à l'égard de toute personne
vulnérable. Les Myrdal déclarèrent à ce sujet: «Il est techniquement possible
de prévenir, dans une très large mesure, la maladie, le crime, et les tendances
asociales de toutes sortes.» (Myrdal, 1934b, 244) De ces déclarations se
dégage la conclusion qu'une politique sociale préventive est plus efficace que
l'assurance sociale traditionnelle, car en contrant la misère et les comportements anti-sociaux, la société réduit les coûts d'assistance sociale.

Cette nouvelle politique sociale, loin d'être considérée comme une dépense des ressources sociales, était envisagée comme un investissement. Gunnar Myrdal souligna qu'il en avait eu l'idée au début des années 1930: «Une grande partie des dépenses de l'État, consacrées à la santé et à l'éducation des jeunes et des travailleurs, et au bien-être des familles, a permis d'accroître en général, non seulement la joie de vivre de la population, mais aussi sa qualité et sa productivité.» (Myrdal, 1982, 176) La politique sociale préventive, cinquième aspect de leur programme, est un investissement productif dans le capital humain, selon les Myrdal, et elle doit être considérée comme telle dans la comptabilité économique de la société; une grande partie appartient au budget d'investissement de la nation. Rejetant les calomnies conservatrices concernant le manque de rentabilité des politiques sociales, les Myrdal défendirent autant leur rentabilité que leur humanité. La justice est payante. L'égalité engendre l'efficacité. La politique d'assistance sociale suscite des retombées plus importantes que beaucoup d'autres investissements alternatifs, quoique la richesse ne puisse être mesurée uniquement en termes matériels.

> Nos richesses proviennent surtout de nos ressources naturelles mais, plus encore, de notre population, de sa santé morale, de son acuité intellectuelle et son endurance physique. Nous ne pouvons pas nous appauvrir en prenant un meilleur soin de notre capital humain. (Myrdal, 1934b, 332)

Leur analyse signifiait que la politique suédoise d'assistance sociale ne devait pas être axée uniquement sur les personnes âgées ou pauvres, comme les programmes américains, mais qu'elle devait tenir compte des générations plus jeunes, en les considérant comme une richesse nationale, un bien à protéger plutôt qu'à gaspiller.

Conclusion

Le radicalisme de Myrdal s'inspire beaucoup plus du rationalisme scientifique et de la théorie démocratique radicale classique que des traditions socialistes du prolétariat industriel, mais il s'intègre bien à la conception suédoise de la social-démocratie, caractérisée par l'astuce politique, la planification économique, le gradualisme, un réformisme radical et une définition de la société comme foyer du peuple. Il rejette la science économique néo-classique et l'individualisme libéral en raison du caractère de plus en plus collectiviste de la société. Selon Myrdal, lorsqu'elles sont appliquées intégralement, les conclusions de ces doctrines entraînent le chômage, la division de la société en classes, une consommation biaisée, l'abandon à elle-même de la jeunesse et une augmentation des coûts sociaux qu'entraîne une mauvaise éducation ainsi qu'un éventuel déclin démographique national. Avec une logique sans faille, sous-tendue par un humour moqueur, Myrdal pourfend les caractéristiques rétrogrades de l'ordre social. Il traite du réformisme au niveau le plus fondamental: si la société suédoise désire survivre, elle doit assumer ses responsabilités collectives pour subvenir à l'éducation des générations à venir et pour réaliser une socialisation de la consommation en leur faveur. Avec une aimable ironie, il propose une politique sociale préventive comme alternative aux mesures malthusiennes de contrôle préventif de l'accroissement démographique. Il montre qu'appliqué rationnellement, ce programme engendrerait de multiples bénéfices. Les femmes pourraient profiter de nouvelles libertés, la production économique pourrait être gérée rationnellement, les enfants n'auraient plus à souffrir de l'immoralité ou de la négligence des parents; plusieurs problèmes sociaux pourraient être éliminés et les capacités du marché du travail grandement augmentées. Chaque lecteur peut avoir sa propre opinion sur la valeur de ces idées, mais on ne peut mettre en doute l'influence de la pensée des Myrdal sur l'évolution de la politique économique et sociale suédoise; l'empreinte de cette influence est manifeste dans plusieurs domaines: la politique familiale, la politique contre-cyclique et la planification économique, le logement, le système scolaire, l'agriculture, l'éducation sexuelle, le statut de la femme.

L'habileté des Myrdal à lier le nécessaire avec le désirable, les besoins humains avec le profit, le rationnel avec le politique, en bref, l'égalité avec l'efficacité, donna naissance à un programme politique d'une force et d'un attrait extraordinaires.

Traduit par Françoise Aecherli et Diane Éthier

Références bibliographiques

ASPLUND, G. et al. (1931), *Acceptera*, Stockholm, Tidens förlag.

BERLIN, I. (1969), *Four Essays on Liberty*, London, Oxford University Press.

CARLSON, A. (1979), «Sex, Babies and Families: The Myrdal and the Population Question», communication à la *Society for the Advancement of Scandinavian Studies*, mai.

LINDSKOG, L. (1981), *Alva Myrdal*, Kristianstad, Sveriges Radios förlag.

MYRDAL, G. (1932a), «Socialpolitikens dilemma» [Le dilemme de la politique sociale], *Spektrum*, vol. 2, nº 3, 1-13 et nº 4, 13-31.

MYRDAL, G. (1932b), «Kosta sociala reformer pengar?» [Les réformes sociales sont-elles coûteuses?], *Arkitektur och samhälle*, vol. 1, nº 1, 33-44.

MYRDAL, G. (1934a), *Finanspolitikens ekonomiska verkningar* [Les effets économiques de la politique fiscale], Stokcholm, P.A. Norstedt & Soner.

MYRDAL, G. et Myrdal, A. (1934b), *Kris i befolkningsfrågan* [État critique du problème démographique], Stockholm, Bonnier.

MYRDAL, G. (1944a), *An American Dilemma. The Negro Problems and Modern Democracy*, 2 vols, New York: Harper & Row.

MYRDAL, G. (1945d), «Tidens industrikritik» [Critique contemporaine sur l'industrie], *Tiden*, vol. 37, nº 2, 107-115.

MYRDAL, G. (1945e), «Socialdemokratiska framtidslinjer» [La position social-démocrate sur l'avenir], Arbetarrörelsens Arkiv., 1945b, Stockholm [Archives Gunnar Myrdal 20.2.3].

MYRDAL, G. (1953a), *The Political Element in the Development of Economic Theory*, London, Routledge & Kegan Paul.

MYRDAL, G. (1957d), «The Necessity and Difficulty of Planning the Future Society», Washington, D.C. [Archive Gunnar Myrdal].

MYRDAL, G. (1958d), *Value in Social Theory*, Londres, Routledge & Kegan Paul.

MYRDAL, G. (1958e), *Beyond the Welfare State*, Yale University Press; New Haven, Conn., 1960.

MYRDAL, G. (1968a), *Asian Drama*, 3 vols, New York: Pantheon.

MYRDAL, G. (1968h), «Bostadssociala preludier [Préludes à une politique sociale du logement]», in *Bostadspolitik och samhällsplanering*, Stockholm, Tidens, 9-14.

MYRDAL, G. (1979c), «Några reflektioner kring efterkrigstidens ekonomiska politik i sverige [Réflexions sur la politique économique d'après-guerre en Suède]», *Skandinaviska enskilda bankens kvartalskrift*, vol. 8, 3-4, 66-71.

MYRDAL, G. (1982), *Hur styrs landet* [Comment le pays est-il dirigé?], Stockholm, Rabén & Sjögren.

OKUN, A. (1975), *Equality and Efficiency: The Big Trade-off*, Washington, Brookings.

TINGSTEN, H. (1963), *Mitt liv*, 4 vols, Stockholm, Norstedt & Söners.

WIGFORSS, E. (1964), *Ur mina minnen*, Stockholm, Prisma.

GUNNAR MYRDAL ET
LA SOCIAL-DÉMOCRATIE

Francine Lalonde

On chercherait en vain l'expression social-démocratie dans *Théorie économique et pays sous-développés* (1959), *Planifier pour développer* (1963b), *Une économie internationale* (1958a), *Procès de la croissance* (1978d). Pourtant ces oeuvres, comme toutes celles de Gunnar Myrdal, sont entièrement habitées par l'idéal social-démocrate. Qu'est-ce au fond que cet idéal sinon celui de l'égalité (égalité des chances des individus et des collectivités) dans la liberté et la fraternité de la démocratie dont l'oeuvre de Myrdal nous semble être la recherche lucide et passionnée?

Liberté, égalité, fraternité

À plusieurs reprises, Myrdal exprime par ces trois mots l'idéal largement partagé, hérité du siècle des Lumières, mais plongeant ses racines dans la nuit des temps. Il s'émerveille et s'étonne à la fois du fait que toutes les grandes religions, les grandes philosophies, aient postulé l'égalité entre les êtres humains et que ce grand projet n'ait pas perdu de sa force au fil du déroulement d'une histoire qui l'a contredit si douloureusement.

> C'est un problème sociologique qui garde une grande part de mystère que de savoir pourquoi et comment a pu se créer cette vision lumineuse et idéaliste de la dignité de l'individu et de son droit fondamental à l'égalité des chances et comment elle a conservé sa force à travers des siècles d'inégalités et d'oppressions criantes. (Myrdal, 1959, 130)

Si Myrdal sait mesurer les progrès accomplis dans l'intégration économique[1] des pays démocratiques développés pendant la longue période de croissance d'après guerre, il demeure sensible à la pauvreté, celle des Noirs américains, celle aussi des nouveaux pauvres de l'époque. Mais l'internationaliste qu'il est se scandalise des écarts croissants entre les pays pauvres et les pays riches et entre citoyens pauvres et riches dans les pays qu'il préfère appeler sous-développés parce qu'il sait que leur développement et leur démocratisation sont loin d'être assurés dans le contexte international prévalent.

La doctrine de l'égalité a été un puissant moteur d'intégration sociale «l'expression d'un idéal de vie et, en tant que telle, un élément de la réalité sociale [...] C'est un fait politique important [...]. Elle n'a cessé tout au long des temps, de travailler dans une même direction: celle d'un accroissement de l'égalité des chances économiques» (1959, 132). Mais les obstacles auxquels elle se butait et se bute encore sont énormes, et de natures diverses. Myrdal a cherché à les comprendre avec la rigueur, la lucidité et l'engagement qui le caractérisent.

Il y a chez Myrdal la passion de l'égalité. Il ne la cache pas pudiquement, mais au contraire il l'affiche, en appelant tous les intellectuels à en faire autant à l'égard de leurs valeurs ou «valuations» (expression qu'il préfère à «valeurs» qu'il juge trop ambiguë) (1978d, 43). Convaincu qu'«il n'y a pas moyen d'étudier la réalité sociale autrement que du point de vue des idéaux humains» (1958a, 475), il en déduit l'absolue nécessité de les dire afin d'assurer la rigueur scientifique.

Il ne cesse de débusquer la théorie économique qui tout en reposant sur le postulat d'égalité entre les hommes, solidement établi au siècle des Lumières, en est venue, en passant par John Stuart Mill, Ricardo, Malthus, «à éviter autant que possible de poser les problèmes sous une forme telle que la doctrine de l'égalité pût servir de prémisse à des interventions politiques pratiques» (1959, 135). Et il continue en reprenant les éléments de la critique qu'il a faite comme jeune économiste et qu'on retrouve dans toutes les œuvres que j'ai citées: «L'on sait que, depuis John Stuart Mill, l'un des principaux stratagèmes employés pour réussir cette évasion a consisté à tirer une ligne très nette entre la sphère de production, y compris l'échange, et la sphère de distribution.» (1959, 136; 1978d, 20) Il s'emploie ensuite à expliquer pourquoi l'économie en tant que science a éludé la majorité des problèmes de répartition des revenus et de la richesse, pour conclure, après avoir stigmatisé la vision statique du choix qui se poserait entre répartition plus égale ou niveau de production plus faible:

---

1. «L'intégration économique est la réalisation du vieil idéal occidental de l'égalité des chances.» (1958a, 13)

Mais c'est là un point de vue absolument statique. Si nous cherchons à tirer la leçon de ce qui s'est effectivement passé dans les pays riches qui ont, pendant la dernière moitié du siècle, accompli de grands progrès sur la voie d'une égalisation des chances, nous aboutissons, au contraire, à une théorie dynamique: à savoir qu'une meilleure égalisation des chances a été nécessaire pour stimuler et soutenir le progrès économique, aussi bien que pour assurer la validité des postulats de la démocratie sociale. (1959, 142)

D'abord fondée sur l'égalité, la théorie économique fournit donc finalement les bases aux riches pour défendre leur intérêt à croire en des différences innées entre les riches et les pauvres, pour désinciter les autres à poursuivre concrètement l'idéal d'égalisation puisqu'il faudrait choisir entre la hausse de productivité et la redistribution et ainsi appauvrir finalement tout le monde. C'est la déformation conservatrice et non scientifique de la théorie économique. Myrdal l'explique par ce qu'il appelle les prédilections conservatrices; l'harmonie des intérêts, le laissez-faire, la doctrine du libre échange, le concept de l'équilibre.

Devenu économiste institutionnel, une sorte d'ingénieur social, déviant de surcroît, Myrdal va s'employer à comprendre la dynamique de la pauvreté, dans un pays, entre les pays, et à indiquer la voie, dynamique aussi, du développement et de l'égalité.

L'égalité, un projet constant

Rapidement après l'élection du gouvernement social-démocrate suédois en 1932, de jeunes économistes proposèrent un train de réformes sociales égalitaires. Gunnar et Alva Myrdal écrivirent en 1934 un livre sur la politique démographique et la famille. Une commission royale démographique s'ensuivit qui donna lieu à des réformes sociales portant sur le bien-être des enfants et de la famille. Dans *Against The Stream* (1973a), Myrdal en dit ceci:

Une thèse essentielle sous-jacente à cette nouvelle phase de mon travail était que des réformes égalitaires bien programmées seraient préventives, prophylactiques et ainsi productives. Le fait qu'en Suède quarante ans de réforme sociale, en accélération constante, n'aient pas arrêté la croissance et le progrès économique, en dépit des avertissements permanents des économistes plus âgés, mais qu'ils se soient soldés par un succès éclatant, même en termes économiques, fournit maintenant rétrospectivement la preuve concrète que nous avions raison, même si d'autres forces ont aussi participé à cette évolution. (1978d, 19)

Ce test d'ingénierie sociale confirme son analyse et contribuera sans doute à lui donner l'assurance nécessaire pour proposer des réformes audacieuses, lui qui regrette si souvent le manque d'imagination des économistes dans les propositions sociales qu'ils avancent.

C'est cette même question de l'égalité qui l'amène étudier aux États-Unis «la société américaine du point de vue du groupe le plus défavorisé» (1978d, 20) et ensuite, dans le monde, «la grande majorité des masses frappées par la pauvreté dans les pays sous-développés» (1978d, 20).

Que ce soit dans les pays sous-développés ou développés ou entre les pays, «le problème de l'égalité atteindra une importance politique suprême» (1978d, 23) prévoit Myrdal, qui ajoute que le problème des taudis des quartiers noirs ne sera pas réglé par la croissance.

Les forces du marché jouent dans le sens de l'inégalité

Pourquoi un pauvre est-il pauvre? Un pauvre est moins instruit, s'alimente mal, est moins en santé, a moins d'énergie, travaille à bas salaire, ne garde pas ses emplois, se décourage, *est pauvre*. En résumé, un pauvre est pauvre parce qu'il est pauvre; parce qu'un enchaînement de causes dont l'effet est cumulatif l'empêche de s'en sortir. Myrdal nomme causation circulaire cumulative cet enchaînement dont il a esquissé le modèle théorique. C'est, si l'on veut, le cercle vicieux de la pauvreté et le cercle vertueux de la richesse. Ne lit-on pas dans la Bible qu'on ne prête qu'aux riches?

La causation circulaire cumulative permet aussi d'expliquer l'appauvrissement de régions et de pays. Dans une région ou un pays pauvre, les gens les plus jeunes et les plus doués et instruits ont tendance à partir; les épargnes seront investies où les rendements sont meilleurs; les autres services vont alors avoir tendance aussi, pour des raisons devenues économiques ou technocratiques, à disparaître; le fonctionnement du commerce favorise aussi les pays riches.

> La libération et l'élargissement des marchés conférera, souvent, de tels avantages dans la compétition aux industries des centres d'expansion déjà établis, travaillant d'ordinaire dans des conditions de hausse des bénéfices, que même les entreprises artisanales et les industries plus anciennes seront touchées dans les autres régions.[2] (1959, 41)

---

2. La suppression des barrières tarifaires vers l'Italie du Sud a été très bien étudiée nous dit Myrdal: «L'unification de l'Italie fut, en fait, pour une grande part une conquête et une annexion.» (1959, 41)

«L'idée principale sur laquelle je voudrais attirer l'attention est que, normalement le jeu des forces du marché tend à amener un accroissement, plutôt qu'un décroissement des inégalités entre régions» (1959, 38), et il ajoute ailleurs, «d'autant plus fortement qu'il existe déjà de grandes inégalités» (1978d, 131).

Seul l'État peut intervenir

Les forces du marché laissées à elles-mêmes produisent le développement inégal d'une région à l'autre et la taxation progressive n'est pas suffisante pour opérer la redistribution. Quand une usine importante quitte une région, seul l'État peut intervenir avant qu'il ne soit trop tard et que commence l'enchaînement des causes d'appauvrissement. Seul l'État peut intervenir pour provoquer l'enchaînement cumulatif du développement dans les régions pauvres (1959, 45). Myrdal ajoute que des études sérieuses devront être faites dans chaque cas pour savoir quelles actions sont les plus susceptibles d'avoir le plus fort effet d'entraînement. Il sait que les improvisations coûtent cher mais que l'inaction coûte plus cher encore, surtout dans les régions et les pays pauvres.

Dans les pays sous-développés, Myrdal conteste la certitude acquise que des mesures sociales égalitaires soient trop coûteuses. Il ne voit pas, au contraire, comment le développement pourrait survenir sans elles. Il s'en prend encore une fois à la théorie économique traditionnelle qui distingue les problèmes de la production de ceux de la répartition. Dans ces pays les États doivent encore se débattre «pour se consolider en tant qu'États et nations, capables de suivre des politiques planifiées» (1978d, 94). De plus, les voies du développement suivies par les pays aujourd'hui développés sont, pour eux, bouchées: pas d'accès facile à un capital bon marché, perspectives d'exportations faibles, progrès scientifique et technologique à l'effet cumulatif défavorable. L'intervention planificatrice de l'État dans ces conditions ne peut avoir qu'un effet réduit puisqu'elle ne peut jouer que sur son propre pays alors que son économie est très dépendante des conditions du marché et des politiques des pays développés.

Que dire alors des rapports entre les pays développés et sous-développés? À partir du constat que les politiques commerciales des pays développés sont largement discriminatoires, que l'aide internationale est fortement surévaluée et qu'au surplus celle-ci a permis d'entretenir des administrations corrompues, Myrdal insiste sur la nécessité pour les pays développés de modifier leurs politiques en fournissant «les moyens de promouvoir les exportations des pays sous-développés. La structure entière des économies et du commerce international de ces pays est devenue si faussée et *déséquilibrée* par suite du jeu incontrôlé des forces du marché pendant des générations et appuyé par les politiques étroitement égoïstes des pays développés que rien ne pourrait vraiment être moins efficace» (1978d, 132). Les pays développés doivent aussi accroître leur aide aux pays sous-développés en sortant de l'ornière qui consiste à vouloir en faire une aide qui sert aussi leur intérêt. En fait, Myrdal conclut à «la nécessité d'établir des conditions morales et politiques pour l'aide, si nous voulons l'accroître substantiellement» (1978d, 139).

La démocratie et l'État-providence

Myrdal ne pouvait pas chercher à comprendre la dynamique du développement sans étudier l'élaboration de l'État-providence. Depuis ses tout premiers écrits, il est fortement intéressé par les rapports entre la politique et l'économie (1953a). Dans *le Procès de la croissance*, il se dit persuadé que les États-providence sont là pour rester parce que la démocratisation libère un courant irrépressible vers l'égalisation des conditions.

> Il était facile de prévoir que, dans la mesure où des couches de plus en plus larges de la population recevaient toutes la part de pouvoir politique qui leur revenait et devenaient de plus en plus conscientes de la possession de ce pouvoir et des possibilités de l'utiliser dans leur propre intérêt, elles exigeraient de l'État une intervention redistributive sur une grande échelle. Aristote avait déjà prévu ce développement. (1963b, 45)

Les gouvernements se sont trouvés ainsi forcés d'agir pour limiter les forces du marché, de façon non coordonnée, surtout à l'occasion des crises économiques répétées. C'est ainsi, dit Myrdal, que la planification, c'est-à-dire la coordination des interventions de l'État, s'est imposée, que l'État-providence est né. Ce n'est donc pas au nom de la planification que s'est installée l'intervention de l'État. Ce sont les interventions de l'État qui ont entraîné la planification.

Bien sûr, compte tenu des facteurs historiques, les tendances à l'intégration sociale sont plus ou moins fortes selon les pays. Certains, comme les pays nordiques, se sont dotés d'un ensemble de mesures égalitaires qu'ils ont voulues planifiées. Leur niveau de taxation est élevé. Mais partout, même aux États-Unis, et malgré les dénégations des politiciens, les prélèvements fiscaux dépassent largement ce qui semblait possible au début du siècle.

Ainsi, la réalité économique s'est constamment éloignée de l'idéalisation libérale du marché parfait. Certains marchés se sont vu dominés par un ou quelques acheteurs. Dans tous les cas, tous ceux qui ont quelque chose à vendre, ou un salaire à percevoir, ou des profits à gagner s'associent avec leurs semblables pour influencer les conditions du marché dans lequel ils opèrent.

Le développement contraint l'État à intervenir sur une grande échelle. Les mesures d'intervention s'avèrent nécessaires à seule fin d'empêcher la désorganisation réelle de la société qui résulterait de l'organisation des marchés individuels si ce développement n'était ni contrôlé, ni coordonné. Et elles sont nécessaires, aussi, pour empêcher ceux qui ont acquis un pouvoir de négociation plus puissant d'exploiter les autres. (1963b, 41)

L'État devient donc le protecteur des plus démunis même si Myrdal est fort conscient que «assez souvent les pauvres reçoivent plutôt l'apparence d'un avantage qu'un avantage réel» (1963b, 47), quand on considère la fiscalité et les nombreuses portes de sortie dont disposent les plus riches.

L'État organisationnel

Ainsi, une puissante infrastructure d'organisations collectives s'est développée, l'État étant souvent amené à renforcer le pouvoir de négociation des groupes les plus faibles. Graduellement, l'État est intervenu pour accroître la demande d'emploi dans les périodes de chômage. Il a continué à jouer le rôle de coordination qu'il est le seul à pouvoir jouer. Mais il a dû finalement s'affirmer comme «l'arbitre final» et «changer les conditions de négociations collectives entre les organisations et les contrôler pour rendre les résultats conformes à la volonté générale» (1963b, 56).

Dans cet État-providence avancé, à tous les palliers, des catégories locales et professionnelles participent, ont de l'influence et de l'initiative, aussi bien au niveau de l'administration que de la législation. Les démocraties s'enrichissent de l'implication active de nombreux citoyens pour lesquels les élections deviennent alors plus importantes, parce qu'elles se traduisent en choix plus réels et concrets. Mais que se passe-t-il si les citoyens ne veulent pas de cette participation aux organisations prévues pour leurs divers intérêts?

Si la participation populaire faiblit, les organisations deviennent tout simplement la base d'un vaste complexe d'oligarchies de fonctionnaires et d'officiers, qui fonctionnent au-dessous du niveau de l'État et qui ne sont pas soumis au contrôle de leurs membres. (1963b, 57)

Ils peuvent agir au mieux de leurs connaissances pour l'intérêt des membres ou sombrer dans les collusions pour leur intérêt personnel et dans la corruption. L'État doit alors contrôler pour autant que la politique ne soit pas l'objet du même désintérêt, ce qui est fréquent. Comme ceux qui ont de forts intérêts s'en occupent, l'État finit par les servir mieux.

Myrdal est fort préoccupé par cette éventualité d'un État organisationnel dont la démocratie devient formelle, mais il ne s'en décourage pas:

> Ce danger de perdre la participation active particulièrement des couches les plus populaires, est compris par toutes les organisations et tous les partis politiques. L'État-providence doit continuer à surveiller sans cesse l'édification et la conservation de son fondement humain: la participation démocratique du peuple. (1963b, 59)

Il décrit même quels moyens peuvent être utilisés pour éviter d'en venir là:

> Dans les pays où l'on a cherché à résoudre le plus sérieusement ce problème et qui, dans l'ensemble, ont rencontré le plus de succès à la suite des efforts entrepris pour conserver et élargir une participation populaire active, les organisations et les partis politiques poursuivent sans arrêt une campagne éducative très diversifiée. Ils se ménagent des moyens de recherche, ils ont des organisations spécialisées pour les jeunes gens et les femmes, ils dirigent des maisons d'édition, ils publient des journaux et des périodiques, ils impriment des brochures et des livres, ils montent leurs propres écoles d'apprentissage et organisent des groupes d'études et des cercles de discussions, etc. Ils entretiennent avec leurs membres une correspondance abondante et sont parfois prêts à faire des sacrifices considérables dans le domaine de l'efficacité de la direction en soumettant les décisions importantes au référendum de leurs membres. (1963b, 59)

L'inflation menaçante

Planifier pour développer fait état des craintes que Myrdal entretient à l'égard de l'inflation qui «entraînerait des résultats indésirables pour la répartition des revenus réels et des fortunes, et pour l'orientation de l'investissement et de la production» dans l'État-providence avancé. En fait, il admet que ces États ont tendance à sombrer dans l'inflation. Or celle-ci menace directement leur développement et leur fonctionnement démocratique.

Nous avons vu que la réussite même de l'État organisationnel peut entraîner l'assoupissement des citoyens. Les nombreuses négociations entre les seuls producteurs peuvent, elles, entraîner l'inflation. Seuls les consommateurs pourraient créer un contrepoids. Il faut constater cependant que les intérêts catégoriels des nombreux groupes qui veulent accroître leurs revenus, industriels, commerçants, cultivateurs, professionnels, travailleurs manuels ou employés de bureau, l'emportent largement sur leurs intérêts communs mais diffus de consommateurs. Et Myrdal estime que les femmes qui effectuent la majeure partie des dépenses ne sont pas au rendez-vous de la négociation. Il est donc plus facile aux producteurs de se négocier entre eux des augmentations de leurs revenus que d'augmenter le produit national réel, dit Myrdal en citant le ministre suédois des Finances (1963b, 112).

Il avertit à l'avance que les mesures financières et monétaires ne sont pas une solution. Il ne faudrait pas trop se fier non plus aux négociations à l'échelle nationale entre «les principaux groupes titulaires de revenus et de profits». Même si ces négociations sous la direction de l'État constituent un grand progrès en Suède, il faudrait que les organisations de consommateurs soient beaucoup plus fortes. Il conclut donc: «Nous sommes loin d'avoir résolu le problème du maintien de la stabilité des prix avec le plein emploi.» (1963b, 112)

Que propose-t-il? Plus d'éducation, plus de démocratie

> [...] en intensifiant encore plus la participation active des gens aux décisions à tous les niveaux, en renforçant davantage la conscience qu'ils devraient tous avoir de l'intérêt commun à ce que le niveau des prix n'échappe pas à leur contrôle et en créant, par là-même, le fondement de la compréhension et de la solidarité nécessaires à la planification nationale et à la coordination de tous les marchés pour qu'un équilibre stable puisse être maintenu entre l'offre et la demande globales, sans contraction de l'activité économique. (1963b, 112)

En somme, selon Myrdal, la doctrine de l'égalité a favorisé l'avènement de la démocratie qui permet et entraîne l'État-providence, planificateur et redistributeur. Celui-ci, à certaines conditions, se transforme en État organisationnel de participation où les producteurs réunis en groupes d'intérêt négocient les prix et les salaires, reléguant le libre marché au domaine des idées; l'État intervient avec des mesures égalitaires pour défendre les intérêts des plus démunis et planifier l'intérêt général, les élections permettant d'effectuer en toute conscience les grands choix sociaux. L'État démocratique avancé comporte des écueils (l'assoupissement des citoyens consécutif au succès même de l'intervention étatique, et l'inflation), mais il n'y a rien là à ses yeux que plus de démocratie, plus d'éducation, plus de participation et plus d'égalité ne permettent de surmonter.

Vers le Monde-providence

Paradoxalement, c'est pendant cette période d'intégration sociale active dans les pays démocratiques de l'Ouest que la désintégration internationale a été poussée à son comble; c'est pendant une période de progrès économique et social spectaculaire dans quelques États-nations démocratiques qu'une nouvelle pauvreté s'est installée dans les pays sous-développés.

«L'État-providence est nationaliste»

Cet État-providence, avancé ou modéré, est nationaliste (1963b, 147). Myrdal a voulu en faire l'histoire.

> La succession des crises internationales n'aurait cependant pas pu avoir des conséquences aussi durables et aussi lointaines dans la formation progressive de politiques nationales à caractère autarcique, s'il ne s'était pas produit une rencontre historiquement dramatique entre cette évolution internationale et le développement interne de tous les pays riches du monde occidental. (1963b, 140)

Cet État national a été le lieu de l'organisation des forces sociales et politiques en vue de l'égalisation des chances par la démocratie. Toutes occupées qu'elles étaient à lutter, dans un pays, contre les effets désintégrateurs des crises économiques successives, elles ont pu laisser pour compte les pays sous-développés.

> L'aisance généralement plus grande qui suit le progrès économique et l'atténuation des inégalités à l'intérieur des nations ont constitué également une base plus solide pour la démocratie politique qui est devenue la forme toujours plus efficace de gouvernement des pays riches. Le mécanisme politique démocratique a été utilisé pour amener le système économique à fonctionner en accord avec les idéaux de liberté et d'égalité des chances pour tous que l'Ouest a hérité du passé.» (1963b, 143)

Fallait-il alors combattre l'État-providence national? Myrdal rappelle le courage de certains internationalistes de la vieille école qui ont fait remarquer le lien entre la désintégration internationale accrue, et les politiques nationales. Mais ces économistes ont aussi alimenté, dans les États nationaux, ceux qui s'opposaient à l'égalisation économique. Ils ont ainsi alimenté l'opposition à l'internationalisme chez les forces sociales et populaires, laissant croire qu'il faut choisir entre les acquis nationaux et l'aide aux pays pauvres en vertu de la même vieille vision statique que Myrdal a si souvent pourfendue.

Un nouvel internationalisme

Myrdal est certain que cet État-providence national est là pour rester. Or, celui-ci implique une économie très organisée dans laquelle les forces économiques, sociales et surtout politiques sont à l'oeuvre. «Mais en tant que structure, elle est supportée par le peuple. Elle ne peut pas, par conséquent, être démantelée.» (1963b, 152) Si Myrdal voit les signes du maintien de l'État-providence, il n'est pas prêt à abandonner les idéaux internationalistes.

> Mais la vieille école des internationalistes avait raison d'insister sur le fait que l'intégration internationale ne peut être réalisée qu'en faisant disparaître ces barrières entre les pays, qui sont les conséquences des politiques économiques nationales, et qu'en les remplaçant par un système international plus souple. (1963b, 156)

Il en conlut donc que «pratiquement, le seul moyen de progresser vers l'objectif de l'intégration internationale consiste à internationaliser les structures existantes de ces politiques» (1963b, 156). Quand il ajoute: «Nos objectifs doivent consister à harmoniser, à coordonner et à unifier internationalement les structures nationales de politique économique» (1963b, 157), ne définit-il pas la planification économique internationale? Sans illusion, il sait que sans progrès économique, cette recherche serait vouée à l'échec. Mais comme pour le développement national, les politiques de développement des gouvernements ne sont pas non plus indifférentes: «Si on donnait à l'intégration internationale l'occasion de démarrer, elle stimulerait elle-même l'expansion économique, comme l'intégration nationale l'a fait dans chacun des États-providence.» (1963b, 160) Voilà son point d'appui à l'encontre de la vieille école internationaliste:

> [...] il faut plaider la cause de l'intégration internationale en des termes positifs, c'est-à-dire ceux qui consistent à poursuivre dans la communauté mondiale élargie les objectifs de l'État-providence national, ce qui ne signifie rien d'autre que la réalisation de nos vieux idéaux de liberté, égalité, fraternité, et non en des termes négatifs qui consistent à vouloir démanteler les politiques par lesquelles, partout dans le monde occidental, les individus ont essayé de réaliser les idéaux à l'intérieur de leur communauté nationale» (1963b, 160).

Dans un élan, Myrdal conclut ainsi:

> L'évidence, la voici: *Dès lors que l'État-providence national a vu le jour et s'est profondément ancré dans le coeur des gens qui disposent dans les démocraties du monde occidental du pouvoir politique, il n'y a aucune*

> *alternative à la désintégration internationale si ce n'est de commencer à*
> *procéder, grâce à la coopération internationale et à un compromis*
> *mutuel, à la construction d'un État-providence mondial.* (1963b, 161)

Conclusion

Lire Gunnar Myrdal c'est retourner aux sources d'une représentation de l'ordre social désirable qu'au début de la décennie, presque tous ont cru devoir abandonner et que certains ont pensé pouvoir remplacer par celle que soustend le néo-libéralisme ou le néo-conservatisme.

Que ce soit pour sa grande culture qui nous ramène aux racines de la pensée moderne, que ce soit pour sa rigueur qui débusque les biais provoqués dans la doctrine de l'égalité par la brume des «prédilections conservatrices»[3] (1959, 157), que ce soit pour son engagement à comprendre la dynamique du développement et du sous-développement et son acharnement patient à proposer des mesures politiques assez imaginatives pour être à la hauteur des objectifs recherchés, que ce soit pour sa foi — il refuse le qualificatif d'optimiste — dans la nature humaine et sa capacité d'adhésion à des idéaux lumineux, la lecture de Myrdal, en cette fin des années 1980 où les problèmes sociaux sont en voie de réoccuper le devant de la scène politique, est essentielle.

---

3. Les antidotes à la doctrine de l'égalité sont d'après Myrdal «l'harmonie des intérêts», le «laissez-faire», «la doctrine du libre échange» et «le concept de l'équilibre». Il conclut sur le concept de l'équilibre en disant: «La notion d'équilibre stable, même si elle n'est plus reconnue de façon conséquente comme doctrine, a donc survécu sous forme d'un préjugé scientifique déterminant nos approches théoriques. Elle se compose et se nourrit de toutes les autres prédilections majeures de la théorie économique mentionnées ci-dessus, l'idée d'harmonie des intérêts, la tendance anti-étatique et anti-organisationnelle et la présomption du libre-échange.» (1959, 167)

Bibliographie

MYRDAL, G. (1953a), *The Political Element in the Development of Economic Theory*, traduit de l'allemand par P. Streeten, Londres, Routledge & Kegan Paul.

MYRDAL, G. (1958a), *Une économie internationale*, Paris, Presses universitaires de France.

MYRDAL, G. (1959), *Théorie économique et pays sous-développés*, traduit de l'anglais par J. Chazelle, Paris, Présence africaine.

MYRDAL, G. (1963b), *Planifier pour développer: de l'État-providence au monde-providence*, traduit de l'anglais par R. Baretje, Paris, Éditions ouvrières.

MYRDAL, G. (1978d), *Procès de la croissance: à contre-courant*, traduit de l'américain par Tradecom, Paris, Presses universitaires de France.

MYRDAL ET LA «TROISIÈME VOIE»

Louis Gill

La «troisième voie» suédoise est généralement identifiée aux noms des économistes Gösta Rehn et Rudolf Meidner, coauteurs d'un rapport désormais célèbre, soumis en 1951 au congrès de la Confédération suédoise des syndicats LO (*Landsorganisationen*). Ce rapport, adopté par le congrès, et dont la traduction anglaise de 1953 porte le titre *Trade Unions and Full employment*[1], deviendra la référence-clé de la politique économique des gouvernements sociaux-démocrates qui vont se succéder en Suède.

Conçue dans sa formulation initiale, la politique économique de la troisième voie est une politique de recherche du plein emploi sans inflation dont la réalisation passe par le consensus et les compromis entre patronat et syndicats. L'un des éléments de base du modèle, à savoir l'implication des syndicats dans des négociations salariales centralisées où ceux-ci sont appelés à démontrer «responsabilité et modération», à prendre en considération, non leurs seuls intérêts, mais «ceux de la société dans son ensemble», avait déjà été proposé quelques années plus tôt par William Beveridge exactement dans ces termes, notamment dans son célèbre ouvrage de 1945, *Full Employment in a Free Society* (Beveridge, 1945). Rudolf Meidner qui en fait état dans un article de 1952 intitulé «The Dilemma of Wages Policy under Full Employment» (Meidner, 1952, 16-29), désigne cette proposition de Beveridge comme «une des rares contributions faites jusqu'ici par les économistes à la solution du dilemme syndical dans une société de plein emploi» (1952, 22).

---

1. La première formulation de ce qui est aujourd'hui connu comme le modèle Rehn-Meidner est due à G. Rehn. La traduction anglaise de son article de 1948 a été publiée en 1952 (Rehn, 1952).

Les racines du modèle

Si le modèle Rehn-Meidner, fondement théorique principal du modèle suédois, date des années cinquante, l'émergence du modèle suédois comme tel, dans son esprit comme dans ses institutions, doit être localisée bien avant, au coeur des années trente. La constitution du mouvement ouvrier suédois au tournant du siècle et l'augmentation rapide de ses effectifs et de sa combativité, «l'agitation ouvrière exceptionnelle» (Lundberg, 1985, 10) des années vingt, les liens étroits qui s'établissent dès le début entre la branche syndicale du mouvement ouvrier, la centrale LO, et sa branche politique, le Parti social-démocrate SPA (*Social-democratiska Arbetarepartiet*), sont au centre des développements qui vont y conduire.

Si la victoire électorale du SPA en 1932 est incontestablement l'expression politique de la force croissante du mouvement ouvrier, elle est également le point de départ de changements significatifs dans les rapports entre syndicats et patronat. D'un côté, la combativité ouvrière continue à vouloir s'affirmer, en s'appuyant en quelque sorte sur l'acquis que représente la victoire ouvrière au niveau gouvernemental; en témoigne notamment la grande grève dans l'industrie de la construction en 1933. De l'autre, la direction du mouvement ouvrier va s'efforcer d'implanter une nouvelle orientation. À la mobilisation et à l'action revendicative, qui font ressortir les divergences d'intérêts entre capital et travail, et posent de fait la question de la direction de la société sur des bases autres que celles du profit, vont se substituer les perspectives de concertation, la recherche des moyens de gérer en commun une économie de marché dont on veut garantir la permanence. Cette orientation, selon l'expression de Per-Albin Hansson, Premier ministre social-démocrate de la Suède de 1932 à 1945, est celle de la *folkhem* ou "maison de tout le peuple", libérée des conflits et de l'injustice sociale (Myrdal, 1963b, 163 et Meidner, 1980, 343). En ce qui concerne la politique économique, il s'agit d'encadrer l'économie de marché par une intervention étatique dont le but est d'en atténuer les effets négatifs par des politiques de redistribution et des politiques sociales. Les objectifs prioritaires sont le plein emploi et la croissance, une juste répartition du revenu national et la sécurité sociale. L'intervention étatique est conçue comme ne devant pas déborder dans la sphère de la production où la prise de décisions est vue comme le privilège exclusif des entrepreneurs privés. En aucune manière, la propriété privée des moyens de production n'est remise en question dans un capitalisme «civilisé» où le mouvement ouvrier se donne comme tâche de réaliser l'harmonie des intérêts et la paix sociale.

L'orientation mise de l'avant par la branche politique du mouvement ouvrier qu'est le SPA, est également soutenue au niveau des relations entre patrons et salariés par sa branche syndicale, la centrale LO qui, en 1938, réalise une composante majeure du contrat social en signant avec la Confédération des employeurs suédois, la SAF (*Svenska Arbetgivarföreningen*), des accords-cadre de relations de travail connus comme les accords de Saltsjöbaden. Ces accords prévoient des conditions de règlement pacifique des contrats de travail. Ils garantissent aux employeurs la reconnaissance exclusive des droits de gérance dans l'entreprise et aux syndicats le droit de s'organiser et de négocier. Les négociations sont prévues comme devant se dérouler entre les deux parties exclusivement, sans intervention gouvernementale. Dans l'esprit de Saltsjö-baden qui guidera les relations de travail en Suède pendant trente ans, c'est-à-dire jusqu'à la fin des années soixante, un consensus général s'installe entre les visions patronale et syndicale, «une coordination heureuse et intime des politiques, fondée principalement sur des modèles communs de détermination des salaires élaborés par les économistes des organisations LO et SAF» (Lundberg, 1985, 3).

L'apport de Myrdal

Myrdal, on le sait, a été étroitement associé à l'élaboration de ces orienta-tions, comme théoricien mais aussi comme homme politique (conseiller du gouvernement Hansson de 1932 à 1937, sénateur de 1934 à 1936, puis de 1942 à 1946, président de la commission de planification et ministre du Commerce de 1945 à 1947). Dans le domaine de la politique économique comme telle, il a pris une part active dans les débats sur les mesures de politique fiscale anti-cyclique mises de l'avant à la fin des années vingt et au début des années trente en Suède, parallèlement à l'élaboration de la *Théorie générale* de Keynes. Ces débats ont impliqué des représentants de l'école de Stockholm, parmi lesquels Gustav Cassel, Bertil Ohlin et Eli Hecksher intervenant au compte de l'opposition libérale et conservatrice. Comme l'explique Erik Lundberg, les politiques fiscales de stabilisation proposées par les économistes rattachés à la social-démocratie, dont Myrdal, et adoptées par le gouvernement social-démocrate formé en 1932, constituent une compo-sante première du modèle suédois (Lundberg, 1985, 7). S'ajouteront au début des années cinquante, avec les propositions de Rehn et Meidner, les éléments qui donneront au modèle suédois ses composantes les mieux connues, soit la politique active du marché du travail, le système des négociations salariales centralisées et la politique salariale de solidarité dont l'objectif est de réduire les écarts salariaux. Un dernier élément concerne la prise en compte de la position de la Suède comme petit pays tourné vers l'extérieur et soumis aux impératifs de la compétitivité internationale. Un modèle connu comme le modèle EFO (Edgren, Faxen, Odhner, 1973), proposé en 1970, décompose à cet effet l'économie suédoise en deux secteurs, dont l'un, soumis à la concurrence internationale, joue un rôle déterminant dans l'élaboration des politiques, notamment en ce qui a trait aux salaires[2].

Les idées de Myrdal sur les aspects plus spécifiquement politiques des orientations de la troisième voie sont rassemblées dans son ouvrage de 1960, *Beyond the Welfare State*, publié en français sous le titre *Planifier pour développer, de l'État-providence au monde-providence* (Myrdal, 1963b). Elles y sont exposées sous l'angle d'un bilan des réalisations de l'État-providence «national» dans les pays industrialisés depuis les années trente et dans la perspective de l'édification d'une économie mondiale fondée sur l'idée d'un État-providence «mondial». On y retrouve les thèmes de l'harmonie des intérêts et de la poursuite concertée d'objectifs sociaux communs, dans le cadre d'une économie de marché soumise à la coordination des interventions publiques et privées sous l'égide de l'État.

D'outil institutionnel au service des riches, l'État, explique Myrdal (1963b, 66), a été progressivement amené à mettre son pouvoir à la disposition des couches économiques les plus faibles. Promoteur de la participation démocratique du peuple, l'État organisationnel est devenu dans tous les pays riches du monde occidental, un État-providence démocratique, engagé à promouvoir le développement économique et à assurer le plein emploi, l'égalité des chances pour les jeunes, la sécurité sociale et des niveaux minima garantis en ce qui concerne les revenus, la nourriture, le logement, la santé et l'éducation pour les gens de tous les groupes sociaux (1963b, 67). Un aspect central de ce développement est «la tendance à la convergence des attitudes et des idéologies» et «l'harmonie politique croissante» entre les diverses composantes de la société en ce qui a trait aux grandes orientations sociales, rapprochement qui est favorisé «par la coopération et la négociation collective dans l'État-providence» (1963b, 80-81). Dès lors, les débats politiques sont réduits à «un caractère de plus en plus technique [...] et se placent de moins en moins sur le plan des grandes controverses ... [qui] sont en train de disparaître lentement» (1963b, 80). Parmi celles-ci, Myrdal range la question de la propriété des moyens de production. Les objectifs fondamentaux de la social-démocratie pouvant être réalisés par les moyens de l'État-providence (contrôle public, réglementation, [...]), la nationalisation des entreprises privées, banques, com-pagnies d'assurance, entreprises industrielles, n'est plus «nécessaire ni même désirable» (1963b, 77). L'harmonie des intérêts et des opinions au sein de l'État-providence permet de reléguer aux oubliettes [...]

> [...] le vieil arsenal de slogans qui datent de l'époque où les gens étaient encore divisés sur les grandes questions de principe — libéralisme,

---

2. Le modèle EFO est une adaptation suédoise du modèle élaboré en 1966 pour la Norvège par Odd Aukrust (Aukrust, 1977).

socialisme et capitalisme; propriété privée et nationalisation; individualisme et collectivisme — [...]. (1963b, 80)

Le moins qu'on puisse dire de cette vision des choses est qu'elle est
particulièrement optimiste quant au degré d'harmonie réalisable dans une
société où l'intérêt individuel demeure le moteur de l'activité économique. Les
lignes qui suivent vont tenter d'en jauger le réalisme à partir de l'analyse des
faits et développements qu'elle a impulsés.

Les limites de la redistribution

Conçue dans l'optique de la communauté d'intérêts entre le travail et le
capital, la politique économique de la troisième voie, dans sa facture initiale
des années cinquante, est, comme le précise Meidner (1980, 32), «strictement
confinée à la sphère de la distribution, sans aucune velléité de perturber les
structures existantes de la propriété et du pouvoir». Dans l'esprit de Saltsjöbaden, tout comme les syndicats concentrent leur lutte sur la seule répartition
des résultats de la production sans remettre en question les droits de gérance de
l'employeur dans l'entreprise, de la même manière le gouvernement gère la
redistribution du revenu national «sans remettre en question les rapports capitalistes de la production».
    Pendant deux décennies, les résultats favorables au plan de la croissance
globale, de l'emploi et du développement des mesures sociales, réalisés dans
le cadre de la paix sociale, contribuent à créer de la Suède l'image idéalisée du
«pays du consensus» dont les succès seraient attribuables au pragmatisme des
«partenaires» sociaux, au progressisme des employeurs, et à l'attitude res-
ponsable des syndicats. Un certain nombre d'événements survenus à partir de
la fin des années soixante vont soumettre cette interprétation à une dure
épreuve. En 1969, la puissante grève sauvage des travailleurs des mines de fer
du Lapland donne le coup d'envoi à une série de grèves illégales, déclenchées
contre la volonté des dirigeants des syndicats et du Parti, en particulier en
1969-71 et 1974-75. Ces grèves démontrent un mécontentement croissant des
syndiqués face à la situation salariale et la détérioration de leurs conditions de
travail provoquées par la vague de «rationalisations» dans l'industrie. Elles
posent la question des droits de gérance des employeurs et traduisent l'aspiration des travailleurs à prendre eux-mêmes les décisions qui les concernent
(Asard, 1980, 375). Simultanément, en 1971-72, se développe la première
vague de chômage de l'après-guerre alors même que le gouvernement arrive
mal à contrôler la hausse des prix (Meidner, 1980, 346). Une série d'études
gouvernementales menées en 1970-71 soulèvent des questions quant au succès
réel de la politique gouvernementale dans l'amélioration de la situation des

groupes à bas revenus, de même que dans le domaine de l'emploi, en particulier en ce qui concerne les mises à pied provoquées par les fusions et les
fermetures d'entreprises (Meidner, 1980, 353).

Les instruments de la politique économique, confinés dans la sphère re-
distributive en vertu de l'accord de partenariat, s'avèrent impuissants à résoudre
des problèmes qui se posent d'abord dans la sphère de la production reconnue
comme du domaine exclusif des décisions privées. La politique active du marché du travail, essentiellement corrective avec ses instruments de recyclage,
d'aide à la mobilité, de subventions de dépannage, de travaux publics *ad hoc*,
démontre son insuffisance à mesure que stagne l'investissement privé et que
s'intensifie la crise économique mondiale. Pour réaliser ses objectifs, la
politique de l'emploi est forcée de se transmuter en politique industrielle, par
laquelle l'État déborde le seul champ de la redistribution pour investir celui de
la production, appelé à développer usines, industries, régions. Il est amené à
le faire à partir d'une vue d'ensemble de l'économie et non en fonction de la
rentabilité de telle ou telle entreprise. Ainsi, explique Meidner (1980, 357),
«progressivement, des éléments propres à l'économie planifiée en arrivent à
s'infiltrer dans l'économie de marché». Malgré l'engagement à respecter le
caractère privé de la propriété des moyens de production et des décisions de
produire et d'investir, c'est précisément ce caractère privé qui, mis en veilleuse
quand l'économie roulait bien, se dévoile comme le problème central lorsque
les difficultés font jour.

Les limites de la «politique salariale de solidarité»

Les limites de l'esprit de Saltsjöbaden se dégagent également de l'autre composante du modèle Rehn-Meidner qu'est la politique salariale de solidarité. Sa
mise en oeuvre a certes permis de réaliser une réduction significative des
écarts salariaux, entre les divers secteurs de l'économie, entre travailleurs spécialisés et non spécialisés, entre hommes et femmes, entre régions urbaines et
périphériques. En moins de quinze ans, les écarts ont été réduits, en moyenne,
de moitié. Mais, contradictoirement, jamais ce «corps étranger socialiste dans
une économie de marché orientée par le profit», comme la désigne Meidner
(1980, 350), n'aura constitué une menace pour la propriété privée. Il aura au
contraire contribué à la renforcer, à en accélérer la concentration. Réalisant
une répartition plus égalitaire parmi les salariés, la politique salariale de
solidarité a pour effet d'accentuer les inégalités de richesse entre salariés et
propriétaires de capitaux. La modération salariale demandée aux hauts salariés
comme moyen de réduire les écarts entre hauts et bas salaires, permet
l'émergence de profits excédentaires dans les secteurs déjà rentables, source

d'une richesse accrue pour les détenteurs de capitaux. Meidner en dégage clairement le constat:

> La politique salariale de solidarité augmente les inégalités de répartition
> de la propriété. Le prix à payer pour le succès réalisé dans le nivelle-
> ment des structures salariales est une inégalité croissante de la distri-
> bution fonctionnelle des revenus et en conséquence une concentration
> croissante de la propriété et du pouvoir. (Meidner, 1980, 354)

La politique salariale de solidarité donc, tout en réalisant ses objectifs de
réduction des écarts salariaux, a profité aux détenteurs de capitaux qui ont vu
croître leur richesse et leur pouvoir. De tels développements, explique
Meidner, «contredisent les objectifs de l'État-providence et ne peuvent être
acceptés passivement par lui». Ils posent le problème des mesures à prendre,
pouvant conduire «à la socialisation des moyens de production et en fin de
compte au rejet de l'économie de marché» (1980, 354). Les véritables enjeux
que sont la propriété des moyens de production et sur cette base, le contrôle
des décisions concernant la production et la distribution, ont le mérite d'être
posés ici clairement. Ils le sont, non pas comme émanant de débats théoriques
coupés du réel, mais comme le résultat concret de l'application de politiques
qui ont délibérément été confinées à la sphère de la distribution. Tant les
limites auxquelles se bute la politique active du marché du travail, que les
contradictions auxquelles conduit la politique salariale de solidarité, soulèvent
la question du dépassement nécessaire de l'intervention limitée au seul champ
de la distribution, pour en étendre la portée à la production et, ultimement, à
la propriété des moyens de production.

À la recherche de nouvelles formes de partenariat

Ces forces qui poussent à la socialisation ne peuvent que rencontrer la résistance de ceux qui ont à cœur le maintien d'une économie de marché toujours
fondée sur le partenariat et la paix sociale, et qu'ils souhaiteraient voir purgée
des inégalités et injustices. La direction syndicale et politique du mouvement
ouvrier suédois va donc s'engager, à partir du début des années soixante-dix,
dans la recherche d'une nouvelle forme de partenariat, prétendant faire écho au
besoin d'étendre la portée de l'intervention économique des travailleurs au-delà
de la seule sphère de la distribution. Deux catégories de mesures seront
apportées:
1) Un ensemble de lois définissant les termes d'une «démocratie industrielle»,
c'est-à-dire d'une participation des travailleurs à la prise des décisions dans
l'entreprise.

2) L'institution de «fonds salariaux d'investissement» dont l'objectif est la participation collective des travailleurs à la propriété des entreprises.

Ce nouveau dispositif légal consacre la nullité des accords de partenariat de 1938 entre patronat et syndicats, accords déjà déclarés nuls dans les faits par les grèves sauvages déclenchées à partir de 1969. Il définit les nouveaux termes du partenariat que la direction du mouvement ouvrier propose pour répondre à l'aspiration des travailleurs à gérer eux-mêmes leur activité de travail et les conditions de son exercice. Dans le cadre du maintien et de la défense de l'économie de marché, seule leur est ouverte cette perspective de gestion conjointe avec le patronat avec, comme premier critère, la santé financière de l'entreprise, dans la situation de compétitivité que lui impose le marché. Meidner explique le nouveau dispositif en précisant que ce qu'il vise à restreindre c'est «le droit de *contrôle* du propriétaire du capital, [...] et non son droit de *propriété*», et que «la codétermination sur le lieu de travail ne signifie pas la socialisation des moyens de production», même si elle peut être vue comme un stade sur cette voie. Le conflit, précise-t-il, entre le maintien de la propriété privée des moyens de production et toute restriction au plein exercice du droit de gérance patronale donne à cette situation le caractère d'un stade intermédiaire. «Les forces qui poussent à la socialisation des moyens de production ne peuvent s'arrêter à la codétermination sur le lieu de travail» (Meidner, 1980, 360).

Les fonds salariaux d'investissement

Le moyen envisagé pour faire face à cette réalité tout en voulant maintenir les bases de l'économie de marché est l'institution de la copropriété du capital par la mise sur pied de Fonds d'investissement des salariés. Cette formule est vue comme devant assurer l'accès collectif des travailleurs à la propriété du capital et, par ce biais, permettre l'extension de leur participation à la gestion économique au-delà de l'entreprise, dans le prolongement des dispositions prévues par la codétermination au sein de l'entreprise. Initialement proposée par Meidner et débattue dans les rangs de la centrale LO, qui l'adopte à l'unanimité à son congrès de 1976, la formule des Fonds d'investissement des salariés sera l'objet d'intenses débats entre la centrale syndicale LO et le Parti social-démocrate SAP jusqu'à ce qu'un contenu définitif soit conjointement retenu par les deux instances en 1978. L'analyse de ces débats est particulièrement éclairante pour comprendre les enjeux sous-jacents.

La proposition initiale formulée par Meidner et adoptée par le congrès de LO en 1976, tire son origine des résultats contradictoires de la politique salariale de solidarité. Cette politique, rappelons-le, avait atteint l'objectif poursuivi quant à la réduction des écarts salariaux, mais, comme résultat direct de son application, avait contribué à gonfler considérablement les profits des entreprises les plus rentables, accroissant par le fait même la concentration de la richesse et du pouvoir. Les modérations salariales, auxquelles avaient consenti les hauts salariés pour permettre aux bas salariés d'avancer plus rapidement, avaient largement profité aux grandes entreprises pour qui la solidarité salariale s'avérait être une excellente affaire.

Les principes de base de la proposition Meidner de 1976 sont simples. Les salaires non perçus en raison de la politique salariale de solidarité doivent être récupérés à même les profits excédentaires qu'ils ont permis de réaliser. Pour ce faire, chaque année, une certaine proportion des profits des grandes entreprises privées suédoises serait transférée dans des fonds d'investissement gérés par les représentants des salariés. La portion de capital ainsi transférée ne serait pas déplacée vers d'autres entreprises mais serait détenue sous la forme de parts émises au nom des salariés en tant que collectivité. Les fonds d'investissement des salariés obtiendraient, au Conseil d'administration des entreprises, un droit de vote proportionnel au pourcentage des parts détenues et la propriété des entreprises serait progressivement acquise par les salariés.

Sans discuter de la manière dont le projet Meidner propose de le résoudre, le problème central, celui de la propriété privée des moyens de production, est ici posé sans équivoque. Comme le souligne le sociologue suédois Erik Asard:

> Implicitement, le projet de LO est une autocritique reconnaissant qu'il ne suffit pas de gérer le capitalisme d'une manière plus humaine et que les questions du pouvoir et de la propriété des moyens de production doivent aussi être portées à l'ordre du jour. (Asard, 1980, 379)

Il est normal que le projet ait rencontré une farouche opposition. Son auteur Rudolf Meidner en est parfaitement conscient :

> Les groupes économiquement dominants avaient consenti — tout en protestant — à accepter des modifications d'influence et de contrôle, tant que la propriété elle-même était respectée. Avec des revendications de changement de la structure de propriété dans la sphère du capital productif, le mouvement ouvrier s'attaque au coeur même du système capitaliste; il doit se préparer à une résistance féroce. (Meidner, 1980, 362)

Dès sa publication, le rapport Meidner subit les attaques du patronat et des trois partis bourgeois (le Parti du centre et les partis libéral et conservateur) dans la campagne électorale de 1976. L'association patronale publie aussitôt un projet différent, fondé sur l'épargne individuelle et financé à partir des salaires et non des profits. En ce qui concerne le Parti social-démocrate alors au pouvoir, celui-ci, visiblement embarrassé, se dit à la recherche d'une formule de compromis qui pourrait également satisfaire le monde des affaires. Il faut comprendre que toute la politique du Parti, au moins depuis les années trente, a été menée à l'enseigne du respect de l'économie de marché.

Après la défaite électorale de 1976, un comité conjoint SAP-LO reçoit le mandat d'élaborer une nouvelle proposition. Celle-ci, rendue publique en 1978, diffère «considérablement», selon l'évaluation de Meidner, du projet initial. Elle prévoit un financement des fonds à partir des profits *et* des salaires. D'autre part, la motivation initiale de la proposition Meidner qu'était la récupération des salaires non perçus et transformés en profits «excessifs» des entreprises, se trouve déclassée par un autre objectif, qui finira par devenir prioritaire: celui de fournir une nouvelle source de financement, à laquelle doivent contribuer sur un même pied employeurs et salariés, pour les investissements productifs nécessaires à la compétitivité de l'industrie suédoise sur les marchés internationaux (Albrecht et Deutsch, 1983, 294, 296-97). Au transfert progressif de la propriété du capital vers des fonds détenus et contrôlés exclusivement par les salariés, est substituée la formation «collective» de capital associant plus étroitement les salariés à la gestion conjointe de l'entreprise dont les critères de fonctionnement demeurent ceux de l'entreprise privée.

La loi créant les fonds salariaux d'investissement, finalement votée en décembre 1983, institue cinq fonds régionaux qui s'alimentent à partir des primes remises par les entreprises à la Caisse nationale de retraite, en proportion des salaires et des profits. Quoique versée par l'entreprise et non directement par les salariés, la partie des primes fondée sur les salaires est néanmoins un élément de la rémunération globale dont il est implicitement prévu que l'accroissement doit être compensé par des demandes salariales modérées (Albrecht et Deutsch, 1983, 297).

Le contenu que la loi entend donner aux fonds est sans équivoque. Dans la constitution de son portefeuille, chaque fonds régional ne peut posséder plus de 8% des actions votantes d'une société cotée en Bourse. Les cinq fonds réunis ne peuvent en conséquence détenir plus de 40% des voix décisionnelles dans une telle entreprise.

> Cette restriction a pour but d'établir sans équivoque le rôle dévolu aux Fonds salariaux d'investissement, qui se limite au seul exercice d'une influence sur la prise de décisions au sein de l'entreprise, excluant toute prise en main de sa gestion effective. (Hashi et Hussain, 1986, 17-27)

On pourrait préciser davantage en disant que l'objectif des fonds est de drainer l'épargne forcée des travailleurs pour la mettre à la disposition de l'entreprise privée dont le pouvoir réel de décider demeure inaltéré, justement parce que son droit de propriété est intégralement préservé.

Les idéaux de Myrdal et la réalité des faits

La propriété des moyens de production est-elle, comme le suggérait Myrdal, une de ces «grandes controverses [...] en train de disparaître» à la faveur d'une «convergence des attitudes et des idéologies» et d'une «harmonie politique croissante» au sein de la société? Comme l'ont fait ressortir les faits relatés jusqu'ici, le droit de propriété est précisément la cible sous-jacente ultime qui est, consciemment ou non, constamment désignée par les luttes revendicatives des travailleurs suédois, dans ce pays qui est apparu trop souvent aux yeux de l'observateur étranger comme le pays du consensus social par excellence. La première version du partenariat social suédois, celle de Saltsjöbaden, qui a nourri cette vision idéalisée du «pays de la paix sociale»[3], s'est écroulée à la fin des années soixante sous le déferlement des grèves sauvages. La nouvelle version, tout en prétendant faire écho aux revendications qui ont été à l'origine de ce mouvement, respecte intégralement la propriété privée des moyens de production et les principes de l'économie de marché; elle est, à plus ou moins brève échéance, vouée à se buter aux mêmes aspirations du mouvement ouvrier.

Les faits têtus, qui s'acharnent à dévoiler «le caractère illusoire d'un État-providence sans conflits de classes» (Meidner, 1980, 344), démontrent chaque jour davantage qu'aucune des «grandes questions de principe» ne réunit cette harmonie d'intérêts et d'opinions que croyait voir Myrdal au sein de la société. Celle-ci au contraire est toujours traversée par de profondes divisions parce qu'elle est fondée sur l'intérêt privé, même si ces divisions sont parfois artificiellement mises en veilleuse pour des périodes plus ou moins longues. L'idéalisme des conceptions de Myrdal frappe d'autant plus aujourd'hui, au moment où on voit s'opérer des reculs systématiques sur tout un ensemble de conquêtes sociales. On lit en particulier dans *Planifier pour développer*:

> De nos jours, personne n'attache beaucoup d'importance à la question de savoir si, oui ou non, il devrait y avoir un impôt progressif. Le désaccord qui règne entre ceux qui participent à des débats publics et entre les partis politiques ne concerne plus cette question de principe, mais porte sur le point de savoir dans quelle mesure et par quel système l'impôt devrait être employé pour influencer la répartition des richesses et des revenus. De même, on ne discute plus l'opportunité d'un système de sécurité sociale. [...] Les réformes qui ont été entreprises dans un pays sont généralement acceptées rapidement et sincèrement par toute la population. Le fait même de poursuivre cette politique est admis et les réformes en vue de la redistribution deviennent de plus en plus une

---

3. Plusieurs auteurs font allusion à cette vision idéalisée pour en démontrer, faits à l'appui, l'inexactitude. Voir, entre autres, Gösta Epsing-Andersen et Walter Korpi (1984) et Erik Lundberg (1985).

conséquence quasi automatique du progrès économique. Nous nous rapprochons d'une situation où il existe un large accord de fait entre tous les partis politiques. Il arrive même parfois que ces partis rivalisent pour propager des réformes nouvelles et toujours plus radicales pour redistribuer les revenus à mesure que leur niveau s'élève. De toute façon nous disposons de peu d'exemples — et même en existe-t-il? — où la venue au pouvoir d'un parti politique plus conservateur a été cause d'un relâchement important de l'effort entrepris précédemment par un parti qui se trouvait plus à gauche. (Myrdal, 1963b, 76)

Pourtant, même la Suède est engagée aujourd'hui dans une voie qui apporte un démenti brutal à cette vision des choses. La réforme fiscale en cours en est un exemple frappant. Entreprise en 1987 par le ministre des Finances Kjell Oloj Feldt, elle rejoint dans ses principes celle qui a été mise en oeuvre aux États-Unis sous la présidence de Ronald Reagan et qui jouit d'un appui manifeste au sein de l'OCDE (OCDE, 1987). L'un de ses objectifs, dans l'esprit des théories de l'offre, est de créer une meilleure incitation au travail et à l'épargne. Elle veut éliminer les exemptions fiscales qui permettent aux plus riches d'échapper à l'impôt, mais elle en réduit radicalement la progressivité. Elle veut diversifier les sources de revenus de taxation et elle compte, à cet effet, sur un recours accru aux taxes indirectes régressives frappant plus durement les bas revenus, en élargissant entre autres l'application de la taxe sur la valeur ajoutée (TVA).

L'adoption de cette orientation par le gouvernement suédois a une portée qui dépasse le simple cadre de la fiscalité. Elle témoigne de la pression inévitable qui pousse à l'uniformisation des politiques dans le contexte international et qui amène les gouvernements à promouvoir les objectifs de privatisation, de déréglementation, de réduction de la taille du secteur public, de flexibilité du marché du travail, etc., au nom de la création des conditions les plus propices à «l'investissement privé productif, créateur d'emploi». Les propos suivants du Premier ministre Ingvar Carlsson traduisent cette pression qui s'exerce sur la Suède:

> Après une longue période d'expansion, nous entrons dans une phase nouvelle. Nous sommes à la recherche de nouvelles formules, nous permettant de fournir de meilleurs services en dépensant moins d'argent. Nous peaufinerons, nous rationaliserons, nous moderniserons, nous décentraliserons quand cela sera possible.[4]

Parmi les mesures envisagées, une plus grande autonomie des entreprises publiques, une privatisation qui commence timidement mais sûrement à

---

4. Entrevue d'Ingvar Carlsson avec Louis Wiznitzer, in *La Presse*, Montréal, 13 juin 1987, B-7.

s'infiltrer dans certains services sociaux comme les crèches, l'assistance aux personnes âgées, les cliniques médicales, les plans de retraite. «De toute façon, précise Carlsson, le secteur public ne sera pas étendu. C'est à l'entreprise privée de fournir un nombre croissant d'emplois.»[5] Olof Palme, avant Carlsson, avait évoqué cet esprit de la phase nouvelle:

> La Suède est touchée par les vents conservateurs qui soufflent sur le monde occidental. Nous participons à l'économie internationale et nous devons respecter ses règles. (Caplan, 1985)

Comment évaluer dans ce contexte la perspective évoquée par Myrdal du passage de l'État-providence national à l'État-providence mondial? De toute évidence, une interdépendance croissante des économies nationales dans un contexte mondial de crise chronique du capital a rendu de plus en plus difficile la mise en oeuvre, pays par pays, des mesures économiques de l'État-providence (Gill, 1989). Mais une coordination mondiale de telles politiques par le biais d'institutions supranationales auxquelles seraient subordonnées des institutions des divers pays est-elle concevable dans le cadre de la propriété privée des moyens de production et de l'économie de marché où chaque pays est poussé à préserver ses intérêts nationaux et ses prérogatives propres? Les tendances fortes de l'économie mondiale et des rapports internationaux qui en émanent pointent plutôt dans la direction opposée.

Ce qui aux yeux de Myrdal était non seulement «politiquement souhaitable», mais «rendait déjà compte d'une situation de fait» (1963b, 161), se dévoile de plus en plus comme un rêve irréalisable, une contradiction insurmontable sous le règle du capital.

---

5. Même source.

Références bibliographiques

ALBRECHT, S.L. et DEUTSCH, S. (1983), «The Challenge of Economic Democracy: The Case of Sweden», *Economic and Industrial Democracy*, vol. 4, 287-320.

ASARD, E. (1980), «Employee Participation in Sweden 1971-1979: The Issue of Economic Democracy», *Economic and Industrial Democracy*, vol. 1, 371-393.

AUKRUST, O. (1977), «Inflation in an Open Economy: A Norwegian Model», in: L.B. Krause et W.S. Salant (dir.), *Worldwide Inflation: Theory and Recent Experience*, Washington, Brookings Institution, 107-166.

BEVERIDGE, W. (1945), *Full, Employment in a Free Society*, New York, Norton.

CAPLAN, B. (1985), «Sweden's Winds of Change», *The Banker*, Londres, mars 1985, article reproduit dans *Problèmes économiques*, n⁰ 1932, 10 juil. 1985, Paris, La documentation française, 2-7.

EDGREN, G., FAXEN, K.O. et ODHNER, C.E. (1973), *Wage Formation and the Economy*, Londres, Allen and Unwin.

EPSING-ANDERSEN, G. et KORPI, W. (1984), «Social Policy as Class Politics in Post-War Capitalism: Scandinavia, Austria, and Germany», in: J.H. Goldthorpe (dir.), *Order and Conflict in Contemporary Capitalism*, New York, Oxford University Press, 179-208.

GILL, L. (1989), *Les limites du partenariat: les expériences social-démocrates de gestion économique en Suède, en Allemagne, en Autriche et en Norvège*, Montréal, Boréal.

HASHI, I. et HUSSAIN, A. (1986), «The Employee Investment Funds in Sweden», *National Westminster Bank Quarterly Review*, Londres, mai, 17-27.

LUNDBERG, E. (1985), «The Rise and Fall of the Swedish Model», *Journal of Economic Literature*, vol. 23, n⁰ 1, mars, 1-36.

MEIDNER, R. (1952), «The Dilemma of Wages Policy under Full Employment», in: R. Turvey (dir.), *Wages Policy under Full Employment*, Londres, W. Hodge, 16-29.

MEIDNER, R. (1980), «Our Concept of the Third Way», *Economic and Industrial Democracy*, vol. 1, 343-369.

MYRDAL, G. (1963b), *Planifier pour développer. De l'État-providence au Monde-providence*, Paris, Les Éditions ouvrières.

OCDE (1987), *La Fiscalité dans les pays développés*, Paris.

REHN, G. (1952), «The Problems of Stability: An Analysis and some Policy Proposals», in: R. Turvey (dir.), *Wages Policy under Full Employment*, Londres, W. Hodge, 30-54.

TURVEY, R. (dir.), *Wages Policy under Full Employment*, Londres, W. Hodge.

MYRDAL ET LE DÉVELOPPEMENT DU SUD-EST ASIATIQUE

Diane Éthier

Asian Drama: An Inquiry into the Poverty of Nations est un des ouvrages les plus importants de Gunnar Myrdal, en raison de ses dimensions, trois volumes totalisant près de 2 700 pages, et de son propos, qui constitue à la fois une synthèse de ses travaux antérieurs sur les fondements normatifs et méthodologiques de la théorie du développement, et la seule tentative d'application de cette théorie à un ensemble spécifique de pays. Le fait que cette étude traite du développement dans huit pays du Sud-Est asiatique — Inde, Pakistan, Ceylan (Sri Lanka), Indonésie, Philippines, Malaisie, Birmanie et Thaïlande —, depuis leur accession à l'indépendance jusqu'au début des années soixante, a par ailleurs contribué, *a posteriori*, à accroître son importance étant donné que cette région est devenue, au cours des deux décennies suivantes, un des principaux pôles d'industrialisation de la périphérie.

En nous référant à ce texte, nous analyserons la théorie myrdalienne du développement, ses modalités d'application aux pays de l'Asie du Sud-Est et la validité de ses prédictions, à la lumière de l'évolution postérieure de cette région, au cours de la période 1960-1985.

La conception myrdalienne du développement

L'approche myrdalienne du développement trouve son origine dans la critique épistémologique des théories économiques classiques et néo-classiques, critique amorcée dès 1930 dans *Science et politique en Économie* (Myrdal, 1930, 1953a), puis approfondie dans *American Dilemma. The Negro Problem and Modern Democracy* (Myrdal, 1944a) et plusieurs autres textes consacrés au développement et à la méthodologie des sciences sociales, au cours des années cinquante et soixante (voir notamment Myrdal, 1957b, 1958d). Celle-ci est centrée sur la remise en question de la notion d'objectivité et de la perspective ethnocentriste des théories économiques libérales orthodoxes.

Le mythe de l'objectivité

La prétention à l'objectivité des théories économiques classique et néo-classique, qui dominent les études sur le développement depuis 1950, n'a aucun fondement réel selon Myrdal. Il n'existe pas de système conceptuel pur ou objectif. Toute théorie, au contraire, est fondée sur des présupposés normatifs (éthiques et idéologiques) qui déterminent sa méthode et ses conclusions politiques. Les économistes orthodoxes, souligne-t-il, devraient comprendre que le fait d'avoir un parti pris n'est pas antinomique avec les normes scientifiques. Par contre, le refus de rendre compte explicitement de ces présupposés, est anti-scientifique. L'explicitation des valeurs normatives d'une théorie est essentielle puisqu'elle nous permet d'examiner sa cohérence logique intrinsèque et de la rectifier en fonction des données concrètes et observables. La notion d'objectivité sert, par conséquent, à justifier le refus des économistes orthodoxes de toute critique logique et empirique de leurs modèles théoriques.

Cette attitude, selon lui, a deux conséquences négatives: d'une part, elle suscite la méfiance des élites des pays sous-développés vis-à-vis des théories occidentales du développement, tout en renforçant l'influence des conceptions tiers-mondistes et socialistes; d'autre part, elle conduit à une évaluation incomplète ou erronée des conditions et des problèmes spécifiques qui déterminent le processus de la croissance et du développement dans ces pays.

Les erreurs de l'ethnocentrisme

La critique de l'objectivité permet, selon Myrdal, de mettre à jour les présupposés idéologiques opportunistes des théories économiques orthodoxes, c'est-à-dire leur parti pris en faveur des intérêts économiques et géo-politiques des puissances occidentales, et les erreurs méthodologiques qui découlent de cette orientation ethnocentriste: l'analyse du développement à partir d'une sélection de variables exclusivement économiques et l'attribution d'une valeur universelle au processus de développement occidental.

Concernant le premier élément, Myrdal souligne, dans l'introduction de *Asian Drama:*

> [...] il n'y a pas de problèmes strictement 'économiques'; il y a simplement des problèmes, si bien que la distinction entre les facteurs écono-

miques et non économiques est pour le moins artificielle. Le simple fait de clarifier ce que nous entendons par problèmes économiques ou facteurs économiques implique une analyse qui inclut tous les déterminants non économiques. La seule démarcation qui en vaille la peine et la seule qui soit pleinement logique est celle qui existe entre les facteurs pertinents et ceux qui le sont moins. (Myrdal, 1976a, 22)

La situation de toute société, à quelque époque que ce soit, doit être abordée, précise-t-il, à partir d'une perspective globale et pluridisciplinaire qui tient compte de tous les éléments du système social, c'est-à-dire de ses composantes économiques, démographiques, historiques, culturelles et socio-politiques. Si, à la limite, une approche en termes strictement économiques — marché, prix, emploi et chômage, consommation et épargne, investissement et production — peut avoir un sens dans les sociétés occidentales modernes, au sein desquelles tous les déterminants du système social sont désormais articulés étroitement aux objectifs de la croissance économique, il en va tout autrement dans les sociétés sous-développées dans le cadre desquelles les déterminants non économiques constituent la principale source de blocage du développement économique.

Le principal défaut des analyses fondées exclusivement sur des variables économiques, telles celles de Harrod-Domar et Gustav Cassel, ajoute Myrdal, est de réduire ou de limiter le développement à la croissance du produit national brut (PNB) ou du revenu national et de lier celle-ci aux seuls investissements de capital. Outre le fait que la croissance de la production, mesurée par le PNB, ne peut rendre compte du niveau de développement d'une société, non seulement en raison des limites intrinsèques de cette notion qui fait abstraction de plusieurs composantes du revenu national (tel le travail domestique) et de la diversité des arrangements institutionnels, qui dans chaque société déterminent l'évolution et la répartition du revenu, mais aussi parce qu'elle ne tient pas compte des autres variables qui influent sur le développement, il est erroné de croire que ce processus repose essentiellement sur l'apport de capital.

Cette explication découle de la vision ethnocentriste de ces paradigmes. Elle constitue un exemple significatif de la généralisation ou universalisation abusive du modèle occidental de développement. Si on peut admettre que le capital a joué un rôle moteur dans le développement initial des sociétés européennes et américaine, aux XVIIIe et XIXe siècles, en raison de l'accumulation primitive préalable, il faut reconnaître, souligne-t-il, que la situation des sociétés du Tiers-Monde est caractérisée, au contraire, par la pénurie ou la rareté de ce facteur. De façon générale, les conditions initiales de démarrage du développement sont très différentes dans les sociétés sous-développées de ce qu'elles étaient, dans les pays occidentaux, à l'époque des révolutions industrielles.

[...] au début de ce que nous appelons les diverses révolutions industrielles [...] les pays occidentaux avaient derrière eux de nombreuses
années — et parfois même des siècles — de développement économique,
social et politique. À beaucoup d'égards, les pays occidentaux étaient en
ce temps déjà beaucoup mieux préparés à un développement ultérieur que
les pays du sud ne le sont aujourd'hui. À beaucoup d'égards, donc, la
période de comparaison devrait être fixée aux siècles qui ont précédé les
révolutions industrielles occidentales. D'un autre côté, certaines conditions, dans les pays du sud, sont comparables à celles de l'occident à
n'importe quel moment de son histoire récente. Les efforts pour définir
le moment du 'démarrage' dans les pays occidentaux supposent une ressemblance fondamentale entre les conditions initiales et le processus de
développement de ces pays, affirmation qui reste sujette à discussion.
Utiliser ce concept occidental de "démarrage" et tenter de localiser sur un
prétendu axe général de développement le stade auquel est arrivé n'importe quel pays du sud, c'est faire violence aux faits. (Myrdal, 1976a, 2)

Le modèle de la causalité relative

La critique des théories économiques classique et néo-classique conduisit
Myrdal à élaborer un nouveau modèle d'analyse du développement à l'occasion
de son enquête sur la situation des Noirs aux États-Unis (Myrdal, 1944a). Les
éléments essentiels de ce modèle ont été résumés par Myrdal lui-même dans
plusieurs textes par la suite, notamment dans «Growth and Development»:

> Je conçois le développement comme un mouvement ascendant de l'en-
> semble du système social. En d'autres termes, ce ne sont pas uniquement
> la production, la distribution du produit social et les modes de produc-
> tion qui sont impliqués (dans le développement) mais également les
> niveaux de vie, les institutions, les attitudes et les politiques. (Myrdal,
> 1973a, 190)

Six variables déterminent donc le développement: a) la production et les
revenus, b) les conditions de production, c) les niveaux de consommation, d)
les attitudes vis-à-vis de la vie et du travail, e) les institutions et f) les politiques publiques (voir Reynolds, 1974). Celles-ci ont une valeur équivalente de
telle sorte que le changement vers le haut (*upward*) ou vers le bas (*downward*)
de l'une d'entre elles entraîne nécessairement les autres dans la même direction
selon une logique de causalité cumulative circulaire (*circular cumulative
causation*). La dynamique du développement peut, par conséquent, prendre la
forme d'un cercle vertueux (*virtuous circle*) ou d'un cercle vicieux (*vicious
circle*). Toutefois, même dans le cas d'un cercle vertueux, l'intervention de
facteurs externes défavorables, tel un taux de croissance démographique large-

ment supérieur au taux de croissance de la production, peut interrompre ou freiner le processus. Le développement lui-même peut, par ailleurs, engendrer des effets négatifs (*feedback*). Ainsi, l'irrigation des terres peut inonder certaines surfaces propices à l'agriculture et les progrès de l'éducation peuvent créer des chômeurs instruits. Seule une poussée initiale très importante (*big push*), impliquant la stimulation simultanée de toutes les variables du modèle, peut permettre d'éviter de tels problèmes. Le succès d'un tel processus dépend cependant de la capacité des gouvernements à élaborer des programmes de planification qui tiennent compte, non seulement des objectifs économiques et de leurs implications budgétaires, mais de toutes les composantes du système social.

À l'instar de toute théorie, le modèle de la causalité cumulative s'inspire d'un certain nombre de valeurs ou règles normatives. Celles-ci sont toutefois différentes de celles des théories économiques orthodoxes ethnocentristes. Ce sont, souligne Myrdal, les valeurs progressistes, universelles et démocratiques de justice, de liberté et d'égalité des chances qui, depuis le Siècle des Lumières, sont devenues le credo des Américains et des promoteurs de l'État-providence en Occident et auxquelles se réfèrent les idéaux de la modernisation des élites au pouvoir dans les pays du Sud-Est asiatique, depuis leur accession à l'indépendance.

Dans *Asian Drama*, il démontre que les règles d'application du modèle de la causalité cumulative peuvent être modifiées en fonction du degré d'intégration de ces valeurs par les citoyens de chaque société. Lorsque la majorité de la population partage ces idéaux, deux dynamiques sont possibles: ou les six variables du modèle ont une importance équivalente dans le processus de modernisation, ou les variables économiques sont déterminantes. Par contre, lorsque ces valeurs sont l'apanage exclusif d'une petite minorité ou des classes dirigeantes, comme c'est le cas en Asie du Sud-Est, ce sont les variables culturelles et politiques (changement des mentalités, des attitudes et des institutions) qui jouent un rôle décisif. Le choix entre les idéaux occidentaux de la modernisation et les valeurs héritées du passé précolonial et colonial constitue donc une question cruciale, l'essence du drame auquel sont confrontés les peuples de l'Asie du Sud-Est. Ce drame, précise Myrdal dans la justification du titre de son ouvrage, n'a pas de connotation tragique comme dans le théâtre classique puisqu'il implique précisément que les acteurs ont la liberté de choisir leur destin.

Le développement de l'Asie du Sud-Est

Valeurs préliminaires

Dix valeurs en particulier incarnent, pour Myrdal, les idéaux occidentaux de la modernisation dont le degré de diffusion détermine les règles d'application du modèle de la causalité cumulative: la rationalité, la planification, la hausse de la productivité, l'augmentation du niveau de vie, l'égalisation sociale et économique, l'amélioration des institutions et des comportements, la consolidation nationale, l'indépendance nationale, la démocratie politique et la démocratie de base.

La rationalité implique que l'on rejette les superstitions, préjugés, traditions et croyances qui s'opposent au progrès ou à la modernisation des structures économiques et sociales.

La planification désigne une coordination rationnelle de l'ensemble des politiques publiques susceptibles de favoriser le développement. Poursuivant la réflexion développée dans *Beyond the Welfare State* (Myrdal, 1958e), Myrdal précise à ce sujet, que l'intervention de l'État est indispensable, au sein des sociétés industrialisées, à la régulation des processus économiques dans l'intérêt public, en raison de la monopolisation et du contrôle du marché par les entreprises oligopolistiques. L'intervention est encore plus nécessaire dans les pays sous-développés en raison de la désarticulation du marché national, de la rigidité des comportements et institutions passéistes et des conditions de démarrage caractérisées, notamment par l'inégale répartition des facteurs de production — capital, main-d'oeuvre et matières premières —.

La hausse de la productivité constitue une valeur centrale de la modernisation puisqu'elle détermine la croissance de la production et des revenus tout en étant elle-même conditionnée par le changement des comportements et des institutions et l'amélioration des niveaux de vie.

L'augmentation des niveaux de vie implique une progression des revenus et une amélioration des conditions de santé et d'éducation de la majorité de la population.

L'égalité économique et sociale fait référence à la promotion de la mobilité sociale vers le haut des couches sociales inférieures par des politiques de redistribution du revenu et d'accessibilité à l'éducation. Il est important d'insister sur le fait que cette notion constitue la principale ligne de démarcation entre les théories libérales, qui assimilent le développement à la croissance de la production et des revenus, et la vision social-démocrate de Myrdal, pour laquelle il ne saurait y avoir de développement sans une redistribution égalitaire des bénéfices de la croissance.

Le changement des institutions implique une réforme des structures économiques et sociales dans le but de renforcer la concurrence et l'intégration du système productif, la cohésion nationale, l'efficacité du travail, la mobilité sociale et la modernisation des valeurs culturelles. Le changement des comportements vise à créer un 'homme nouveau' dont l'attitude sera caractérisée par l'efficacité, la diligence, l'ordre, la ponctualité, la frugalité, l'honnêteté, la rationalité, l'aptitude au changement, l'opportunisme (promptitude à saisir la chance), l'esprit d'entreprise, la confiance en soi, le sens de la coopération, la volonté de penser à long terme. Parmi toutes les transformations impliquées par le développement, la réalisation de cet idéal, précise Myrdal, est l'objectif le plus difficile à atteindre puisque les institutions et les comportements sont fortement marqués par la tradition et qu'ils constituent un élément essentiel des structures économiques et politiques. Demander aux élites des pays du Sud-Est asiatique de modifier cette variable équivaut à leur demander de réduire ou limiter leur pouvoir économique et politique. C'est exiger des classes dirigeantes qu'elles privilégient l'intérêt général plutôt que leurs intérêts particuliers. Soulignons ici que le pessimisme dont fait preuve Myrdal vis-à-vis des possibilités d'un développement démocratique en Asie du Sud-Est, pessimisme qui, selon P. Streeten, ira en s'accentuant au cours de sa vie (Streeten, 1979), découle du constat selon lequel la dynamique du changement économique et social, dans les pays sous-développés, repose principalement sur un objectif idéaliste, sinon utopique.

La consolidation nationale ou le renforcement de la cohésion nationale implique que soient solutionnés les conflits ethniques et territoriaux, particulièrement nombreux en raison des frontières artificielles établies dans le Sud-Est asiatique par le colonialisme et les structures de pouvoir héritées du féodalisme.

L'indépendance nationale est sans doute le principe auquel sont le plus attachées les élites des PSEA. L'idéologie nationaliste, quoique positive, a cependant tendance, selon Myrdal, à freiner le processus de modernisation lorsqu'elle encourage l'idéalisation des valeurs, attitudes et institutions traditionnelles autochtones et une critique essentiellement exogéniste du sous-développement. On remarquera que cette critique du tiers-mondisme est formulée à la fin des années soixante, dans un contexte marqué par le renforcement de cette idéologie au sein des organisations internationales. En se dissociant de ce courant, dont s'inspirera notamment l'école dépendantiste issue de la Commission économique pour l'Amérique latine (CEPAL), Myrdal fait preuve d'avant-gardisme puisque celui-ci, on le sait, sera remis en question, au cours de la période postérieure à 1975.

La même indépendance d'esprit à l'égard des élites du Tiers-Monde caractérise ses positions sur la démocratie politique. Cette idée, constate-t-il, est également très ancrée parmi les couches dirigeantes des PSEA; bien que celles-ci s'enorgueillissent de leurs systèmes démocratiques, il n'existe aucun lien nécessaire entre le développement et la démocratie politique. Une véritable démocratie politique, souligne-t-il, implique la participation consciente ou éclairée des citoyens au choix des dirigeants et au processus de décision politique, ce qui suppose une adhésion de ceux-ci aux idéaux occidentaux de la modernisation. Dans la mesure où cette condition est elle-même déterminée par le progrès du développement économique et social, on doit admettre que les démocraties actuelles du Sud-Est asiatique sont strictement formelles.

> En fait il n'y a pas d'exemple dans l'histoire d'un pays nettement sous-développé qui ait établi une démocratie politique durable et efficace fondée sur le suffrage universel. De même aucun pays n'a jamais essayé de réaliser les idéaux égalitaires du *Welfare State* quand il était affligé d'un degré de pauvreté et d'inégalité comparable à celui des pays sud-asiatiques [...]. La démocratie intégrale avec le suffrage universel, n'a été tentée avec succès qu'au stade avancé du développement économique, quand les niveaux de vie étaient relativement élevés, la population alphabétisée et lorsqu'il existait une certaine égalité des chances. (Myrdal, 1976a,138)
> [...] il est permis de douter que l'idéal de la démocratie politique [...] ait du poids pour promouvoir les idéaux de la modernisation. Ceux-ci peuvent être atteints par un régime autoritaire axé sur leur réalisation [...] (Myrdal, 1976a, 47)

L'auteur fera remarquer que peu de choses, dans son étude, ne l'ont plus troublé dans ses jugements de valeurs personnels que ce constat que la démocratie politique n'est pas un élément nécessaire aux idéaux de la modernisation. En établissant une distinction entre démocratie formelle et démocratie réelle, Myrdal s'inspire de la conception des sociologues structuralistes de la modernisation, selon laquelle la démocratie politique (réelle) est nécessairement conditionnée par la modernisation des structures socio-économiques et la diffusion récurrente des valeurs libérales occidentales (voir Lipset, 1959; Apter, 1965; Adelman et Taft Morris, 1967), tout en précédant les théories de l'autonomie relative du politique, en vertu desquelles il n'existe aucune relation de cause à effet direct entre le développement économique et social et les formes (démocratiques ou autoritaires) du régime politique (voir Moore, 1966; Rustow, 1970; Collier, 1979). La persistance des débats entre ces deux approches, au cours des années soixante-dix et quatre-vingts, démontre toutefois que la conception de Myrdal, susceptible de les réconcilier, n'a pas eu d'influence notable sur l'évolution des recherches sociologiques consacrées aux relations entre le développement et le changement politique.

La démocratie de base, qui constitue pour Myrdal un objectif plus pertinent que la démocratie politique pour les pays sous-développés, signifie que les efforts de planification doivent être décentralisés ou accompagnés du développement de l'autonomie et du sens des responsabilités des collectivités locales et sectorielles. Cette idée, précise-t-il, n'implique aucunement une absence de coercition ou de contraintes de la part de l'État. C'est la raison pour laquelle il ne faut pas la confondre avec la notion de démocratie politique.

> Le succès de la planification pour le développement exige que l'on exerce une contrainte sur les gens dans toutes les couches de la société, rapidement et dans une beaucoup plus large mesure que ce qui se fait actuellement dans tous les pays d'Asie du Sud. Tous ces pays sont des 'États mous' à la fois parce que les politiques décidées ne sont pas appliquées, si toutefois elles sont décidées, et parce que les autorités, même quand elles élaborent une politique, n'aiment pas contraindre les gens... Dans la situation actuelle, le développement de l'Asie du Sud ne peut se réaliser que par une discipline sociale beaucoup plus serrée que ne le permet l'actuelle interprétation de la démocratie dans la région. (Myrdal, 1976a, 47)

Conditions initiales

Le modèle de développement que propose Myrdal dans *Asian Drama* pour les PSEA est déterminé non seulement par ces valeurs préliminaires mais par les caractéristiques particulières qui spécifient les conditions du 'décollage' dans ces sociétés.

Ces conditions, soutient Myrdal, sont très différentes (et plus difficiles) que celles qui prévalaient dans les économies occidentales au début de leur industrialisation. L'évolution de la production et des revenus est très lente, sinon stagnante, les ressources en capital sont très limitées et les perspectives d'exportation plutôt sombres.

À l'exception des Philippines et de la Birmanie, les sociétés de cette région ont connu une croissance très lente et irrégulière de leur production *per capita* pendant les années cinquante. Durant la première moitié des années soixante, cet indice a décliné et est devenu négatif, sauf en Thailande, en Malaisie et, dans une certaine mesure, au Pakistan. De plus, les niveaux moyens du revenu individuel sont pour la plupart au-dessous du niveau maximum d'avant-guerre.

Cette stagnation de la production et des revenus est liée essentiellement à trois facteurs: d'une part, la stagnation de la production dans l'agriculture traditionnelle qui emploie plus des deux tiers de la force de travail; d'autre part, le faible niveau de qualification et des salaires de la majorité du tiers restant de la main-d'oeuvre engagée dans le petit commerce, l'artisanat, l'industrie traditionelle et la fonction publique; enfin, le fait que la croissance du secteur primaire moderne — l'exploitation et l'exportation de matières premières — n'ait pas eu d'effet d'entraînement sur l'ensemble de l'activité économique en raison du contrôle des entreprises étrangères et du rapatriement dans leurs pays d'origine par celles-ci, de la majorité de leurs profits. «Bien que les gouvernements de l'Asie du Sud-Est, précise Myrdal, aient fait des efforts pour retirer plus de bénéfices locaux des entreprises dominées par l'étranger, les effets salutaires pour les économies de la région n'ont pas été aussi importants qu'ils auraient dû l'être.» (Myrdal, 1976a, 104)

Les ressources en capital sont par ailleurs très limitées en raison du faible niveau d'épargne, phénomène lui-même relié au bas niveau des revenus de la très grande majorité de la population et à la propension des classes riches à consommer et à exporter leurs bénéfices. En outre, le recours aux investissements étrangers, qui pouvait antérieurement être envisagé comme une solution efficace à la pénurie de capital, présente, aujourd'hui, des risques importants pour l'équilibre futur des balances des paiements des pays de la région, en raison du déclin de l'aide fournie par les organisations internationales et de l'augmentation du coût des emprunts auprès des banques privées et publiques.

Finalement, les PSEA ne peuvent espérer financer leur développement par une croissance de leurs exportations de matières premières puisque «depuis la fin de la première guerre mondiale, les pays d'Asie du Sud ont vu leurs exportations diminuer par rapport au dévelopement du commerce mondial, et que les perspectives d'avenir pour leurs exportations ne sont pas brillantes» (Myrdal, 1976a, 64). L'Asie du Sud-Est, de toute façon, est mal dotée du point de vue des ressources primaires, précise Myrdal. Seule l'Indonésie possède du pétrole en abondance; les terres agricoles fertiles ne sont pas très nombreuses et étendues. La richesse des PSEA se limite donc à quelques produits: thé, noix de coco et caoutchouc à Ceylan, caoutchouc en Malaisie et en Indonésie, forêts en Malaisie, Thailande, Birmanie, Ceylan et Philippines.

À ces conditions de départ défavorables s'ajoutent deux problèmes majeurs et spécifiques aux économies de l'Asie du Sud-Est: un haut taux de chômage et de sous-emploi, en raison d'une croissance démographique très importante, et une très faible productivité du travail en raison de la persistance des valeurs, attitudes et institutions traditionnelles.

Compte tenu de ces caractéristiques, il serait irréaliste, conclut Myrdal, d'envisager pour les PSEA un développement fondé sur l'augmentation des investissements de capital, la modernisation technique des moyens de production et la croissance des exportations comme ce fut le cas en Europe au début du capitalisme.

Objectifs et modalités du développement

La seule voie réaliste pour ces pays est donc celle d'un développement intraverti et humaniste, la mise en place d'un 'capitalisme providence', dans le cadre duquel la croissance de la production, de la productivité et des revenus repose: sur l'extension de l'emploi et l'amélioration de l'efficacité du travail dans tous les secteurs d'activité, plutôt que sur des investissements de capital axés sur la modernisation technologique de l'industrie; sur un élargissement de la demande interne grâce à une redistribution plus égalitaire des revenus et une augmentation des niveaux de vie et de consommation, plutôt que sur la croissance des exportations. Le changement 'vers le haut' de ces diverses variables dépendent, en dernier ressort, de la capacité des planificateurs gouvernementaux à modifier les valeurs, les comportements et les institutions qui régissent l'organisation et le rendement du travail au sein de la société. Le succès du développement en Asie du Sud-Est repose donc avant tout, en dépit de l'interdépendance de toutes les variables économiques, sociales, culturelles et politiques, sur la transformation des institutions et des comportements, à travers l'intervention de l'État.

La modernisation des structures productives

La modernisation de l'industrie, qui a constitué le principal moteur de la croissance dans les pays occidentaux à l'étape initiale de leur développement, ne peut constituer l'unique objectif de la planification dans les PSEA. Compte tenu de la nécessité d'axer le développement sur l'élargissement du marché intérieur, l'objectif de la croissance de la production doit être articulé à celui du plein emploi. Or, ces économies sont caractérisées par la prépondérance de l'agriculture et de la petite industrie traditionnelles ainsi que par un très haut taux de croissance démographique. Dans ces conditions, si la modernisation des nouvelles industries de substitution des importations de biens intermédiaires et de consommation essentiels créées depuis l'indépendance, demeure un objectif valable, elle ne peut permettre une absorption suffisante des énormes surplus de main-d'oeuvre. Cette stratégie risque même d'entraîner, si elle est trop rapide, une rationalisation des effectifs dans les secteurs traditionnels créateurs d'emploi. La solution au problème de l'emploi, selon Myrdal, réside donc dans la stimulation de la productivité et de l'efficacité du travail dans les secteurs agricole et industriel traditionnels, mesure qui implique une modernisation des institutions et des attitudes, condition nécessaire à la diffusion des savoirs techniques de l'industrie moderne dans l'ensemble du système productif. En effet, souligne Myrdal, «la manière dont se transmettent les effets induits dépend en fait des niveaux culturels, sociaux et économiques déjà atteints» (Myrdal, 1976a, 273).

> En Asie du Sud, on ne peut affirmer, comme on le fait à juste titre dans les pays occidentaux, que les stimulants économiques de l'expansion seront automatiquement accompagnés de comportements favorables. La situation sociale générale est un obstacle encore plus fondamental à l'expansion à cause de la hausse de l'offre et de la demande. On ne peut attendre des sociétés, qui ont depuis longtemps pris leur parti de la stagnation, qu'elles se réadaptent à une situation qui leur est inconnue. Même dans le secteur industriel moderne le mieux organisé de l'économie, où la sensibilité au marché est plus grande, le mécanisme de réaction peut être empêché par la structure institutionnelle qui n'a pas réussi à encourager le dynamisme de l'entrepreneur (...) *C'est la raison pour laquelle le modèle keynésien ne s'applique pas à ces économies. Penser en termes de rapports entre la demande globale et l'offre globale ne convient pas à la situation.* (Myrdal, 1976a, 271)

La modernisation des institutions et des comportements dans l'agriculture traditionnelle implique trois types de réformes majeures: la modification des structures de propriété, l'adaptation des cultures aux particularités climatiques et le changement des mentalités.

Deux types de propriétés caractérisent en général la structure de l'agriculture traditionnelle dans les PSEA: les grandes exploitations appartenant à des propriétaires citadins, gérées par des métayers et cultivées par des ouvriers agricoles, et les très petites exploitations familiales, mises en valeur par les paysans eux-mêmes. Cette double structure entrave la productivité du travail, d'une part, parce que ni les propriétaires ni les métayers ne sont intéressés à réinvestir dans la production les revenus tirés de l'exploitation, d'autre part, parce que les petits paysans propriétaires ne voient pas la nécessité d'accroître la production lorsque celle-ci suffit à nourrir leur famille. En outre, selon la mentalité dominante «posséder de la terre est la plus haute marque de considération sociale alors que faire un travail manuel, et surtout le faire comme employeur, en est la plus basse» (Myrdal, 1976a, 218).

Le type de culture pratiqué en Asie du Sud-Est a pour effet, quant à lui, de limiter la période productive à la saison des moussons, de telle sorte que les paysans demeurent inactifs de quatre à six mois par année. En outre, la chaleur et l'humidité propres à cette saison brûlent les réserves d'énergie de la main-d'oeuvre après quelques heures d'activité physique. Le facteur climatique, précise Myrdal, ne peut cependant à lui seul expliquer l'inefficacité et l'oisiveté.

[...] aucun aiguillon ne pousse les gens à travailler et à travailler dur; l'envie de travailler se volatilise souvent dès que le minimum vital est atteint. Cette attitude qui, dans le monde entier, est typique des paysans vivant au niveau de la survie, n'est pas tout à fait irrationnelle. L'agriculteur dont les goûts sont limités par son isolement, ne voit pas la nécessité d'acquérir le revenu supplémentaire qui lui permettrait de diversifier et d'augmenter son mode de consommation. (Myrdal, 1976a, 219)

Une réforme agraire axée sur le regroupement des exploitations, sous forme de coopératives notamment, la modernisation des méthodes de culture, le développement de nouveaux types de culture propices à la saison sèche, peuvent constituer des solutions à ces problèmes. Cependant, celles-ci n'auront pas d'impact significatif sur la productivité du travail, si elles ne sont pas accompagnées d'un changement des mentalités. Or, celui-ci ne saurait se produire sans une amélioration du niveau de vie de la population paysanne. L'objectif du 'capitalisme providence', doit donc être, souligne Myrdal, d'encourager la modification des valeurs et des comportements par une série de programmes destinés à augmenter les niveaux de revenus, de santé et d'éducation de la population paysanne.

La modernisation de l'agriculture doit constituer un objectif prioritaire de la planification en Asie du Sud-Est, selon Myrdal, non seulement parce que ce secteur emploie près des deux tiers de la main-d'oeuvre, mais parce que la croissance de la production dans la petite industrie et l'artisanat, qui embauchent la majorité de la force de travail restante, dépend de cette variable. Diverses mesures supplémentaires, souligne-t-il, peuvent cependant permettre d'améliorer les rendements du travail dans ce dernier secteur. D'une part, les gouvernements doivent protéger ces entreprises de la concurrence des industries modernes, soit en les aidant à développer des activités complémentaires à celles des industries modernes, soit en réorientant ces dernières vers des productions différentes de celles du secteur manufacturier traditionnel. D'autre part, ils doivent, grâce à des politiques de subvention, favoriser le regroupement coopératif de ces entreprises et la modernisation de leurs équipements. Leur décentralisation vers les zones rurales et semi-rurales serait également une mesure souhaitable puisqu'elle permettrait à ces entreprises de se constituer un marché indépendant de celui des industries modernes, concentré dans les villes. Ce mouvement, reconnaît cependant Myrdal, irait à l'encontre du processus de concentration des entreprises au sein des régions urbaines en raison précisément des limites de la demande dans les campagnes.

La modernisation de la petite industrie et de l'artisanat, quelles que soient ses formes, devra toutefois, comme dans l'agriculture, être accompagnée d'un changement des institutions et des comportements si on veut qu'elle ait un effet réel sur l'augmentation de la productivité. Cela suppose notamment que certaines traditions, telles l'utilisation extensive de la force de travail et l'influence négative des intermédiaires et des prêteurs sur la production, soient éliminées.

L'augmentation de la consommation

L'élévation des niveaux de vie individuels, c'est-à-dire la somme des marchandises et des services régulièrement consommés par une personne moyenne dans les différents pays de la région, constitue, selon Myrdal, un des principaux objectifs du développement en Asie du Sud-Est, puisque ce facteur a une incidence directe et décisive sur «l'énergie dans le travail, l'efficacité de la main-d'oeuvre, la productivité, les attitudes et les institutions» (Myrdal, 1976a, 93).

À ce niveau, souligne-t-il, comme au niveau des autres aspects du développement dans les pays 'retardés', il n'est pas possible d'appliquer la conception libérale orthodoxe qui, en se référant au modèle occidental, divise le revenu entre consommation et épargne /investissement. Dans les PSEA, en particulier, «les niveaux de vie sont si bas qu'ils menacent directement la santé, la vigueur et le comportement au travail. Par conséquent, les augmentations dans la plupart des types de consommation représentent *en même temps* un *investissement* car ils ont un effet direct sur la productivité». (Myrdal, 1976a, 93)

Élever les niveaux de vie ou de consommation des masses dans ces pays implique d'élargir l'accès à huit types de biens — la nourriture, le vêtement, le logement, la santé, l'éducation, les moyens d'information, les sources d'énergie et les transports — grâce à une augmentation et à une redistribution plus égalitaire des revenus. Deux séries de mesures peuvent contribuer à la réalisation de cet objectif, selon Myrdal: l'adoption d'une politique fiscale progressive et un programme de dépenses sociales similaires à ceux qu'ont adoptés les États-providence occidentaux, depuis les années trente. Toutefois, précise-t-il, la mise en place d'un État-providence ne saurait à elle seule résoudre le problème structurel des inégalités sociales en Asie du Sud-Est. À ce niveau, comme au niveau des autres problèmes du développement, le changement des valeurs et des institutions (tabous religieux et sociaux, discrimination ethnique, système des castes...) constitue le facteur décisif puisque celui-ci est le fondement essentiel des inégalités socioéconomiques structurelles et de la concentration excessive des revenus.

Limites et alternatives du capitalisme providence

Bien que Myrdal ne considère pas le drame de l'Asie comme une tragédie, il demeure, nous l'avons vu, très sceptique vis-à-vis de la possibilité pour les pays du sud-est asiatique de parvenir à un développement intraverti et démocratique, en raison, principalement, de la rigidité des systèmes culturels et institutionnels traditionnels, entretenue par la 'mollesse' et les intérêts des élites au pouvoir. Compte tenu que ces facteurs de résistance entraîneront un maintien des bas niveaux de productivité et des hauts taux de croissance démographique, il sera très difficile, souligne-t-il, d'augmenter les emplois et les revenus et d'accroître les dépenses sociales de l'État à court ou moyen terme. Les PSEA, par conséquent, pourraient être forcés de privilégier une stratégie plus extravertie de développement.

Une telle stratégie, précise-t-il, impliquerait de favoriser la croissance des nouvelles industries de substitution des importations, grâce à l'augmentation des emprunts extérieurs et des investissements directs étrangers. On peut en effet imaginer, dit-il, un type de développement qui permettrait une concentration des investissements étrangers dans les industries à utilisation intensive de main-d'oeuvre, pour lesquelles les PSEA ont un avantage comparatif significatif. Cet objectif impliquerait toutefois que les pays industrialisés, notamment les États-Unis, acceptent de réduire leur production intérieure dans ce secteur et ouvrent leurs marchés à ces produits, puisque le financement de ce type de croissance nécessitera, en raison des limites du marché intérieur et du déclin de la demande mondiale pour les matières premières de la région, une réorientation des surplus de la production manufacturière vers l'exportation.

La mise en place d'une nouvelle division internationale du travail Nord-Sud et l'adoption, par les pays du Sud-Est asiatique, de stratégies extraverties de développement, au cours des années soixante-dix, confirmeront le pessimisme et le réalisme de Myrdal. Si on considère que *Asian Drama* fut rédigé au cours des années soixante et que les premiers travaux significatifs sur ces nouvelles tendances de l'économie mondiale furent publiés à la fin de la première moitié des années soixante-dix, on reconnaîtra aisément la dimension avant-gardiste et la portée toujours actuelle de cette oeuvre majeure.

Asian Drama et l'évolution des PSEA depuis 1960

L'évolution des PSEA depuis 1960 démontre, en effet, que tous les États considérés dans *Asian Drama* ont abandonné, au cours des années soixante-dix, le modèle de développement capitaliste intraverti qu'ils avaient effectivement adopté après leur indépendance. Quatre pays, abordés à la marge par Myrdal — le Laos, le Cambodge, le Vietnam et la Birmanie —, ont opté pour la voie socialiste, alors que les autres ont choisi, à des degrés divers, une stratégie extravertie de développement (voir entre autres Wong, 1979; Pauker, 1978; Myint, 1972; Kim et Wade, 1978). Dans les pays de l'ASEAN, celle-ci a été combinée, soit avec la poursuite de la substition des importations (Philippines; depuis 1972; Indonésie, depuis 1979), soit avec la promotion des exportations de matières premières (Thailande; depuis 1979), soit avec ces deux stratégies (Malaisie; depuis 1970) (voir Salama et Tissier, 1982, 94).

Cette réorientation a été suscitée tant par les limites du processus de substitution des importations que par les transformations de l'économie internationale, à la suite du premier choc pétrolier et de la crise des économies industrialisées. La substitution des importations s'est heurtée à plusieurs problèmes prévus par Myrdal. Les réformes agraires ont été insuffisantes, tout en étant fortement axées sur la modernisation des équipements, ce qui a entraîné une hausse insuffisante du taux de productivité, et un renchérissement du prix des matièrs premières consommées par l'industrie. Ces conditions ont à leur tour ralenti l'exode et l'intégration, au sein de l'industrie, des surplus de main-d'oeuvre rurale, favorisant ainsi le maintien du chômage et des bas revenus et hypothéquant l'élargissement de la demande interne. Par ailleurs, compte tenu du sous-développement du secteur des biens d'équipement, les industries de substitution des importations sont devenues de plus en plus dépendantes des technologies étrangères. Enfin, l'augmentation du coût de ces importations, combinée avec le plafonnement ou le ralentissement des exportations de matières premières, a provoqué des déséquilibres importants au sein des balances commerciales des pays de la région.

L'existence de conditions externes favorables à l'extraversion des économies du Sud-Est asiatique a sans doute joué un rôle plus important encore que les blocages internes dans la réorientation de leurs stratégies de développement. Le choc pétrolier de 1973, dont les effets ont été moins négatifs sur les PSEA que sur d'autres pays, en raison de leurs réserves énergétiques, a permis, en effet, de créer un surplus de liquidités (pétro-dollars) sur le marché mondial, favorisant ainsi l'endettement des PSEA en vue notamment de poursuivre la substitution des importations au niveau des biens d'équipement et d'approfondir la modernisation de l'agriculture. Par ailleurs, la crise des économies industrialisées a encouragé l'internationalisation des firmes industrielles, la dynamisation subséquente des industries de main-d'oeuvre dans la région et une réorientation d'une partie de leur production vers l'exportation. Ce qui entraîna, par les forces du marché, plutôt que par la mise en place d'un nouvel ordre économique international comme le souhaitait Myrdal (Myrdal, 1975), une réduction de la production intérieure et une ouverture des marchés des pays occidentaux.

Les indicateurs statistiques du développement (Banque mondiale, 1987) démontrent que, si dans le cadre des stratégies extraverties, les PSEA (à l'exception de l'Inde et du Pakistan considérés pourtant comme les cas les plus prometteurs par Myrdal) ont atteint des taux de croissance de leur production intérieure (industrie et services principalement) et de leurs exportations (de biens manufacturés en particulier) remarquables (7% en moyenne par année entre 1965 et 1985), cette croissance a été accompagnée d'un alourdissement de leur endettement extérieur et de la persistance, en dépit de l'émergence d'un noyau de nouvelles classes moyennes, des inégalités sociales et économiques. Ce constat permet sans doute, si on se réfère au point de vue de Myrdal sur la démocratie, d'expliquer la survie des régimes autoritaires ou la fragilité des récents processus de démocratisation dans la région.

En définitive, l'évolution des PSEA depuis 1960 contredit la vision myrdalienne du développement tout en confirmant ses prédictions pessimistes. Néanmoins, *Asian Drama* demeure une oeuvre très actuelle puisqu'elle permet, contrairement à la plupart des études critiques publiées sur le sujet depuis quelques années, de cerner les causes politiques et culturelles de l'échec des stratégies néo-keynésiennes qui ont constituée la principale source d'inspiration des planificateurs du développement au cours de la période 1950-1975.

Références bibliographiques

ADELMAN, I. et TAFT MORRIS, C. (1967), *Society, Politics and Economic Development: A Quantitative Approach*, Baltimore, John Hopkins University Press.

APTER, D. (1965), *The Politics of Modernization*, Chicago, Chicago University Press.

BANQUE MONDIALE (1987), *Rapport sur le développement dans le monde, 1986*, Washington D.C.

COLLIER, D. (1979), *The New Authorianism in Latin America*, Princeton, Princeton University Press.

KIM, B.J. et WADE, L.L. (1978) *Economic Development of South Asia, The Political Economy of Success*, New-York, Praeger Publishers.

LIPSET, S.M. (1959), «Some Social Requisites of Democracy: Economic Development and Political Legitimacy», *American Political Science Review*, vol. 53, 1959, 69-105.

MOORE, B. (1966), *The Social Origins of Dictatorship and Democracy*, Boston, Beacon Press.

MYINT, M. (1972), *Southeast Asia's Economic Development Policies in 1970's*, Londres, Penguin Books.

MYRDAL, G. (1930), *Vetenskap och politik i nationalekonomien* [Science et politique en économie], Stockholm, P.A Norstedt & Soners; trad. angl. 1953a.

MYRDAL, G. (1944a), *An American Dilemma. The Negro Problem and Modern Democracy*, New York, Harper & Row.

MYRDAL, G. (1953a), *The Political Element in the Development of Economic Theory*, Londres, Routledge & Kegan Paul.

MYRDAL, G. (1957b), *Economic Theory and Under-Developed Regions*, Londres, Gerald Duckworth.

MYRDAL, G. (1958d), *Value in Social Theory. A Selection of Essays on Methodology*, New York, Harper & Row.

MYRDAL, G. (1958e), *Beyond the Welfare State. Economic Planning and its International Implication*; New-Haven, Yale University Press, 1960.

MYRDAL, G. (1968a), *Asian Drama: An Inquiry into the Poverty of Nations*, 3 volumes, New York, Pantheon Books.

MYRDAL, G. (1973a), «Growth and Development» in: *Against the Stream: Critical Essays on Economics*, New York, Pantheon Books.

MYRDAL, G. (1975), «The Equality Issue of World Development», *The Swedish Journal of Economics*, vol. 77, nº 4, 413-432.

MYRDAL, G. (1976a), *Le Drame de l'Asie: une enquête sur la pauvreté des nations*, Paris, Seuil.

PAUKER, G. et al. (1978), *Diversity and Development in Southeast Asia. The Coming Decade 1980-1990*, New York, McGraw-Hill.

REYNOLDS, L.G. (1974), "Gunnar Myrdal's Contributions to Economics, 1940-1970", *The Swedish Journal of Economics*, vol. 76, 479-497.

RUSTOW, D.A. (1970), "Transitions to Democracy", *Comparative Politics*, avril, 337-363.

SALAMA, P. et TISSIER, P. (1982), *L'Industrialisation dans le sous-développement*, Paris, Maspero.

STREETEN, P. (1979), «Myrdal, Gunnar», in: D.L. Sills (dir.), *International Encyclopaedia of the Social Science*, New York, The Free Press, 571-578.

WONG, J. (1979), *ASEAN Economies in Perspective*, Londres, MacMillan.

MYRDAL ET LE DÉVELOPPEMENT ÉCONOMIQUE: UNE ÉVALUATION CRITIQUE

Michel Chossudovsky

L'oeuvre de Myrdal sur le développement économique

Myrdal demeure, avec sa vision humaniste, un fervent partisan de la social-démocratie, motivé par la conviction que des transformations socioéconomiques profondes dans le Tiers-Monde peuvent être mises en oeuvre par l'action d'un état national moderne modelé sur le *Welfare State* de l'Europe occidentale. L'analyse de l'État-providence, contenue dans ses ouvrages de jeunesse constituera le fil conducteur de toute son oeuvre, notamment celle qui a trait au rôle de la planification étatique en Asie du Sud. Myrdal n'est pas nécessairement optimiste, car il existe des facteurs de blocage de nature politique, sociale et culturelle à cette transposition des institutions de la société civile européenne: les élites modernisantes du Tiers-Monde doivent accepter l'idéologie de la planification, orientée vers l'élimination de la pauvreté, ainsi qu'un état moderne interventionniste cloué à l'objectif de la satisfaction des besoins essentiels (*basic human needs*).

La remise en question du libéralisme économique et de l'analyse économique conventionnelle élaborée dans *The Political Element in the Development of Economic Theory* (1953a) sera repris dans *le Drame de l'Asie: une enquête sur la pauvreté des nations,* (1968a, édition française condensée, 1976a); l'épistémologie positiviste et la prétendue neutralité de l'analyse néoclassique sont, selon Myrdal, la source d'interprétations tendancieuses du sous-développement qui servent les intérêts politiques de l'Occident au lendemain de la décolonisation (1968a, prologue). Myrdal s'en prend également aux théories de la modernisation formulées par Walt Rostow (Myrdal, 1968a, appendice 2). Ces théories constituent selon lui, une apologie du libéralisme économique: elles reposent sur le mécanisme du marché en tant que principal instrument de changement économique et social.

Il y a une continuité dans l'oeuvre de Myrdal sur le développement économique dont témoignent ses ouvrages des années cinquante, *Une économie internationale* (1958a) et *Théorie économique et pays sous-développés* (1959), et des années soixante-dix, *le Drame de l'Asie* (1976a), *le Défi du monde pauvre* (1971b) et ses essais critiques *Procès de la croissance: à contre-courant* (1978d). Les textes des années cinquante ont été écrits à une période critique de l'histoire du Tiers-Monde coïncidant avec le processus de décolonisation formelle. Dans *Théorie économique et pays sous-développés* (1959), Myrdal s'interroge sur la cause des disparités régionales au sein d'une économie nationale. L'économie sociale de marché constitue le principal obstacle à la réduction des écarts de revenu car le libéralisme économique — combiné aux facteurs non économiques opérant dans le cadre de la causalité circulaire (*cumulative circular causation*) — produit des effets cumulatifs de polarisation et de concentration (*backwash effects*) qui ne peuvent être enrayés que par l'action d'un État interventionniste. Les disparités économiques et sociales sont la conséquence d'un cercle vicieux (*vicious circle*) caractérisé par l'interaction de facteurs économiques, sociaux, politiques et culturels. Le jeu du libre marché accentuant les inégalités sociales et économiques, l'intervention étatique est nécessaire afin de rompre les obstacles de nature politique ou sociale, mobiliser les effets d'entraînement (*spread effects*) et réduire les inégalités (Myrdal, 1957b, 27-31). Le cadre conceptuel de la causalité circulaire se retrouve tout au long de son oeuvre, élaboré en plus grands détails et intégré à l'analyse de la planification nationale dans *le Drame de l'Asie*. La démarche de *Une économie internationale* (1958a) est parallèle à celle de *Théorie économique et pays sous-développés* (1959): les disparités de revenus entre nations riches et pauvres sont le résultat de la causalité circulaire à effets cumulatifs opérant à l'échelle de l'économie mondiale. La théorie de Heckscher-Ohlin sur l'égalisation des prix des facteurs de production ne fonctionne pas, dit Myrdal; l'économie mondiale est soumise aux mêmes effets de polarisation et de concentration (*backwash effects*) que ceux opérant au sein d'une économie nationale. Le marché laissé à lui-même — sans intervention étatique — mène à la désintégration de l'économie globale (Myrdal, 1958a, ch. IV). La solution consiste en une plus grande intégration économique des pays sous-développés à l'économie mondiale par l'entremise de la solidarité, des programmes d'aide et de la coopération internationale entre nations riches et pauvres:

> *L'intégration économique est la réalisation du vieil objectif occidental de l'égalité des chances. [...] Une économie n'est intégrée que si toutes les voies sont ouvertes à tous et si les rémunérations payées pour les*

services productifs sont égales, sans considération de différences raciales, sociales ou culturelles. (Myrdal, 1968a, 13, italique dans l'original)

Ce projet présuppose implicitement que les différents mécanismes institutionnels d'intervention au niveau international (coopération internationale,
organismes internationaux, politiques commerciales, etc.) aient la capacité de
réglementer les inégalités à l'échelle de l'économie mondiale. Myrdal préconise, par exemple, la redistribution internationale du revenu par la canalisa-
tion de capitaux vers les pays sous-développés (dans le contexte d'un plan du
type de celui de Marshall) (Myrdal, 1958a, ch. XIV). L'idée de l'État-providence mondial, dont la gestion économique s'orienterait vers l'élimination des
écarts de revenus entre nations, est mise de l'avant, bien que Myrdal ne soit
pas optimiste sur la possibilité de la mettre en pratique:

> [...]il n'y a aucune alternative à la désintégration internationale si ce
> n'est de procéder, grâce à la coopération internationale et à un compro-
> mis mutuel, à la construction d'un État-providence mondial. (Myrdal,
> 1963b, 161)

Selon la vision myrdalienne, il faudrait développer les institutions du
Welfare State à l'échelle mondiale en élargissant considérablement le rôle de la
Banque mondiale et des organismes internationaux:

> Lorsque l'on considère comme un idéal l'intégration internationale,
> l'image correspondante sur le plan politique, poussée à son point de
> perfection logique, est celle d'un État mondial régi par un gouvernement
> mondial et administré par un appareil démocratique auquel directement ou
> indirectement tout un chacun participerait. (Myrdal, 1958a, 8)

Bien entendu, les institutions d'un gouvernement mondial démocratique
ne sont pas vues par Myrdal comme les instruments d'une nouvelle forme de
domination politique et économique des pays capitalistes avancés qui vien-
draient remplacer, dans l'après-guerre, ceux du colonialisme. Qu'est-ce que
Myrdal entend par intégration? Les pays pauvres sont certes intégrés à un système d'accumulation et de domination économique qui s'est développé depuis
le début de la période coloniale. C'est précisément l'intégration à la division
internationale du travail qui contribua à la désarticulation des économies du
Tiers-Monde et à la reproduction d'une économie extravertie, subordonnée à la
structure du marché mondial.

Le cadre théorique

Dans *le Drame de l'Asie*, les idées de ses premiers écrits sur le développement sont retravaillées dans le cadre d'une vaste recherche sur le développement du Sud et du Sud-Est asiatique, au lendemain de l'indépendance politique. Dans le premier tome, Myrdal aborde les dimensions épistémologiques pour ensuite se pencher sur les processus politiques de la décolonisation et la formation de l'État national dans la période postcoloniale. Myrdal amorce *le Drame de l'Asie* en définissant son cadre épistémologique: la recherche en sciences sociales ne peut prétendre à la neutralité scientifique, le savoir doit nécessairement reposer sur des présupposés éthiques (Myrdal, 1968a, première partie).

> [...]le progrès dans notre travail scientifique doit commencer par l'élimination du biais [...] Aucune recherche ne peut être neutre et, en ce sens, simplement «factuelle» et «objective». Le choix des valeurs détermine non seulement nos conclusions politiques, mais aussi tous nos efforts pour établir les faits, depuis le choix de l'approche jusqu'à la présentation des résultats. (Myrdal, 1978d, 63)

Ce cadre méthodologique se situe dans la perspective wébérienne, sans pour autant que Myrdal se réfère explicitement à l'oeuvre de Max Weber; l'analyse positiviste est rejetée en faveur de l'incorporation explicite des principes de valeur (du *Weltanschauung*) dans la recherche scientifique (Weber, 1949). Dans le contexte asiatique, l'objectivité occidentale ainsi que les hypothèses de rationalité de la théorie économique, basées sur les lois immuables du comportement des agents, s'allient aux intérêts politiques et militaires sous-jacents à la guerre froide; la terminologie (par exemple monde libre, pays en voie de développement, etc.) ainsi que les catégories analytiques utilisées pour étudier le Tiers-Monde reflètent un opportunisme dans la recherche scientifique (ce que Myrdal appellera la diplomatie dans la recherche) qui véhicule un biais implicite (Myrdal, 1968a, 13-14, appendice 1).

Le paradigme inapproprié

Myrdal s'oppose à l'hermétisme des modèles — confinés à l'instance économique — et à l'incapacité de l'analyse économique d'après-guerre d'incorporer les facteurs sociaux et institutionnels. Ce cadre intellectuel figé — dominé par l'idéologie positiviste — est dans l'impossibilité, selon Myrdal, d'adapter ses catégories théoriques aux réalités économiques et sociales du Tiers-Monde (1968a, appendice 2). Cette remise en question de la théorie économique occidentale s'adresse aussi bien aux néo-classiques qu'à l'analyse de Marx (Myrdal, 1968a, 20).

Myrdal rejoint dans ce sens un certain nombre d'auteurs occidentaux, parmi lesquels Nicholas Georgescu Roegen (1960), Dudley Seers (1963), Paul Streeten (1966), qui se sont intéressés au transfert de la technologie intellectuelle des sciences sociales de l'Occident vers le Tiers-Monde, ainsi qu'à l'importance de développer un nouvel outillage théorique qui permettrait de formaliser, selon des catégories propres, les réalités économiques et sociales des pays sous-développés.

L'analyse économique occidentale débouche sur une impasse en raison du choix de ses variables et de leurs relations, du comportement rationnel des dits agents microéconomiques (maximisateurs) ainsi que de l'exclusion des variables les plus fondamentales (institutions politiques, variables culturelles et sociales). Le paradigme est inapproprié, l'analyse conventionnelle ne peut cerner les réalités du Tiers-Monde; la statique comparative ne peut représenter le mouvement ainsi que les transformations structurelles sous-jacentes[1]. L'épistémologie positiviste sous-jacente à l'analyse économique conventionnelle devient le véhicule du biais implicite (*ethically neutral tendentiousness*) qui se présente sous le manteau de la neutralité et de l'objectivité scientifiques. Elle constitue, dans la vision de Myrdal, une arme idéologique destinée à justifier le libéralisme et l'économie sociale de marché en tant que mécanismes régulateurs.

Dans sa remise en question de la théorie économique, Myrdal semble s'inspirer de certains aspects de la sociologie des années trente et des théories coloniales d'avant-guerre. Elles sont simplistes et dépassées, dit Myrdal, mais au moins elles tenaient compte des facteurs non économiques, tels l'impact du climat, en zone tropicale, sur les niveaux de productivité et les facteurs de blocage associés aux institutions et aux attitudes culturelles:

> Par une approche grossière, la théorie coloniale avait mis l'accent sur divers aspects de l'organisation sociale, des institutions et des mentalités des pays sous-développés. Mais à cause de l'hypothèse statique selon laquelle ces conditions étaient pratiquement immuables et insensibles à tout changement induit ou spontané, la théorie coloniale était sans doute biaisée dans une direction pessimiste. Mais lorsque les économistes commencèrent, après la guerre, à étudier les problèmes des pays sous-développés en termes purement «économiques» ignorant complètement ces «facteurs non économiques», ce fut un biais opposé et

---

1. Par exemple, la notion keynésienne de chômage, appliquée à une économie avancée, ne cadre pas avec une économie de survie caractérisée par le sous-emploi et le chômage déguisé. Les définitions du revenu et de la consommation ne sont pas applicables à une économie où les activités de subsistance occupent une part importante dans l'économie nationale.

plus sérieux, [...] dans la direction d'un optimisme exagéré. (Myrdal,
1978d, 91)

Alors qu'il reconnaît le caractère biaisé de ces théories, Myrdal ne semble
pas y déceler le contenu apologétique sous-jacent au système d'exploitation
coloniale (Myrdal, 1973a, 84-85). La théorie coloniale, véhicule idéologique
du déterminisme culturel et social, soutient que le développement s'avère
impossible précisément en raison de l'immobilisme des attitudes sociales et
religieuses et de l'inertie des valeurs culturelles orientales sous-jacentes à la
société traditionnelle asiatique.

La dissidence de Myrdal

La critique de Myrdal, quoiqu'à contre-courant, n'en demeure pas moins à l'intérieur du *mainstream*; elle accepte les fondements de l'analyse conventionnelle appliquée aux économies occidentales et ne remet en question que la
pertinence des catégories et concepts néo-classiques et keynésiens appliqués
aux réalités du Tiers-Monde (1968a, appendice 2). Par ailleurs, à l'exception
de son analyse sur la causalité circulaire à effets cumulatifs (*cumulative
circular causation*), Myrdal ne propose pas un cadre théorique alternatif qui
permettrait de conceptualiser le processus économique par rapport aux instances politique et sociale. Son oeuvre n'aborde pas au plan conceptuel la structure d'exploitation coloniale, son évolution historique ainsi que son impact
sur le sous-développement contemporain.
La dissidence de Myrdal se limite à relever le caractère restreint des
modèles économiques: la sociologie du savoir requiert le décloisonnement des
sciences sociales et une approche multidisciplinaire orientée vers la totalité de
la réalité économique et sociale. Il s'agit de modifier les techniques de recherche, d'intégrer les modèles économiques à ceux de la sociologie, de la science
politique et de la psychologie sociale, en développant des catégories pertinentes qui permettent de saisir la causalité circulaire et les interrelations entre
variables économiques d'une part et variables culturelles, sociales et politiques
d'autre part (Myrdal, 1968a, 1859-1978).

> Nous devons [...] garder les yeux ouverts sur tous les facteurs «non éco-
> nomiques» si cruciaux pour les problèmes de développement, surtout
> dans les pays sous-développés: la structure sociale et les forces poli-
> tiques et, d'une façon générale, les mentalités et les institutions ainsi
> que les conséquences des niveaux de vie très bas sur la productivité.
> (Myrdal, 1978d, 108)

La remise en question de la science économique ne touche pas aux problèmes plus fondamentaux: la manière dont la théorie néo-classique fausse la réalité économique dans son ensemble (aussi bien celle des pays du Tiers-Monde que celle des pays industrialisés) et appuie l'ordre social établi au plan idéologique. Par ailleurs, Myrdal n'aborde à aucun moment la problématique de l'accumulation capitaliste dans le Tiers-Monde ainsi que les rapports sociaux sous-jacents à une économie marchande intégrée au capitalisme mondial. Sa vision des classes sociales est celle de la sociologie fonctionnaliste: aucun lien théorique formel n'est établi entre le processus économique d'une part, et la structure des classes sociales d'autre part.

Alors qu'il fait mention de l'impérialisme en tant que système économique (en se référant aux phrases célèbres de son protagoniste Cecil Rhodes), Myrdal est d'avis que «dans le cas de la Grande-Bretagne, les colonies n'étaient jamais, après la période d'extrême exploitation, très profitables» et que la richesse de l'Angleterre était essentiellement basée sur ses colonies blanches de peuplement (Myrdal, 1968a, 145).

Alors qu'il fait référence aux écrits de Marx, il n'y a aucune analyse en profondeur de la littérature sur l'impérialisme (depuis Hobson, Hilferding et Lénine), des théories postérieures de la dépendance et de l'analyse néo-marxiste contemporaine. Il en va de même en ce qui concerne la pensée structuraliste latino-américaine (représentée par des auteurs tels que Celso Furtado, Raul Prebisch, Osvaldo Sunkel). Cette dernière constitue la seule école de pensée qui a véritablement pris naissance dans le Tiers-Monde et qui a formalisé son paradigme (approprié) par rapport aux réalités de l'Amérique latine (CEPAL, 1969, Baer, 1971). Ancré d'une part dans l'épistémologie wébérienne (sans pour autant se réclamer de Max Weber) et préoccupé, d'autre part, par le débat sur l'intégration multidisciplinaire des sciences sociales, le discours de Myrdal sur le développement semble refléter un certain isolement théorique face aux économistes de la génération d'après-guerre.

Alors que la critique de Myrdal, à l'encontre de l'orthodoxie économique, contribua à susciter un important débat sur la pertinence de l'analyse occidentale appliquée au Tiers-Monde, elle ne relève que partiellement le caractère idéologique et apologétique de la pensée libérale: les formalisations de la dite théorie pure et de l'équilibre général masquent la réalité économique et sociale; cette falsification de la science joue un rôle dans l'articulation idéologique du système économique instauré dans le Tiers-Monde au lendemain de la décolonisation. La critique myrdalienne de l'économie conventionnelle se réduit fondamentalement à une question d'ordre méthodologique, de spécification et de choix des variables et des relations du modèle.

Myrdal et les théories de la modernisation

Pour Myrdal, l'approche de Rostow dans *les Étapes de la croissance économique* (Rostow, 1960) est téléologique car le cheminement historique est
déterminé à l'avance quelles que soient les actions de l'État ou des agents
économiques (Myrdal, 1968a, 1847-1857). Selon Rostow, il y aura décollage
(*take-off*) et croissance économique soutenue (*self-sustained growth*) lorsque
les investissements augmenteront à plus de dix pour cent du produit national
net (Rostow, 1960, 37). Le décollage devra être appuyé par un secteur de
pointe (*leading sector*) et une classe d'entrepreneurs, émules du comportement
social anglo-saxon et de l'éthique protestante. Pour Myrdal, le processus de
développement est loin d'être automatique et il existe des facteurs politiques et
sociaux de blocage à la croissance soutenue, qui sont le résultat de la causalité
circulaire à effets cumulatifs; le dit cercle vicieux de la pauvreté maintiendra
les pays du Tiers-Monde dans un équilibre de sous-développement (*low level
equilibrium*) (Myrdal, 1968a, 1844-1845). L'approche de Rostow, selon
Myrdal, devient téléologique précisément parce que la séquence des dites
étapes, à partir de la société traditionnelle jusqu'à l'ère de la consommation de
masse (*the era of mass consumption*), est établie *deus ex machina* quelle que
soit l'action des agents économiques. Dans Rostow, il y a une chronologie *a
priori* selon laquelle le développement est non seulement possible mais inévitable (Myrdal, 1968a, 1851). Les étapes de la croissance économique se
convertissent en une apologie du libéralisme économique et du laissez-faire.
Quelle que soit l'action des agents, l'économie sociale de marché se chargera
de réaliser le décollage et la croissance soutenue.

    Comme nous l'avons mentionné antérieurement, Myrdal associe sché-
matiquement le matérialisme historique et l'analyse marxiste des modes de
production, à la théorie des étapes telle qu'elle est formulée par Rostow. Selon Myrdal, le matérialisme historique est également de nature téléologique:
aussi bien, Rostow que Marx préconisent un cheminement historique prééta-
bli et un mouvement linéaire vers des étapes de développement plus avancées
(Myrdal, 1968a, 1847-1857).

    Selon Myrdal, les étapes de Rostow présupposent une causalité à effets
cumulatifs favorables; le cercle vertueux (*the virtous circle*) de la croissance
cumulative est posée *a priori* (Myrdal, 1968a, 1847). Myrdal soutient, au
contraire, que l'interaction des facteurs économiques, sociaux, politiques et
culturels contribuera à maintenir le sous-développement et la stagnation économique (*low level equilibrium*) (Myrdal, 1968a, 1844-1846). Comment s'en
sortir? Comment rompre le cercle vicieux qui empêche le processus de modernisation de s'accomplir? La réponse de Myrdal porte sur l'intervention de
l'État et la planification du développement; l'État-providence interventionniste
s'attaquera aux obstacles politiques, sociaux et culturels afin de rompre le

cercle vicieux et de promouvoir un mouvement vers le haut (*upward movement*) (Myrdal, 1968a, 1870-1871). L'État, par l'entremise du plan de développement, devient le principal agent du changement et de la transformation sociale.

Dans sa vision de la modernisation, Myrdal ne remet pas en cause les fondements de la théorie des étapes; il accepte l'idée qu'il existe une société traditionnelle. Son projet de modernisation consiste à créer une rupture avec cette dernière par l'entremise de la planification étatique. En fait, la seule remise en question de fond des étapes de Rostow s'adresse au caractère déterministe de celles-ci, à l'automaticité du changement (c'est-à-dire du décollage) et au rôle régulateur bienveillant du marché. Dans la critique myrdalienne des étapes de la croissance économique, les véritables causes du sous-développement sont passées sous silence: les pays du Tiers-Monde ne peuvent pas suivre le même cheminement historique que les pays développés parce que le sous-développement contemporain est précisément la conséquence d'un mode d'accumulation dont la genèse remonte au début de la période coloniale. Ce mode d'accumulation a contribué historiquement à la subordination de l'Asie du Sud à la Grande-Bretagne, au pillage économique ainsi qu'à l'appropriation du surplus par l'entremise du commerce colonial.

En d'autres termes, les économies du Tiers-Monde sont insérées dans des rapports de domination économique et dans une division internationale du travail qui exclut d'emblée un cheminement historique semblable à celui des pays industrialisés. Mais cela Myrdal ne l'aborde pas. La formation d'empires coloniaux, depuis le début du mercantilisme jusqu'à l'internationalisation du capital et l'impérialisme au dix-neuvième siècle, n'est pas envisagée explicitement par rapport à la problématique contemporaine de la pauvreté. L'écart grandissant entre les pays industrialisés et le Tiers-Monde n'est pas vu par Myrdal comme la conséquence du système d'accumulation et d'échange inégal.

Le rôle de l'histoire

Dans *le Drame de l'Asie*, Myrdal aborde l'histoire coloniale surtout dans le cadre de la transition et des mouvements d'émancipation politique de la période immédiatement antérieure à l'indépendance. Alors qu'il perçoit, dans la structure sociale de l'Inde contemporaine, l'expression d'une société traditionnelle asiatique qu'il s'agit de moderniser, il ignore la genèse historique de la société traditionnelle contemporaine depuis l'empire Moghol ainsi que la manière dont celle-ci a été façonnée par le colonialisme britannique depuis l'implantation de la Compagnie britannique des Indes orientales (*British East India Company*) en Inde, au dix-septième siècle.

Le régime de la propriété foncière basée sur les *zamindari* ainsi que la structure de l'usure traditionnelle au niveau villageois ont été créés de toutes pièces par les Anglais. Le système féodal étatique sous l'empire Moghol ainsi que le régime tributaire étatique centralisé ont été modifiés afin de servir les intérêts commerciaux de l'Angleterre. Sous le régime Moghol — qui a atteint son apogée sous Aurangzeb (1659-1707) —, les *zamindari* étaient des fonctionnaires du gouvernement central responsables de collecter les impôts au niveau villageois. Tout en maintenant la structure tributaire, les Anglais, au Bengal, se sont servis des *zamindari* en leur donnant le droit de devenir des propriétaires terriens (Thorner, 1964, 54). Ce régime de la propriété foncière — qui à première vue se présente comme étant propre à la féodalité et à la société traditionnelle — est en réalité le produit de la modernisation coloniale.

Le régime de la propriété foncière, établi par les Anglais, finançait l'administration coloniale par l'entremise du mécanisme tributaire. En même temps, par la destruction de l'économie villageoise de subsistance, il permit le développement d'une agriculture commerciale orientée vers le marché colonial. En d'autres termes, le régime foncier en vigueur à l'époque de l'Indépendance est précisément un héritage de la modernisation anglo-saxonne durant la période coloniale britannique. Sous les Anglais, l'Inde était devenue, selon Barrington Moore (1966), «le paradis des propriétaires fonciers».

Selon Bagchi (1973, 45), le régime de la *British East India Company* a été celui du pillage économique utilisant: a) l'appropriation tributaire de métaux précieux ou de marchandises, b) l'achat de marchandises à des prix contrôlés par l'administration coloniale, largement inférieurs à ceux aussi bien du (libre) marché interne que du marché mondial. Cette appropriation du surplus — combinée au commerce triangulaire de l'opium (produit au Bengale et exporté en contrebande par les Anglais en Chine) — permit à la Grande-Bretagne de financer ses exportations de capital vers les nouvelles colonies de peuplement au Canada, en Australie et en Afrique du Sud (Bagchi, 1973, 48). Ce drainage du surplus fut mené en parallèle avec la destruction de l'industrie manufacturière et la désarticulation de l'économie villageoise traditionnelle, qui était orientée principalement vers la production vivrière pour l'autoconsommation et le marché local.

De même, lorsque Myrdal aborde la question de l'industrie manufacturière en Inde, il semble ignorer que l'industrie textile indienne était initialement (jusqu'au début du dix-huitième siècle) plus avancée que celle de l'Angleterre: selon Amya Kumar Bagchi (1973, 46), les textiles indiens sont demeurés concurrentiels avec ceux du Lancashire jusqu'en 1830 et cela en dépit de diverses pratiques discriminatoires et l'imposition de droits de douane interne sur les manufactures locales appliquées par le gouvernement colonial britannique. La colonisation — intégrant l'Inde d'abord au régime protectionniste de la *British East India Company* et ensuite à celui du libre-échange dominé par la Grande-Bretagne — contribua au déclin et à la destruction de l'industrie manufacturière indienne. En dernière instance, la politique coloniale visait à éliminer l'industrie manufacturière indienne en bloquant l'accès des textiles indiens aussi bien au marché international qu'au marché interne.

Le rôle de l'État

Le cadre théorique de Myrdal au niveau macroéconomique est celui de l'économie keynésienne impliquant un rôle bien précis pour l'État. Dans sa vision humaniste du changement social, il s'agit de l'État-providence, du *Welfare State* de l'Europe occidentale. Dans ce contexte, le développement demeure pour Myrdal un problème de transformation des institutions et de modernisation de l'État.

L'État-providence dans la pensée myrdalienne est médiateur des conflits sociaux; les organisations de la société civile basée sur le pacte social transforment et réconcilient les intérêts particuliers en vue du bien commun:

> À l'intérieur d'un tel État, tous les intérêts particuliers portent en germe des organisations dans lesquelles ils s'articulent, plaident et réclament leur prise en considération [...]. Grâce à un processus de coopération, de négociation entre groupements d'intérêts organisés et par sa réalisation, nous voyons apparaître un degré relatif d'harmonie. (Myrdal, 1963b, 166)

Pour l'Asie du Sud et du Sud-Est, Myrdal préconise la planification du développement par un régime formellement de type parlementaire. Mais cette dernière n'assure pas la transition vers l'État-providence moderne. L'interventionnisme étatique a toujours existé dans les formations asiatiques: celui du despotisme oriental a été combiné à celui du parlementarisme anglo-saxon. La mise en place d'une planification étatique centralisée sous l'égide d'un État interventionniste moderne n'assure pas une transformation du rôle de l'État. En d'autres mots, le caractère autoritaire de l'État national dans le Tiers-Monde est intimement lié à sa base matérielle et sociale. Sans changements dans les rapports de classes, le caractère despotique de l'État sera maintenu sous le couvert idéologique de la démocratie (autoritaire) moderne — projet politique des élites modernisantes.

Par ailleurs, dans son analyse de l'État en Asie du Sud, Myrdal n'envisage pas l'articulation de celui-ci par rapport au système de gestion étatique déjà en vigueur durant la période coloniale. Quelle est la transition aux plans politique et institutionnel? Comment l'État colonial ainsi que son caractère despotique se sont-ils reproduits dans le processus politique post-colonial? Le régime politique (la forme du gouvernement) a changé; la démocratie parlementaire a été établie en Inde par les élites nationales, mais le caractère autoritaire et paternaliste de l'État colonial est demeuré sous l'égide d'une nouvelle dynastie, celle de la famille Nehru et du *Congress Party*.

Plus fondamentalement, il faudrait analyser comment le despotisme de la société traditionnelle s'est intégré à celui de l'Empire britannique. Quel est l'héritage politique de la période du despotisme oriental des Moghol, quel est celui de la colonisation britannique? Il faudrait montrer que le système féodal-étatique centralisé d'avant la période coloniale, basé sur un régime tributaire intégrant les communautés villageoises dans une structure d'appropriation, fut modifié et intégré à l'économie britannique, durant la période coloniale.

L'État du Tiers-Monde et la division internationale du travail

Pour comprendre la nature de l'État du Tiers-Monde, il est nécessaire d'analyser son évolution par rapport à la structure de la division internationale du travail au cours de l'après-guerre: l'État autoritaire joue un rôle dans la gestion de la force de travail appuyant, au niveau politique, la reproduction d'une économie intégrée à l'économie mondiale capitaliste. Cette articulation de l'État autoritaire se présente en opposition à celle de l'État-providence occidental. L'État du Tiers-Monde assure la cohérence d'une économie de *cheap labour* intégrée et subordonnée à une structure d'accumulation à l'échelle mondiale. Contrairement à la logique keynésienne, qui appuie la reproduction capitaliste du côté de la demande, la structure d'accumulation dans le Tiers-Monde consiste à restreindre le pouvoir d'achat des travailleurs afin de minimiser les coûts de production et de promouvoir le marché des exportations. Le surpeuplement et l'appauvrissement du monde rural assurent une main-d'oeuvre abondante et à bon marché. Le despotisme traditionnel — par l'entremise de la propriété foncière, de l'usure au niveau villageois et du système des castes — s'allie au développement d'une économie capitaliste moderne intégrée au marché mondial. En d'autres mots, la gestion économique de l'État autoritaire du Tiers-Monde appuie le processus d'accumulation du côté de l'offre par la réglementation des coûts main-d'oeuvre, assurant ainsi la reproduction d'une économie extravertie intégrée au marché mondial.

Dans les pays développés — du moins durant une importante phase de l'après-guerre —, les programmes sociaux de l'État-providence ainsi que la politique économique keynésienne constituaient les leviers de la social-démocratie et de l'expansion économique. Dans la logique keynésienne, une expansion du pouvoir d'achat et du salaire réel stimulent la croissance économique du côté de la demande. En revanche, au Tiers-Monde, le rôle de la gestion étatique est renversée: l'État autoritaire réglemente les coûts du facteur travail par différents mécanismes d'oppression et de gestion de la force de travail (contrôle des salaires, règlementations des prix payés aux producteurs agricoles directs, etc.). En d'autres mots, il existe une bipolarité dans la structure de l'État entre le capitalisme avancé d'une part et les pays sous-développés d'autre part: il s'agit d'une dualité fondamentale aussi bien dans la structure de l'État que dans celle de la division internationale du travail.

Le cadre méthodologique myrdalien ne permet pas d'analyser l'articulation de l'État par rapport à la structure accumulative. Myrdal pose au départ la neutralité de l'État-providence et l'indépendance relative de l'État par rapport aux intérêts économiques sous-jacents. Les intérêts de classes sont réconciliés par les mécanismes de la concertation. Son projet pour le Tiers-Monde consiste à transférer les institutions politiques des métropoles vers les nouvelles nations indépendantes, à reproduire au plan de l'idée, les institutions civiles de la société occidentale sans pour autant se rendre à l'évidence que le capitalisme mondial contrôlé par l'Occident démocratique, requiert précisément la survie d'une gestion étatique autoritaire et anti-démocratique dans le Tiers-Monde.

Myrdal ne formalise pas, au plan conceptuel ou à celui de l'analyse historique, la nature du système économique mondial ainsi que les rapports de subordination qui intègrent les économies nationales dépendantes du Tiers-Monde à la division internationale du travail. Son analyse n'inclut aucune discussion en profondeur, par exemple, du contrôle des marchés des matières premières par des sociétés multinationales, des phénomènes d'internationalisation du capital durant l'après-guerre ou de la formation des élites modernisantes en fonction des intérêts du capital international. Ces formalisations partielles et exclusions analytiques de Myrdal contribuent, dans une certaine mesure, à fausser notre compréhension du Tiers-Monde (bien que l'épistémologie de Myrdal prétende précisément expliciter les jugements éthiques dans la recherche scientifique). À cet égard, l'oeuvre de Myrdal semble elle aussi véhiculer une idéologie implicite, à savoir qu'une modernisation autonome et indépendante à l'image du capitalisme occidental est possible au Tiers-Monde et que, la voie à suivre est celle de l'intégration internationale et de "l'harmonie créée" entre nations riches et pauvres.

Conclusion

L'État-providence modelé sur l'Occident est une impossibilité, précisément en raison des modes de domination du Tiers-Monde par le capitalisme occidental. L'État-providence est une impossibilité dans une économie subordonnée et exploitée: la social-démocratie ne peut se reproduire dans le Tiers-Monde parce qu'elle est d'emblée incompatible avec l'articulation du système global de production et d'échange. Cette dernière, caractérisée par la dualité structurelle de l'économie mondiale capitaliste, s'oppose, quant aux rapports sociaux de production, à la mise en oeuvre du projet myrdalien de modernisation. La solidarité, la coopération internationale ainsi que l'intégration économique et la notion d'État-providence mondial, préconisées initialement dans *Une écono- mie internationale* (1958a), deviennent dans les faits et dans la réalité de l'évo- lution de l'économie mondiale d'après-guerre, les instruments d'une nouvelle forme d'oppression économique du Tiers-Monde. Dans l'optique myrdalienne, l'objectif normatif des besoins essentiels n'est pas perçu par rapport à la revendication sociale ou à la contestation des masses appauvries de l'Asie du Sud. Pour Myrdal, les masses n'ont aucune part dans le processus de moderni- sation dont elles sont l'objet: le paternalisme de l'État associé à l'ingénierie sociale et à l'exercice technique de la planification assureront la mise en oeu- vre de ces transformations au nom des masses.

L'État autoritaire appuie l'économie à bas niveau de salaires du côté de l'offre, la pauvreté du Tiers-Monde constitue un coût de production — un intrant essentiel à l'agriculture commerciale et à l'économie industrielle d'ex- portation. À son tour, la reproduction de la pauvreté rurale et du chômage urbain jouera un rôle régulateur dans l'articulation du marché du travail et dans le maintien d'une main-d'oeuvre abondante et à bon marché. Quelle que soit la forme de gouvernement (dictature militaire ou démocratie autoritaire), la survie de ce système économique requiert le maintien de l'État autoritaire. La gestion de l'État dans le Tiers-Monde, et la manière dont elle s'exprime au plan des institutions gouvernementales, constituent un soutien essentiel à la reproduction d'une économie de traite intégrée au marché mondial, tout en assurant l'hégémonie politique des élites modernisantes et la cohérence de la structure sociale interne. L'élimination de la pauvreté est mise de l'avant par Myrdal au plan normatif sans être articulée à une analyse de la nature contra- dictoire de l'État et du processus d'accumulation. Pour Myrdal, les fondements de la société civile sont ses institutions étatiques; dans le schéma myrdalien, il s'agit de transformer les institutions car les droits de propriété et les rapports sociaux ne peuvent constituer la source de l'inégalité sociale et de la pauvreté.

Une véritable redistribution du revenu ne peut être acquise que par des changements dans les rapports sociaux. La planification orientée vers les be- soins essentiels (*basic human needs*) et la redistribution du revenu s'avèrent non seulement utopiques, elles revêtent un contenu idéologique implicite qui falsifie la réalité sociale et masque ainsi le contenu vécu du "drame" de l'Asie. C'est ainsi que l'interventionnisme étatique et la planification chez Myrdal se présentent sous le manteau d'une bienveillance inhérente. La rationalité de l'État est posée *a priori*, le changement social et la modernisation s'opèrent au niveau du *Geist;* le développement est chose acquise lorsque l'idéologie de la planification est acceptée par des élites bienveillantes et illuminées.

Ce ne sont pas les masses qui sont l'instrument du progrès social mais ces élites bienveillantes. Dans le cadre d'une structure politique paternaliste et autoritaire à l'endroit des masses appauvries, ce projet se convertit en un despotisme éclairé: les élites modernisantes sont le principal instrument du changement social et du destin des masses, bien que l'objectif normatif d'élimination de la pauvreté aille à l'encontre de leurs intérêts de classe:

> *Les masses populaires des pays sous-développés peuvent faire l'objet de mesures politiques prises en leur faveur*, mais à peu près nulle part elles ne sont en mesure d'en être directement les instigatrices [...]. L'élite intellectuelle des pays sous-développés estime qu'elle doit s'identifier elle-même aux intérêts de toute la nation. [...] La classe supérieure est privilégiée mais, au cours de l'histoire elle a toujours porté les espoirs d'une condition plus égalitaire, et elle les porte encore aujourd'hui. (Myrdal, 1971b, 75, 88, italique dans l'original)

Par l'exclusion analytique des rapports de classes, le discours humaniste de Myrdal se convertit en un faux humanisme. Myrdal ignore que la pauvreté est nécessaire à la reproduction des rapports sociaux, elle constitue une composante essentielle du processus d'accumulation. Selon lui, si on change les mentalités, si on fait accepter l'objectif des besoins essentiels, les relations sociales et la conjoncture économique s'ajusteront à l'idée de modernisation. La lutte des classes et le conflit social ne comptent pour rien dans ce processus. L'articulation sociale des masses appauvries d'Asie du Sud, ainsi que leurs revendications sociales contre l'oppression et l'exploitation, n'est pas un enjeu, les modalités de changement social étant confinées à l'ingénierie sociale et à l'univers technique de la planification.

Il n'en reste pas moins que Myrdal, à partir des postulats de la social-démocratie, fut à bien des égards à l'avant garde de sa génération. Il n'hésite jamais à prendre position contre l'expansionnisme américain et la diplomatie de Washington: dès 1947, il s'opposa à la Guerre Froide — à la Commission Économique pour l'Europe, il contribua à l'ouverture de l'Europe occidentale vers l'Union Soviétique. Durant les années soixante, il prit position (en tant que Président du Comité suédois) contre l'intervention américaine au Vietnam. Vers la fin de sa vie — dans un magnifique discours prononcé à La Havane, Myrdal semblait revenir sur le rôle central du réformisme, en admettant, qu'à l'image de la révolution cubaine, la lutte armée contre la domination des peuples du Tiers-Monde pourrait, "dans certaines circonstances", constituer "une voie alternative" à celle de la social-démocratie.[2]

---

2. Myrdal fut le seul parmi les lauréats Nobel qui accepta l'invitation de Fidel Castro en 1981 au deuxième Congrès des Économistes du Tiers-Monde.

Références bibliographiques

BAGCHI, A.K. (1973), «Foreign Capital and Economic Development in India: A Schematic View», in: K. Gough et H.P. Sharma (dir.), *Imperialism and Revolution in South Asia*, New York, Monthy Review Press.

BAER, W. (1971), «The Economics of Prebisch and the ECLA», in: I. Livingstone (dir.), *Economic Policy for Development*, Middlesex, Penguin.

COMMISSION ECONOMICA PARA AMERICA LATINA (1969), *El Pensamiento de la Cepal*, Santiago du Chili, Editorial Universitaria.

GEORGESCU-ROEGEN, N. (1960), «Economic Theory and Agrarian Economics», *Oxford Economic Papers*, vol. 12, n⁰ 1.

MOORE, B. Jr. (1966b), *Social Origins of Dictatorship and Democracy*, Boston, Beacon Press.

MYRDAL, G. (1953a), *The Political Element in the Development of Economic Theory*, traduit de l'allemand par Paul Streeten, Londres, Routledge & Kegan Paul.

MYRDAL, G. (1957b), *Economic Theory and Under-Developed Regions*, Londres, Gerald Duckworth.

MYRDAL, G. (1958a), *Une économie internationale*, Paris, Presses universitaires de France.

MYRDAL, G. (1959), *Théorie économique et pays sous-développés*, traduit de l'anglais par J. Chazelle, Paris, Présence africaine.

MYRDAL, G. (1963b), *Planifier pour développer*, Paris, Les Éditions ouvrières.

MYRDAL, G. (1968a), *Asian Drama: An Inquiry into the Poverty of Nations*, 3 volumes, New York, Pantheon Books.

MYRDAL, G. (1971b), *Le Défi du monde pauvre*, Paris, Gallimard.

MYRDAL, G. (1973a), *Against the Stream: Critical Essays on Economics*, New York, Pantheon Books.

MYRDAL, G. (1976a), *Le Drame de l'Asie: une enquête sur la pauvreté des nations*, condensée par Seth King, traduit de l'anglais par Michel Janin, Paris, Seuil.

MYRDAL, G. (1978d), *Procès de la croissance: à contre-courant*, traduit de l'anglais par Tradecom, Paris, Presses universitaires de France.

ROSTOW, W.W. (1960), *The Stages of Economic Growth*, Cambridge, Cambridge University Press.

SEERS, D. (1963), «The Limitations of the Special Case», *Bulletin of the Oxford Institute of Economics and Statistics*, vol. 25, n⁰ 2, mai.

STREETEN, P. (1966), «The Use and Abuse of Models in Development Planning», in: K. Martin et J. Knapp (dir.), *The Teaching of Development Economics*, Londres, Frank Cass.

PREBISCH, R. (1970), *Change and Development*, New York, Praeger.

THORNER, D. (1964), «The Transformation of Rural Economy», in: M.D. Lewis (dir.), *The British in India*, Boston, D.C. Heath.

WEBER, M. (1949), *The Methodology of the Social Sciences*, New York, Free Press.

POSTFACE

Sissela Bok

"Gunnar Myrdal se considérait comme un intellectuel qui analyse la société, mais il y avait en lui un désir ferme de provoquer le changement et une insistance que le monde pouvait être rendu plus rationnel."[1] En 1987, après la mort de son ami et collègue, Lars Ingelstam rappelle par cette phrase que Gunnar Myrdal a en tout temps conservé cette volonté de contribuer à l'avènement d'un monde meilleur; il était possible de le lire dans ses yeux et de l'entendre dans sa voix et ce, alors même qu'il posait des jugements les plus sévères sur l'état du monde. Conséquemment, Gunnar Myrdal n'a jamais partagé ce cynisme professionnel qui est monnaie courante chez les chercheurs habitués à observer le monde et ses bêtises, ce qui réconfortait et inspirait la plupart de ceux qui l'ont rencontré, malgré les divergences d'opinion.

La foi de Gunnar Myrdal dans le pouvoir de l'analyse et de la critique rationnelles d'amener des changements souhaitables était enracinée dans une vision du monde inspirée de l'âge des Lumières, qu'il avait acquise très jeune et qui a été par la suite soutenue par l'idéal égalitaire et humaniste d'Alva Myrdal. Tous ceux qui ont connu Alva et Gunnar Myrdal ont ressenti la force de ces idéaux communs. En racontant l'histoire de leur première rencontre, ils ont tenté de communiquer l'étonnement que chacun ressentait en constatant que l'autre pouvait à la fois partager et enrichir ses connaissances et ses espoirs.[2]

---

1. Ingelstam, Lars, "Kampen mot cynismen. Minnesord om Gunnar Myrdal", 2 juin 1987.

2. Certains des paragraphes qui suivent sont extraits de mon livre *Alva: Ett kvinnoliv*, Stockholm, Bonniers, 1987, chapitre III (qui paraîtra en anglais chez Pantheon Books en 1991) et de "Alva Myrdal", *The Yale Review*, n° 76, printemps 1987, 300-308.

En juin 1919, Alva Reimer avait dix-sept ans lorsqu'elle fit la rencontre de l'étudiant Gunnar Myrdal, un grand jeune homme de vingt ans. Ce dernier, accompagné de deux amis, passait quelques semaines de vacances à faire de la bicyclette dans la campagne suédoise; arrivant à la ferme des parents d'Alva, ils demandèrent la permission de passer la nuit dans la grange. Alva raconte avoir été bouleversée le lendemain matin, au petit déjeuner. Voici, avait-elle pensé, un homme tout à fait nouveau, supérieur, d'un grand calibre avec ce génie enjoué qui par contraste faisait paraître la parole des autres lourde et embrouillée. En conversant avec lui, elle avait eu l'impression d'avoir été invitée à un festin de l'imagination et de l'esprit. De son coté, il avouait avoir été impressionné, pour la vie, par cette jeune fille jolie, amusante et profonde.

Ayant fait appel à tout son courage, Gunnar osa lui demander l'inconcevable: de l'accompagner dans cette excursion à bicyclette. Alva l'étonna en acceptant son invitation. Elle n'avait jamais agi avec autant d'impulsion. C'était comme si elle savait que cette chance ne se représenterait sans doute jamais. Sa mère étant dans une maison de repos, elle n'eut aucun mal à convaincre son père par une histoire de visite chez une amie qui durerait quelques semaines.

Ils vivaient en vagabonds, faisant de la bicyclette et discutant le long des routes et dans les bois de la province de Dalecarlia. Au feu de camp chaque soir, Alva préparait des plats qui avec le recul, lui paraissaient sans grande inspiration. Mais à cette époque ils n'était pas très exigeants. Les conversations se poursuivaient. Les idées de Gunnar étaient pour Alva d'une ampleur à couper le souffle. Qu'il discutât des changements économiques et sociaux qui bouleversaient le monde après la Grande Guerre, du rôle de la religion depuis le début de l'histoire, il avait une façon de juxtaposer des idées en apparence contradictoires et d'arriver à des conclusions étonnantes avec une assurance qu'elle trouva fascinante.

Gunnar partagea aussi avec elle ses conceptions de sa vie future. Il avait avant tout une foi indéfectible dans la valeur de la rationalité. Si seulement les hommes pouvaient réfléchir scientifiquement avec plus de lucidité, il était convaincu qu'ils pourraient ainsi guider leurs vies de bien meilleure façon. Déjà à l'école secondaire, il avait choisi comme modèles les penseurs des Lumières. La thèse qu'il emprunta sans réserve à ces grands auteurs fut ce qu'il appela plus tard son optimisme concernant le développement, cette idée selon laquelle la condition humaine s'améliorera dès que la raison triomphera de la mésintelligence et de la superstition.

Chez Alva, Gunnar trouva quelqu'un qui partageait une même foi dans la possibilité du progrès mais avec des idéaux plus précis et une passion pour les mettre en oeuvre. Le père d'Alva, Albert Reimer, était un constructeur et un fermier autodidacte qui participa dès les premières années aux mouvements social-démocrate et coopératif suédois. Il avait une admiration sans borne pour

Rousseau et Strindberg. Alva hérita de son père un ensemble de valeurs —
égalité, liberté, progrès, sens moral et franchise — qui en liaison approfondis-
saient ce qu'il appelait le bien. Elle partageait cette idée paternelle, mais
insistait pour inclure dans les choses qui amènent *le bien,* la vénération que sa
mère Lowa portait à la poêsie, l'art, le théâtre et tout ce qui nous rapproche du
beau, ce qu'elle considéra jusqu'à la fin de ses jours comme un ingrédient
indispensable pour vivre pleinement.

Au fur et à mesure de leurs discussions, ils renforcaient mutuellement
leurs points de vue. Contrairement à Alva, Gunnar insistait toujours sur le
fait qu'il ne cherchait pas à devenir une *bonne* personne mais que ses travaux
seraient sa grandeur. Il accordait ainsi beaucoup d'importance à l'honnêteté
intellectuelle, au courage, à la maîtrise de soi et au travail méticuleux. Mais
il partageait avec Alva les idéaux d'égalité sociale, de liberté et de justice,
arrivant même à les considérer d'un point de vue rationnel comme souhaitables pour toute société même dans une perspective purement économique. La
persistance de l'inégalité des femmes contribuait à l'appauvrissement et à la
perturbation des tendances démographiques; aussi, la discrimination raciale lui
apparaissait non seulement injuste mais comme un facteur contribuant à la
spirale de la pauvreté, de la malnutrition, et des problèmes de santé, de logement et d'éducation.

Il réussit à convaincre Alva qu'elle ne pourrait atteindre ses objectifs
sans une rationalité sans compromis. Autrement, ses idéaux risquaient de ne
devenir que de la sensiblerie. Au cours de leurs voyages en Europe et aux
États-Unis, dans les années 1920, ils en vinrent à partager une autre dimension de la pensée des Lumières: une vision cosmopolite qui franchit les frontières nationales et saisit les problèmes dans une perspective mondiale. Après
la Suède, ils s'intéressèrent à l'Europe, aux États-Unis et aux pays du Tiers
Monde; leur préoccupation ultime fut le combat pour la survie dans les pays
déshérités et notre responsabilité envers les générations futures.

Gunnar racontait souvent combien, à l'occasion de leur premier voyage
de recherche à l'étranger, ils avaient aimé fréquenter les bibliothèques, telles la
Deutsche Bücherei à Kiel ou la salle de lecture du British Museum, et
comment ils se sentaient proches de penseurs comme Hobbes, Mill, Ricardo
et Sidgwick. Ils avaient trouvé dans les ouvrages de ces auteurs le même
enthousiasme pour les idées et l'ouverture d'esprit qui les caractérisaient; c'est
comme si cette expérience leur avait fait découvrir des liens avec une famille
de penseurs. Ils parcoururent les travaux des néo-darwiniens et des socialistes
utopiques et se laissèrent séduire par l'attitude critique mais non dogmatique
des philosophes des Lumières. Ils croyaient fermement que la science sociale
pouvait jeter une lumière telle sur les problèmes humains que les réformes
qu'ils préconisaient apparaîtraient un jour évidentes aux yeux de tous. Pour
ces deux intellectuels et pour d'autres, qui oeuvrèrent durant cet intermède que

Gunnar baptisait *l'intervalle lucide*, entre la Grande Guerre et la série de crises nationales et internationales entraînées par la débâcle financière de 1929, le progrès qu'appelaient ces réformes paraissait à portée de la main.

Gunnar et Alva Myrdal arrivèrent à New York avec le statut de *Rockefeller Fellows* seulement quelques semaines avant le krash de 1929. Comme tant d'autres qui ont fait le voyage en Amérique, ils se sentirent comme des explorateurs. Et ce qu'ils apprirent sur l'Amérique et sur eux-mêmes eut un effet quasi électrisant sur leurs vies. On leur réserva un accueil des plus chaleureux à l'université Columbia et dans les autres établissements qu'ils visitèrent au cours de leur périple. Le climat intellectuel qui prévalait à l'époque était plus agréable, plus vivant et plus stimulant que ce qu'ils avaient connu auparavant. Mais ils furent aussi témoins de la crise économique et de ses répercussions mondiales, pendant que l'Administration Hoover s'avérait incapable de retourner la situation.

Par la suite, Gunnar et Alva affirmèrent que ce séjour aux États-Unis avait été l'occasion de leur éveil politique. Au delà de la Grande Dépression, ils furent bouleversés par les contrastes frappants entre millionnaires et déshé-rités des bidonvilles. Ces inégalités étaient moins évidentes en Suède parce que les collectivités locales et les organismes gouvernementaux veillaient au bien-être des plus nécessiteux. À la vue de cette grande pauvreté et de ces injustices qui affligeaient les minorités raciales et religieuses, ils adoptèrent des attitudes plus radicales. Avant cette prise de conscience des conditions sociales dans leur pays et à l'étranger, leurs intérêts étaient limités aux études universitaires et à leurs projets d'avenir. Ni les retombées de la Grande Guerre, ni les combats menés par les femmes de Suède et des autres pays pour obtenir le droit de vote ne les avaient autant secoués que leur expérience américaine.

Ils en vinrent à utiliser de plus en plus le mot *radical* pour décrire leur volonté de voir se réaliser des réformes en profondeur plutôt que superficiel-les. Leurs projets sociaux partiraient désormais de la base, mais sans jamais recourir à la violence. Pour Gunnar, l'économique ne serait plus principale-ment chose théorique et, même s'il appelait à plus de recherches appliquées, il se consacrerait à un travail théorique plus réaliste. Il considérait les interven-tions concrètes comme vitales et pensait que seule une science sociale critique et intrépide pouvait indiquer la voie du changement.

L'ouvrage intitulé *État critique du problème démographique* (Myrdal, 1934b), corédigé avec Alva, attira l'attention du public dès sa parution. Celui-ci prônait des réformes radicales pour répondre à la menace d'une baisse démo-graphique, sans lesquelles l'avenir de la nation paraissait très sombre. Dans un style rationnel, ce livre faisait écho à leur foi dans la prochaine victoire de la raison, du moins en Suède. Ils n'hésitaient pas à qualifier leurs adversaires de pseudo-scientifiques, d'inintelligents et même de malhonnêtes. Plus tard, Gunnar écrivit que les vives réactions de la presse à l'égard de cet ouvrage découlaient de ce "que les auteurs n'avaient pas été particulièrement polis envers ceux qu'ils considéraient comme simples d'esprit ou mauvaises têtes", et il avoua: "J'étais sans doute plus responsable qu'Alva." (Myrdal, 1982, 197)

À la fin des années 1930 toutefois, leur confiance et leur optimisme du début dans le caractère inévitable du progrès étaient sérieusement ébranlés. Il est vrai que plusieurs des réformes qu'ils avaient préconisées avaient été mises en oeuvre et jetaient les bases de l'État-providence suédois. Mais la haine et la déraison parcouraient l'Europe; les soucis de rationalité ou de cosmopolitisme n'étaient pas très apparents et la science sociale critique ne paraissait pas en mesure de contrer la marée.

Ces développements modérèrent l'optimisme de jeunesse de Gunnar, mais ne minèrent pas sa foi dans la rationalité, le cosmopolitisme et la nécessité d'une science sociale critique pour parvenir au progrès social. Il entretenait plus d'espoir dans l'avenir des États-Unis que dans celui de l'Europe. Cela parce que l'Amérique avait été fondée dans l'esprit des Lumières avec des idéaux de liberté, de justice et d'égalité.

Lorsqu'on demanda à Gunnar d'entreprendre une étude monumentale sur ce que l'on appelait à l'époque le *problème nègre* aux États-Unis, il n'est pas étonnant qu'il en arriva à considérer les causes comme la solution en terme de dilemme, à savoir le lourd contraste entre le *Credo américain* qui exprime les idées les plus nobles de l'âge des Lumières et la réalité honteuse de la discrimination raciale et de ses avatars. Pour lui, il n'y avait pas de raison pour que ce dilemme persistât. Le défi qui se posait à cette société résidait dans le fait de ramener les pratiques sociales au plan des valeurs fondatrices. Pour lui, la science sociale pouvait à la fois élucider le problème et ses solutions.

Il n'est pas étonnant, comme le soulignait lui-même Gunnar, que l'ouvrage *An American Dilemma* (Myrdal, 1944a) se termine par le mot "Lumières". Pendant sa jeunesse, il avait été impressionné par le fait que les grands auteurs britanniques du dix-neuvième siècle choisissaient avec minutie le dernier mot de leurs textes. Ainsi, il me racontait comment Henry Sidgwick's changeait d'avis. En 1874, ce dernier concluait la première édition du livre d'avant-garde *Methods of Ethics* par le mot "échec"; à la septième édition il avait plutôt opté pour "scepticisme".[3]

Gunnar ne s'est jamais senti obligé de changer son dernier mot. Malgré ses craintes grandissantes à l'égard de la voie dans laquelle s'engageaient les nations, particulièrement évidentes dans *Asian Drama* (Myrdal, 1971a), il ne douta jamais d'un changement possible; ni qu'il faille nécessairement adopter une vision plus large, plus rationnelle et plus humaniste des sociétés pour qu'elles se transforment. Jusqu'à sa mort, il conserva les convictions exprimées dans les derniers paragraphes de *An American Dilemma.*

---

3. Henry Sidgwick, *The Methods of Ethics*, New York, Dover Publications, 1966, 509.

L'étude du social vise à expliquer pourquoi tous ces gens potentielle-
ment ou intentionnellement bons se rendent la vie et la vie des autres
misérables lorsqu'il vivent ensemble, que se soit dans la famille, dans
une collectivité, dans un pays ou sur une planète...

Le rationalisme et le moralisme qui animent l'étude du social, que nous
l'admettions ou pas, est la foi dans le fait que les institutions peuvent
être améliorées et renforcées et que les gens sont assez bons pour vivre
plus heureux. Avec les connaissances d'aujourd'hui, il devrait être possible de bâtir une nation, un monde là où la tendance naturelle des gens
pour la convivialité et la coopération ne serait pas trop contrecarrée.

Trouver les formules pratiques pour cette éternelle reconstruction de la
société est la tâche suprême des chercheurs en science sociale. La catas-
trophe mondiale soulève d'énormes problèmes et secoue profondément
notre confiance. Toutefois, aujourd'hui en science sociale, nous avons
une plus grande foi dans le potentiel de l'homme et de la société que ce
n'a été le cas depuis le siècle des Lumières (Myrdal, 1944a, 1024).

| *Traduit par Laurent Lepage* |

BIBLIOGRAPHIE

préparée par *Gilles Dostaler*
avec l'assistance de *François Plourde*

I- Principales oeuvres de Gunnar Myrdal[*]

1927- *Prisbildningsproblemet och föränderligheten* [Le problème de la formation des prix et le changement économique], Uppsala et Stockholm, Almqvist & Wiksell.

1929- "Sparandets plats i en realinkomstberäkning" [La place de l'épargne dans le calcul du revenu réel], *Ekonomisk Tidskrift*, vol. 31, n° 4, 157-169.

1930- *Vetenskap och politik i nationalekonomien* [Science et politique en économie], Stockholm, P.A. Norstedt & Soners Forlag; traduction anglaise: Myrdal (1953a)[1]; autres traductions: allemande (1932), japonaise (1942), italienne (1943), espagnole (1967), grecque (1971), coréenne (1974).

---

[*] On trouvera une bibliographie exhaustive de Gunnar Myrdal dans K. Assarsson-Rizzi et H. Bohrn, *Gunnar Myrdal: A Bibliography, 1919-1981*, 2ᵉ éd., New York et Londres, Garland Publishing, 1984. Nous l'avons utilisée pour construire la première partie de cette bibliographie.

1. Cette indication signifie qu'on trouvera l'entrée correspondant à la version anglaise à 1953a; généralement, nous indiquerons les entrées complètes pour les traductions anglaise et française. Pour les autres traductions, nous nous contenterons d'en mentionner l'existence et la date.

1931- "Om penningteoretisk jämvikt. En studie över den "normala räntan" i Wicksells penninglära" [L'équilibre monétaire d'un point de vue théorique. Une étude de "l'intérêt normal" selon la doctrine monétaire de Wicksell], *Ekonomisk Tidskrift*, vol. 33, nos 5-6, 191-302 [imprimé en 1932]; version allemande révisée: Myrdal (1933c); version anglaise révisée: Myrdal (1939b); traduction française: Myrdal (1950).

1932a- "Socialpolitikens dilemma" [Le dilemme de la politique sociale], *Spektrum* , vol. 2, n° 3, 1-13 et n° 4, 13-31.

1932b- "Kosta sociala reformer pengar?" [Les réformes sociales sont-elles coûteuses?], *Arkitektur och Samhälle*, vol. 1, n° 1, 33-44.

1933a- *Bostadfrågan såsom socialt planläggningsproblem* [La question du logement comme problème de planification sociale], en collaboration avec Uno Åhrén, rapport au département des finances, Stockholm, Kooperativa Förbundet.

1933b- *The Cost of Living in Sweden, 1830-1930*, avec l'assistance de S. Bouvin, Stockholm Economic Studies, n° 2, Londres, P. S. King & Son.

1933c- "Der Gleichgewichtsbegriff als Instrument der Geldtheoretischen Analyse" [Le concept de l'équilibre comme instrument d'analyse de la théorie monétaire] in: F.A. Hayek (dir.), *Beiträge zur Geldtheorie*, Vienne, Julius Springer, 365-485 orig. (1931)[2].

1933d- "Industrialization and Population", in: *Economic Essays in Honour of Gustav Cassel*, Londres, G. Allen & Unwin.

1933e- *Konjunkturer och offentlig hushållning* [Les cycles économiques et les finances publiques], Stockholm, Kooperativa Förbundet; version abrégée de 1934a.

1933f- "Das Zweck-Mittel-Denken in der Nationalökonomie" [La pensée pratique en économie politique], *Zeitschrift für Nationalökonomie*, vol. 4, n° 3, 305-329; traduction anglaise par Paul Streeten: Myrdal (1958d), 206-230.

---

2. Cela indique l'entrée originale dont on trouve ici la traduction, ou une édition ultérieure révisée.

1934a- *Finanspolitikens ekonomiska verkningar* [Les effets économiques de la politique fiscale], rapport pour le comité sur le chômage, Stockholm, P.A. Norstedt & Soner; traduction espagnole (1948).

1934b- *Kris i befolkningsfrågan* [État critique du problème démographique], en collaboration avec Alva Myrdal, Stockholm, Bonnier; deux rééditions complètes et cinq rééditions populaires (modifiées et allégées) en 1934 et 1935; traductions: danoise (1935), norvégienne (1936).

1936- *Betänkande i sexualfrågan* [Rapport sur la question de la sexualité], présenté par la commission de la population, rédigé en grande partie par G. Myrdal, Stockholm.

1937- "Den svenska penningpolitiken inför faran av en fortsatt prisstegring [La politique monétaire suédoise et la menace d'une nouvelle hausse des prix], *Sveriges Socialdemokratiska Arbetarparti Information*, 161-167 et 177-187.

1938a- *Jordbrukspolitiken under omläggning* [La réorientation de la politique agricole], Stockholm, Kooperativa Förbundet.

1938b- "Kontant eller in natura i socialpolitiken" [Paiement en monnaie ou en nature dans la politique sociale], *Nationaløkonomisk Tidskrift*, vol. 76, 69-91.

1939a- "Fiscal Policy in the Business Cycle", *American Economic Review*, Papers and Proceedings, vol. 29, supplément, 183-193.

1939b- *Monetary Equilibrium*, Londres, W. Hodge; orig. (1931); traduction de l'allemand [Myrdal (1933c)] par R .B. Bryce et N. Stolper; New York, A. M. Kelley, 1962, 1965; Londres, Cass, 1963; traduction française: Myrdal (1950); autres traductions: italienne, japonaise (1943).

1940- *Population. A Problem for Democracy*, Cambridge, Harvard University Press; Londres, Oxford University Press; Magnolia, Mass., Smith,1969; traduction japonaise (1943).

1941- *Kontakt med Amerika* [Contact avec les États-Unis], en collaboration avec Alva Myrdal, Stockholm, Bonnier & Helsingfors, Söderström; traductions: allemande (1944), danoise (1946), néerlandaise (1948).

1943- *Amerika Mitt i Världen* [Les États-Unis au centre du monde], Stockholm, Kooperativa Förbundet; traduction allemande (1944).

1944a- *An American Dilemma. The Negro Problem and Modern Democracy*, avec l'assistance de Richard Sterner et Arnold Rose, New York et Londres, Harper & Row, 2 vol.; réédition 1962, avec une préface de l'auteur pour le vingtième anniversaire de la première édition et une postface de A. Rose, New York et Evanston, Harper & Row; New York, Toronto et Londres, McGraw Hill, 1964, avec une nouvelle préface de l'auteur et une recension à jour de A. Rose; New York, édition de poche, Pantheon Books, 1975; version condensée: Myrdal (1948).

1944b- "Den ekonomiska utvecklingen i Amerika och konjunkturutsikterna" [Le développement économique aux États-Unis et les perspectives de cycles économiques], *Nationalekonomiska Föreningens Förhandlingar*, Stockholm, 31-53.

1944c- *Varning för fredsoptimism* [Avertissement à propos de l'optimisme d'après-guerre], Stockholm, Bonnier; traduction allemande (1945).

1945a- "Gustav Cassel in Memoriam (1866-1945)", *Ekonomisk Revy*, vol 2, 3-13; traduction anglaise par Göran Ohlin, *Institute of Economics and Statistics Bulletin*, Oxford, vol. 25, n°1, 1963, 1-10.

1945b- "Relation to Specialized Agencies in the Economic and Social Field", in: *Peace and Security after the Second World War. A Swedish Contribution to the Subject*, Stockholm, Swedish Institute of International Affairs, 173-191; traduction suédoise (1945).

1945c- *Universitetsreform* [La réforme de l'université], Stockholm, Tiden.

1945d- "Tidens industrikritik" [Critique contemporaine sur l'industrie], *Tiden*, vol. 37, n° 2, 107-115.

1945e- "Socialdemokratiska framtidslinjer" [La position social-démocrate sur l'avenir], Stockholm, Arbetarrörelsens Arkiv [archives Gunnar Myrdal, 20.2.3].

1948- *The Negro in America. The Condensed Version of Gunnar Myrdal's An American Dilemma*, par Arnold Rose, préface de Gunnar Myrdal, New York, Harper & Row; réédition 1964; Boston, Beacon Press, 1956; Londres, Secker & Warburg; condensé de: Myrdal (1944a).

1950- *L'Équilibre monétaire*, traduit de l'anglais [Myrdal (1939b)] par Béatrix Marchal, avant-propos par André Marchal, Paris, Médicis.

1951- "The Trend Towards Economic Planning", *Manchester School of Economic and Social Studies*, vol. 19, n° 1, janvier, 1-42.

1952a- "Les aspects économiques de la santé", *Revue économique*, vol. 3, n° 6, 785-804.

1952b- "Psychological Impediments to Effective International Cooperation", *Journal of Social Issues*, supplement series n° 6, 5-31; *American Journal of International Law*, vol. 48, 1954, 304-307.

1953a- *The Political Element in the Development of Economic Theory*, [original suédois: Myrdal (1930)] traduit de l'allemand par Paul Streeten, Londres, Routledge & Kegan Paul; Cambridge, Harvard University Press, 1954; édition de poche, Clarion Book, New York, Simon and Schuster, 1969; traductions: espagnole (1967), japonaise (1967), italienne (1981); nouvelle édition suédoise révisée traduite de l'anglais, Stockholm, Rabén & Sjögren, 1971.

1953b- "The Relation between Social Theory and Social Policy", *The British Journal of Sociology*, vol. 4, 210-242; traductions: italienne (1954), suédoise (1954), espagnole (1967); in: Myrdal (1958d), 9-54.

1955a- *Realities and Illusions in Regard to Inter-Governmental Organizations*, Londres, Oxford University Press.

1955b-"Toward a More Closely Integrated Free-World Economy", in: Robert Lekachman (dir.), *National Policy for Economic Welfare at Home and Abroad*, New-York, Garden City, 235-292.

1956a- *Development and Under-Development. A Note on the Mechanism of National and International Economic Inequality*, Le Caire, National Bank of Egypt Printing Press; version révisée: Myrdal (1957b); paru sous le titre "International Trade and Investment: Theory and Practice. Development and Underdevelopment", in: J. A. Pincus (dir.), *Reshaping the World Economy. Rich and Poor Countries*, Englewood Cliffs, Prentice-Hall, 1968, 85-91.

1956b- *An International Economy, Problems and Prospects*, Londres, Routledge & Kegan Paul; New York, Harper & Brothers; Greenwood Press; New York et Londres, Harper & Row, et Tokyo, Weatherhill, 1964; New York, Harper & Row, 1969, avec une nouvelle préface de l'auteur; Westport, Conn., Greenwood Press, 1978; traduction française: Myrdal (1958a); autres traductions: espagnole (1956), suédoise (1956), allemande (1958), russe (1958), tamoule (1973).

1956c- "The Research Work of the Secretariat of the Economic Commission for Europe", in: *25 Economic Essays in English, German, and Scandinavian Languages in Honour of Erik Lindahl*, Stockholm, *Ekonomisk Tidskrift*, novembre, 267-293.

1957a- "Economic Nationalism and Internationalism", *The Australian Outlook*, vol. 11, n° 4, 3-50; tiré à part: Dyason Lectures, Melbourne, Australian Institute of Economic Affairs.

1957b- *Economic Theory and Under-Developed Regions*, Londres, Gerald Duckworth; New York, Harper & Row, 1971; Bombay, Vara, 1958; édition de poche, University Paperback, Londres, Methuen, 1963; traduction française: Myrdal (1959b); autres traductions: suédoise (1957), danoise (1958), polonaise (1958), allemande (1959), italienne (1959), japonaise (1959), espagnole (1959), coréenne (1960), portugaise (1960), arabe (1962), perse (1966).

1957c- *Rich Lands and Poor. The Road to World Prosperity*, édition américaine de: Myrdal (1957b), éd. par Ruth Nanda Anshen, New York, Harper & Row.

1957d- "The Necessity and Difficulty of Planning the Future Society", communication, Washington, D. C., 3 octobre [archives Gunnar Myrdal].

1958a- *Une économie internationale*, Paris, Presses universitaires de France; orig.: Myrdal (1956b).

1958b- "Indian Economic Planning", *United Asia*, Bombay, vol. 10, n° 4, 272-281.

1958c- "The Role of Price Mechanism in Planning for Economic Development of Underdeveloped Countries", in: *Festskrift till F. Zeuthen*, Copenhague.

1958d- *Value in Social Theory. A Selection of Essays on Methodology*, édité par Paul Streeten, New York, Harper & Row; Londres, Routledge & Kegan Paul; traductions: portugaise (1965), allemande (1965).

1958e- *Beyond the Welfare State. Economic Planning and its International Implication*, Yale University School of Law, Storr Lectures on Jurisprudence; New Haven, Conn., Yale University Press, 1960; Londres, Gerald Duckworth, 1960; Westport, Conn., Greenwood Press, 1982; University Paperback, Londres, Methuen, 1965; New York, Bantam Books, 1967; traduction française: Myrdal (1963b); autres traductions: allemande (1961), espagnole (1961), suédoise (1961), portugaise (1962), italienne (1962), japonaise (1963), néerlandaise (1963), catalane (1965), coréenne (1972).

1959- *Théorie économique et pays sous-développés*, traduit de l'anglais [Myrdal (1957b)] par J. Chazelle, Paris, Présence africaine.

1961- "'Value-Loaded' Concepts", in: H. Hegeland (dir.), *Money Growth, and Methodology and other Essays in Economics in Honour of Johan Åkerman*, Lund, Lund Social Science Studies, n° 20, 273-288.

1962- *Vi och Västeuropa. Uppfordran till eftertanke och debatt* [Nous et l'Europe de l'Ouest. Un défi à la réflexion et au débat], en collaboration avec Tord Ekström et Roland Pålsson, Stockholm, Rabén & Sjögren; nouvelle édition mise à jour: Myrdal (1971d).

1963a- *Challenge to Affluence*, New York, Pantheon Books; Londres, Victor Gollancz; Toronto, Random House; édition révisée et augmentée, New York, Vintage Books, 1965; traductions: suédoise (1963), danoise (1964), espagnole (1964), finlandaise (1964), japonaise (1964), néerlandaise (1965), coréenne (1974).

1963b- *Planifier pour développer. De l'État-providence au monde-providence*, traduit de l'anglais [Myrdal (1958e)] par René Baretje, Paris, Éditions ouvrières.

1964- "A Critical Appraisal of the Concept and Theory of Underdevelopment", in: C. R. Rao et al. (dir.), *Essays on Econometrics and Planning Presented to Professor P. C. Mahalanobis*, Calcutta, Statistical Publishing Society, 183-204; New York, Pergamon Press, 1965; version modifiée en appendice in: Myrdal (1968a).

1965a- "Economic Growth and Economic Policy in the United States", *Svenska Handelsbanken's Economic Review*, Supplement to Index, vol. 40, n° 3.

1965b- "The Future University", in: T. B. Stroup (dir.), *The University in the American Future*, Lexington, Kentucky, University of Kentucky Press, 95-111.

1965c- "The United Nations, Agriculture, and the World Economic Revolution", *Journal of Farm Economics*, vol. 47, n° 4, 889-899.

1966a- "The Economic Effects of Population Development", in: D.H. Butani et P. Singh (dir.), *Economic Development. Issues and Policies.*, P.S. Lohanathan 72nd Birthday Commemoration Volume, Bombay, 33-52.

1966b- "National Planning for Healthy Cities: Two Challenges to Affluence", in: S. B. Warner Jr. (dir.), *Planning for a Nation of Cities*, Cambridge, Mass. et Londres, 3-22.

1966c- "A Note on 'Accounting Prices' and the Role of the Price Mechanism in Planning for Development", *The Swedish Journal of Economics*, vol. 68 , n° 3, 135-147; en appendice in: Myrdal (1968a).

1966d- "Note on Interest Rates in South Asian Countries", *The Swedish Journal of Economics*, vol. 68, n° 4, 219-233.

1966e- "Paths of Development", *New Left Review*, Londres, n° 36, mars-avril, 65-74.

1966f- "The Vietnam War and the Political and Moral Isolation of America", discours au Madison Square Garden, New-York, 8 décembre; 37 parutions ou extraits en différentes langues, dont en français: *La Revue nouvelle*, vol. 23, n° 45, 1967, 410-418; version anglaise in: Myrdal (1973d).

1967a- "Blir inflation oundviklig i en demokrati av den svenska typen?" [L'inflation est-elle inévitable dans une démocratie de type suédois?], in: *Samhälle i omvandling*, Stockholm, 127-152.

1967b- "Economic Development in the Backward Countries", *Dissent*, New York, vol. 14, n° 2, mars-avril, 180-190; version italienne, *La Comunità Internazionale*, vol. 19, n° 2, 1964, 3-13.

1967c- "An Economist's Vision of a Sane World", conférence prononcée à l'occasion de l'Exposition universelle de 1967, Montréal, 29 mai; *Cahiers économiques et sociaux*, vol. 5, n° 4, 503-515; *Man and His World. The Noranda Lectures*, Toronto, 1968, 17-27; in: Myrdal (1973d).

1967d- "La réforme agraire dans un contexte économique et social élargi", *Notes et études documentaires*, n° 3439-3440, 67-74; orig. anglais: "Land Reform in Its Broader Economic and Social Setting", *Economic Planning*, vol. 2, n° 3-4, 1966, 5-10; version anglaise in: Myrdal (1973d).

1967e- "The Theories of 'Stages of Growth'", *Scandinavian Economic History Review*, vol. 15, n° 1-2, 1-12.

1967f- "Vietnam - a Moral Problem for the Whole World", conférence de clôture à la conférence mondiale sur le Vietnam de Stockholm, juillet; 12 parutions et extraits en différentes langues, dont anglais: *Afro-Asian and World Affairs*, vol. 4, n° 3, 232-237; in: Myrdal (1973d).

1968a- *Asian Drama: An Inquiry into the Poverty of Nations*. A Twentieth Century Fund Study, 3 volumes, New York, The Twentieth Century Fund; New York, Pantheon Books; Harmondsworth, Penguin Books; Londres, Allen Lane the Penguin Press; extraits, New York, Vintage Books, 1970; traduction italienne (1971); version condensée par Seth S. King: Myrdal (1971a).

1968b- "East-West Economic Relations in Europe", *The New Hungarian Quarterly*, Budapest, vol. 9, n° 29, 27-37.

1968c- "The Necessity and Difficulty of Planning the Future Society", in: W. R. Ewald Jr. (dir.), *Environment and Change. The Next Fifty Years*, Bloomington et Londres, 250-263; version modifiée in: *Economic Planning*, vol. 4, n°3-4, mai-juillet, 3-4 et 6-9; in: Myrdal (1973d).

1968d- "Political Factors Affecting East-West Trade in Europe", *Coexistence*, vol. 5, juillet, 141-148; in: Myrdal (1973d).

1968e- "The 'Soft State' in Underdeveloped Countries", *UCLA Law Review*, vol. 15, n°4, 1118-1134; traduction francaise: Myrdal (1969b).

1968f- "Twenty Years of the United Nations Economic Commission for Europe", *International Organization*, World Peace Foundation, Boston, vol. 22, n° 3, 617-628; in: Myrdal (1973d).

1968g- "Canada Can Be Independent and Grow", *The Financial Post*, 19 oct., interview par Paul Gibson.

1968h- "Bostadssociala preludier" [Préludes à une politique sociale du logement], in: *Bostadspolitik och samhällsplanering*, Stockholm, Tidens, 9-14.

1969a- "Cleansing the Approach from Biases in the Study of Underdeveloped Countries", *Social Science Information*, vol. 8, n° 3, 9-26.

1969b- "L'État 'mou' dans les pays sous-développés", *Revue Tiers-Monde*, vol. 10, n° 37, 5-24; orig. anglais: Myrdal (1968e).

1969c- "Les organisations intergouvernementales et le rôle de leurs secrétariats", *Administration publique du Canada*, Toronto, vol. 12, n° 3, 334-355; in: Myrdal (1973d).

1969d- *Objectivity in Social Research*, Latrobe, Pa., The Archabbey Press; New York, Pantheon Books; Londres, Gerald Duckworth, 1970; traductions: suédoise (1968), espagnole (1970), allemande (1971), japonaise (1971), italienne (1973).

1969e- "The Role of the Public Services in Underdeveloped Countries", *Public Services International Bulletin*, Londres, février, 1-9; in: Myrdal (1973d).

1970a- "Agricultural Development and Planning in Underdeveloped Countries Outside the Socialist Sphere. National Purpose, Methods, Difficulties and Results", *Journal for Agriculture and Related Industries*, vol. 6, n° 3/4, 3-7; in: Myrdal (1973d); version modifiée parue sous le titre "Are the Developing Countries Really Developing", *Bulletin of the Atomic Scientists*, vol. 27, n° 1, 1971, 5-8.

1970b- "Biases in Social Research", in: A. Tiselius et S. Nilsson (dir.), *The Place of Value in a World of Facts*, Proceedings of the Fourteenth Nobel Symposium, Stockholm, New York, Londres et Sydney, 155-161; in: Myrdal (1973d).

1970c- *The Challenge of World Poverty. A World Anti-Poverty Program in Outline*, New York, Pantheon Books; Londres, Allen Lane The Penguin Press; Harmondsworth, Penguin Books, 1971; New York, Vintage Books, 1971; traduction française: Myrdal (1971b); autres traductions: allemande (1970), suédoise (1970), japonaise (1971), néerlandaise (1971), danoise (1972), espagnole (1973), hongroise (1974), hindi (1976), italienne (1976), coréenne (1977).

1971a- *Asian Drama: An Inquiry into the Poverty of Nations*, An Abridgment by Seth S. King [orig.: Myrdal (1968a)], New York, Pantheon Books; Londres, Allen Lane The Penguin Press, 1972; New York, Vintage Books, 1972; Harmondsworth, Penguin Books, 1977; traduction française: Myrdal (1976a); autres traductions: suédoise (1968), norvégienne (1969), russe (1972), allemande (1973), italienne (1973), espagnole (1974), japonaise (1974), urdu (1975), coréenne (1976).

1971b- *Le Défi du monde pauvre. Un Programme de lutte sur le plan mondial*, traduction de: Myrdal (1970c) par Guy Durand, Paris, Gallimard.

1971c- *La Nécessité de réformes radicales dans les pays en voie de développement.* — *L'Éducation*, Unesco, Commission internationale sur le développement de l'éducation, Série B: Opinions, 20; ce texte est constitué de larges extraits de: Myrdal (1970c).

1971d- *Vi och Västeuropa. Andra Ronden. Uppfordran till eftertanke och debatt* [Nous et l'Europe de l'Ouest. Deuxième ronde. Un défi à la réflexion et au débat], en collaboration avec Tord Ekström et Roland Pålsson, Stockholm, Rabén & Sjögren; édition mise à jour de: Myrdal (1962).

1971e- "What is Wrong with the Welfare State?" in: N. Greene (dir.), *European Socialism Since World War I*, Chicago, 198-207; in: Myrdal (1973d).

1972a- "Growth and Social Justice", *World Development*, vol. 1, n° 3-4, 119-120.

1972b- "How Scientific Are the Social Sciences", *Économies et sociétés*, Genève, vol. 6, n° 8, 1473-1496; *Journal of Social Issues*, vol. 28, n° 4, 151-170; *Bulletin of the Atomic Scientists*, 1973, vol. 29, n° 1, 31-37; in: Myrdal (1973a), 133-157.

1972c- "Political Factors in Economic Assistance", *Scientific American*, vol. 226, n° 4, 15-21.

1972d- "Response to Introduction", *American Economic Review*, vol. 62, n° 2, 456-462; version modifiée sous le titre "Crisis and Cycles in the Development of Economics", *Political Quarterly*, vol. 44, n° 1, 19-21; in: Myrdal (1973a).

1972e- "Twisted Terminology and Biased Theories", in: L.E. Di Marco (dir.), *International Economics and Development. Essays in Honor of Raúl Prebisch*, New York et Londres, Academic Press, 37-41; in: Myrdal (1973a).

1972f- "The World Poverty Problem", *Britannica Book of the Year*, 22-34; in: *Davidson Lectures. Poverty, Ecology, and Technological Change: World Problems of Development*, University of New Hampshire, 14-27; *Mondes en développement*, vol.1, n° 1, 1973, 117-161; in: Myrdal (1973a).

1972g- "The Need for a Sociology and Psychology of Social Science and Scientists" in: M. Kleg et J.H. Litcher (dir.), *Social Studies. The Humanizing Process*, , Winter Haven, Floride, 1-9; *World Development*, n° 3, 1973; in: Myrdal (1973a), 52-64.

1973a- *Against the Stream: Critical Essays on Economics*, New York, Pantheon Books; Londres, Macmillan, 1974; New York, Vintage, 1975; traduction française: Myrdal (1978d); autres traductions: suédoise (1973), allemande (1974), italienne (1975), japonaise (1975), coréenne (1976), hindi (1977), portugaise (1977), espagnole (1980).

1973b- "Challenge of Stagnation in Developing Countries", conférence inaugurale à la seconde Assemblée de One Asia, New Delhi, *Khadigramodyog*, vol. 19, 381-387; *Journal of Gandhian Studies*, juillet 1974.

1973c- "A Contribution Towards a More Realistic Theory of Economic Growth and Development", *Mondes en développement*, n° 1, 23-33; in: Myrdal (1973a) sous le titre de "'Growth' and 'Development'".

1973d- *Essays and Lectures*, édité par Mutsumi Okada, Kyoto, Keibunsha.

1973e- "Rôle des valeurs et politique sociale", *Consommation*, vol. 20, n° 1, janvier-mars, 5-16; orig. anglais: "The Place of Values in Social Policy", *Journal of Social Policy*, vol. 1, n° 1, 1972, 1-14; version anglaise in: Myrdal (1973a).

1974a- "The Transfer of Technology to Underdeveloped Countries", *Scientific American*, vol. 231, n° 3, sept.,173-182.

1974b- "What is Development?", *Journal of Economic Issues*, vol 8, n° 4, 729-736.

1975- "The Equality Issue in World Development", *Les Prix Nobel en 1974*, Stockholm, 263-281; *The Swedish Journal of Economics*, vol. 77, n° 4, 413-432; in: Myrdal (1979a).

1976a- *Le Drame de l'Asie: une enquête sur la pauvreté des nations*, une étude de la fondation du XXè siècle, condensée par Seth King, traduite de l'anglais [Myrdal (1971a)] par Michel Janin, Paris, Seuil.

1976b- *Environment and Economic Growth*, Stockholm, Institute for International Economic Studies, n°. 57.

1976c- "The Veblen-Commons Award", *Journal of Economic Issues*, vol. 10, n° 2, juin, 210-216.

1978a- "Institutional Economics", *Journal of Economic Issues*, vol. 12, n° 4, décembre, 771-83; in: Myrdal (1979a).

1978b- "Un parallèle: le Front populaire (1936, le premier gouvernement Blum)", in: S.-C. Kolm (dir.), *Solutions socialistes: à propos de "La Transition socialiste"*, Paris, Ramsay, 143-146.

1978c- *Political and Institutional Economics. Eleventh Geary Lecture*, Dublin, The Economic and Social Research Institute.

1978d- *Procès de la croissance: à contre-courant*, traduit de l'américain [Myrdal (1973a)] par TRADECOM, Paris, Presses universitaires de France.

1978e- "Race and Class in a Welfare State", in: D. Baron (dir.), *The National Purpose Reconsidered*, New York, Columbia University Press; *Mondes en développement*, (1979), n° 26, 173-210; in: Myrdal (1979a).

1978f- "What is Political Economy?", in: S.K. Sharma (dir.), *Dynamics of Development. An International Perspective [Essays in Honour of J.N. Khosla]*, Delhi, Concept Publication Co.,I, 47-53; in: R.A. Solo et C.W. Anderson (dir.), *Value Judgment and Income Distribution*, New York, Praeger, 1981.

1979a- *Essays and Lectures After 1975*, édité par Mutsumi Okada, Kyoto, Keibunsha.

1979b- "Underdevelopment and the Evolutionary Imperative", *Third World Quarterly*, vol.1, n⁰ 2, 24-42.

1979c- "Några reflektioner kring efterkrigstidens ekonomiska politik i Sverige" [Quelques réflexions sur la politique économique de l'après-guerre en Suède], *Skandinaviska Enskilda Banken Kvartalsskrift*, vol. 8, 3-4, 66-71.

1981a- "Relief Instead of Development Aid", *Intereconomics*, Hambourg, vol.16, n⁰ 2, mars-avril, 86-89.

1981b- "Political Economy and Institutional v. Conventional Economics," in: G.R. Feiwel (dir.), *Samuelson and Neoclassical Economics*, Boston, Kluwer-Martinus Nijhoff, 311-316.

1981c- "America's Opportunity", in: E. Alcott (dir.), *Will Western Civilization Survive: Challenging Readings for Contemporary Times*, Dubuque, Iowa, Kendall & Hunt Fub.

1982- *Hur Styrs Landet?* [Comment le pays est-il dirigé?], Stockholm, Raben& Sjögren.

1984- "International Inequality and Foreign Aid in Retrospect" in: G.M. Meier et D. Seers (dir.) *Pioneers in Development*, New York, Oxford University Press (pour la Banque mondiale).

1987a- "Aims of Planning", *IASSI Quarterly Newsletter*, juin, 1-7.

1987b- "Inequality of Justice", *Review of Black Political Economy*, vol. 16, n⁰ 1-2, 81-98.

1988- *An American Dilemma Revisited*, New York & Oxford, Basil Blackwell (avec la collaboration du Studieforbundet Naringsliv och Samhalle).

II- Références sur Gunnar Myrdal

ANGRESANO, J. (1986), "Myrdal, Gunnar as a Social Economist", *Review of Social Economy*, vol. 44, nº 2, octobre,146-158.

ASSARSSON-RIZZI, K. et BOHRN, H. (1984), *K. Gunnar Myrdal, a Bibliography, 1919-1981*, New York et Londres, Garland Publishing.

BLAUG, M. (1985), "Myrdal, Gunnar", in: *Great Economists Since Keynes*, Brighton, Wheatsheaf, 179-181.

BRINKMAN, R.L. (1981), "Culture in Neo-Institutional Economics; an Integration of Myrdal and Galbraith into the Veblen-Ayres Matrix", *American Journal of Economics and Sociology*, vol. 40, nº 4, octobre, 401-412.

CAPLAN, B. (1941), "Some Swedish Stepping Stones in Economic Theory: A Comment", *Canadian Journal of Economics and Political Science*, vol. 7, 559-62.

CARR-SAUNDERS, A.M. (1941), "*Population — A Problem for Democracy*, by Gunnar Myrdal", *Economica*, vol. 8, nº 31, 325-328.

CHAKRAVARTY, S. (1987), "Gunnar Myrdal: An Appreciation", *IASSA Quarterly Newsletter*, juin, 8-9.

CLARK, E.C., et MCKERROW, R.E. (1987), "The Historiographical Dilemma in Myrdal American Creed - Rhetorics Role in Rescuing a Historical Moment", *Quarterly Journal of Speech*, vol. 73, nº 3, 303-316.

CLARK, H. (1941), *Swedish Unemployment Policy, 1914-1935*, Washington.

COLE, M. et SMITH, C. (1938), (dir.), *Democratic Sweden*, Londres.

DOPFER, Kurt (1988), "In Memoriam: Gunnar Myrdal's Contribution to Institutional Economics", *Journal of Economic Issues*, vol. 22, nº 1, mars, 227-231.

DYKEMA, E. (1986), "No View without a Viewpoint; Gunnar Myrdal", *World Development*, , vol. 14, nº 2, février, 147-163.

EKONOMISK TIDSKRIFT (1960), "The Stockholm School: Ideas, Origins, and Development: A Symposium", vol. 62, septembre.

ELLIS, H.S. (1940), "*Monetary Equilibrium*. By Gunnar Myrdal", *Journal of Political Economy*, vol. 48, nº 3, juin, 434-437.

FAGEN, M.M. (1988), "Gunnar Myrdal in Retrospect", *Coexistence*, vol. 25, 423-425.

FAGEN, M.M. (1988), "Gunnar Myrdal and the Shaping of the United Nations' Economic Commission for Europe", *Coexistence*, vol. 25, 427-435.

GRUCHY, A.G. (1972), "Gunnar Myrdal's Economic Integration", in: *Contemporary Economic Thought: The Contribution of Neo-Institutional Economics*, Clifton, Augustus M. Kelley, 177-236.

GRUCHY, A.G. (1987), *The Reconstruction of Economics — An Analysis of the Fundamental of Institutional Economics*, Greenwood, Connecticut.

GUSTAFSSON, B. (1973), "A Perennial of Doctrinal History: Keynes and 'the Stockholm School'", *Economy and History*, vol. 16, 114-128.

HACKEN, R.D. (1983), "Scandinavian Social Economics 1850-1930: A Bibliographic Note", *Review of Social Economy*, vol. 41, nº 2, 137-151.

HAMMARSKJÖLD, D. (1955), "The Swedish Discussion on the Aims of Monetary Policy", *International Economic Papers*, nº 5, 145-154.

HANSEN, B. (1981), "Unemployment, Keynes and the Stockholm School", *History of Political Economy*, vol. 13, nº 2, 256-277.

HANSSON, B.A. (1982), *The Stockholm School and the Development of Dynamic Method*, Londres, Croom Helm.

HANSSON, B.A. (1987), "Stockholm School" in: J. Eatwell, M. Milgate et P. Newman (dir.), *The New Palgrave, A Dictionary of Economics*, Londres, Macmillan: New York, Stockholm Press, vol. 4, 503-507.

HECKSCHER, E.F. (1953), "A Survey of Economic Theory in Sweden, 1875-1950", *The Scandinavian Economic History Review*, vol. 1, n° 1, 105-125.

HICKS, J.R. (1934), «Review of *Beiträge zur Geldtheorie* ed. by F.A. Hayek», *Economica*, n.s., vol. 1, n° 4, novembre, 479-483; in: *Money, Interest and Wages*, vol. 2, *Collected Essays on Economic Theory*, Cambridge, Mass., Harvard University Press, 1982, 42-45.

HICKS, J.R. (1983), "Myrdal", in: *Collected Essays on Economic Theory*, vol. 3, Cambridge, Mass., Harvard University Press, 343-346 (1re éd., 1954).

INDIAN ASSOCIATION OF SOCIAL INSTITUTIONS (1987), "A Complete Social Scientist: Remembering Gunnar Myrdal", *IASSI Quarterly Bulletin*, septembre, 1-7.

JACKSON, W.A. (1985), "The Making of a Social Science Classic: Gunnar Myrdal's *An American Dilemma*", *Perspectives in American History*, n.s., vol. 2, 221-267.

JACKSON, W.A. (1990), *Gunnar Myrdal and America's Conscience: Social Engineering and Racial Liberalism, 1938-87*, Chapel Hill, University of North Carolina Press.

JOHNUNG, L. (1979), "Knut Wicksell's Norm of Price Stabilization and Swedish Monetary Policy in the 1930's", *Journal of Monetary Economics*, vol. 5, n° 4, octobre.

KINDER, D.R. (1986), "The Continuing American-Dilemma — White Resistance to Racial Change 40 Years after Myrdal", *Journal of Social Issues*, vol. 42, n° 2, 151-171.

KINDLEBERGER, C.F. (1987), "Gunnar, Myrdal, 1898-1987", *Scandinavian Journal of Economics*, vol. 89, n° 4, 393-403.

LAGEMANN, E.C. (1987), "A Philanthropic Foundation at Work — Gunnar Myrdal's *American Dilemma* and the Carnegie Corporation", *Minerva*, New York, vol. 25, nº 4, 441-470.

LANDGREN, K.G. (1957), *Economics in Modern Sweden*, Washington, Library of Congress, Reference Deparment.

LANDGREN, K.G. (1960), *Den 'nya ekonomien' i Sverige. J. M. Keynes, E. Wigforss, B. Ohlin och utvecklingen 1927-39* [La "nouvelle pensée économique" en Suède: J. M. Keynes, E. Wigforss, B. Ohlin et le développement 1927-1939], Stockholm, Almqvist & Wiksell.

LERNER, A.P. (1940), "Some Swedish Stepping Stones in Economic Theory, *Canadian Journal of Economics and Political Science*, vol. 6, nº 4, novembre, 574-591.

LINDAHL, E. (1929), "*Dynamic Pricing (Prisbildningsproblemet och föränderligheten)*. By Dr.Gunnar Myrdal", *Economic Journal*, vol. 39, mars, 89-91.

LINDAHL, E. (1939), *Studies in the Theory of Money and Capital*, Londres, George Allen & Unwin; New York, A.M. Kelley, 1970; trad.française partielle, *Études sur la théorie de la monnaie et du capital*, Paris, Médicis, 1949.

LINDAHL, E. (1950), "Swedish Experience in Economic Planning", *American Economic Review*, vol. 40, nº 2, mai, 11-20.

LUNDBERG, E. (1937), *Studies in the Theory of Economic Expansion*, Londres, P.S. King; New York, A.M. Keller, 1955.

LUNDBERG, E. (1974), "Gunnar Myrdal's Contributions to Economic Theory", *The Swedish Journal of Economics*, vol. 76, 472-478; in: H.W. Spiegel et W.J. Samuels (dir.), *Contemporary Economists in Perspective*, Greenwich, Conn., JAI Press, 1984, 688-694.

LUNDBERG, E. (1985), "The Rise and Fall of the Swedish Model", *Journal of Economic Literature*, vol. 23, nº 1, mars, 1-36.

MARCHAL, A. (1947), "La pensée économique suédoise contemporaine", *Revue d'économie politique*, vol. 57, janvier-février, 65-111.

MCGREGOR, P.G. (1988), "Keynes on Ex-Ante Saving and the Rate of Interest", *History of Political Economy*, vol. 20, n° 1, printemps.

MILGATE, M, (1979), "On the Origin of the Notion of 'Intertemporal Equilibrium'", *Economica*, vol. 46, février, 1-10.

MONTGOMERY, A. (1938), *How Sweden Overcame the Depression*, Stockholm.

MYINT, H. (1968), "Myrdal, G. 1968, *Asian Drama: An Inquiry into the Poverty of Nations*", *Swedish Journal of Economics*, 242-245.

O'BRIEN, J.C. (1982), "The Economist in Search of Values", *International Journal of Social Economics*, vol. 9, n° 4, 1-78.

OHLIN, B. (1934), "Till Frågan om Penningteoriens Uppläggning", *Ekonomisk Tidskrift*, vol. 35, n° 2, 45-81; trad. angl., "On the Formulation of Monetary Theory", *History of Political Economy*, vol. 10, n° 3, automne 1978, 353-388.

OHLIN, B. (1937), "Some Notes on the Stockholm Theory of Savings and Investment", *Economic Journal*, vol. 47, I, n° 185, mars, 53-69; II, n° 186, juin, 221-240; in: G. Haberler (dir.), *Readings in Business Cycle Theory*, Homewood, Ill., Richard D. Irwin, 1951, 87-130.

OHLIN, B.G. (1943), "Stockholmsskolan kontra kvantitetsteorien", *Ekonomisk Tidskrift*, 27-46; trad. angl., "The Stockholm School versus the Quantity Theory", *International Economic Papers*, n° 10, 1960, 132-146.

OHLIN, B.G. (1978), "Some Comments on Keynesianism and the Swedish Theory of Expansion Before 1935", in: D. Patinkin et J.C. Leith (dir.), *Keynes, Cambridge and The General Theory: The Process of Criticism and Discussion Connected With the Development of the General Theory*, Londres, Macmillan: Toronto, University of Toronto Press,149-165.

OHLIN, B.G. (1978), "Keynesian Economics and the Stockholm School: A Comment on Don Patinkin's Paper", *Scandinavian Journal of Economics*, vol. 80, n° 2, 144-147.

OHLIN, B.G. (1981), "Stockholm and Cambridge: Four Papers on the Monetary and Employment Theory of the 1930s", éd. par O. Steiger, *History of Political Economy*, vol. 13, été, 189-255.

PALANDER, T. (1941), "Om 'Stockholms skaolans begrepp och metoder'", *Ekonomist Tidskrift*, vol. 43, mars, 88-143; trad. angl. "On the concepts and Methods of the 'Stockholm school: some methodological reflections on Myrdal's *Monetary Equilibrium*", *International Economic Papers*, nº 3, 1953, 5-57.

PATINKIN, D. (1978), "On the Relation Between Keynesian Economics and the 'Stockholm School'", *Scandinavian Journal of Economics*, vol. 80, nº 2, 135-143; in: S. Strom et B. Tharlbert (1979), (dir.), *The Theoretical Contributions of Knut Wicksell*, Londres, Macmillan, 7-15.

PATINKIN, D. (1982), "Anticipations of the General Theory? The Stockholm School", in: *Anticipations of the General Theory? And Other Essays on Keynes*, Chicago, University of Chicago Press; Oxford, Basil Blackwell, 36-57.

REYNOLDS, L.G. (1974), "Gunnar Myrdal's Contributions to Economics, 1940-1970", *The Swedish Journal of Economics*, vol. 76, 479-497; in H.W. Spiegel et W.J. Samuels (dir.), *Contemporary Economists in Perspective*, Greenwich, Conn., JAI Press, 1984, 694-708.

RIST, C. (1950), "L'Équilibre monétaire d'après Myrdal", *Revue d'économie politique*, vol. 60, 450-453.

ROBINSON, J. (1939), "*Monetary Equilibrium.* By Gunnar Myrdal", *Economic Journal*, vol. 49, septembre, 493-495; in *Collected Economic Papers*, vol. 1, Oxford, Basil Blackwell, 1951.

ROBINSON, J. (1968), "The Poverty of Nation", (recension de *Asian Drama*), *Cambridge Quarterly*, automne; in: J. Robinson, *Collected Economic Papers*, vol. 4, Oxford, Basil Blackwell, 1973, 106-113.

ROBINSON, J. (1981), "Gunnar Myrdal: Against the Stream", in: J. Robinson, *What Are the Questions? And Other Essays*, Armonk, New York, Sharpe, 151-154.

ROSENSTEIN-RODAN, P.N. (1936), "The Coordination of the General Theories of Money and Price", *Economica*, n.s., vol. 3, août, 257-280.

Royal Academy of Science, Suède (1974), "The Nobel Memorial Prize in Economics 1974", Official Announcement, *The Swedish Journal of Economics*, vol. 76, 469-471.

SECCARECCIA, M. (1989), "The Two Faces of Neo-Wicksellianism During the 1930s: The Austrians and the Swedes", in: D. Moggridge (dir.), *Perspectives on the History of Economic Thought*, Upleadon, Edward Elgar.

SHACKLE, G.L.S. (1945), "Myrdal's Analysis of Monetary Equilibrium", *Oxford Economic Papers*, n⁰ 7, 47-66.

SHACKLE, G.L.S. (1967), *The Years of High Theory*, Cambridge, Cambridge University Press.

SINGH, T. (1987), "For the Well-Being of Mankind: Gunnar and Alva Myrdal", *IASSA Quarterly Newsletter*, juin, 10-13.

SIVEN, C.H. (1985), "The End of the Stockholm School", *Scandinavian Journal of Economics*, vol. 87, n⁰ 4, 577-593.

SOUTHERN, D.W. (1987), *Gunnar Myrdal and Black-White Relations: the Use an Abuse of An American Dilemma, 1944-1969*, Baton Rouge, Louisiane, Louisiana State Univesity Press.

STEIGER, O. (1971), *Studien zur Entstehung der Neuen Wirtschaftslehre in Schweden: Eine Anti-Kritik* [Études sur la formation de la nouvelle doctrine économique en Suède: une contre-critique], Berlin, Duncker und Humblot.

STEIGER, O. (1976), "Bertie Ohlin and the Origins of the Keynesian Revolution", *History of Political Economy*, vol. 8, n⁰ 3, automne, 341-366.

STEIGER, O. (1978), "Prelude to the Theory of a Monetary Economy: Origins and Significance of Ohlin's 1933 Approach", *History of Political Economy*, vol. 10, n⁰ 3, automne, 420-446.

STEIGER, O. (1979), "What Was New in Myrdal's 1932-1934 Macroeconomics", *Diskussionsbeiträge zur Politischen Ökonomie*, Université de Brème.

STEIGER, O. (1987), "Ex-Ante and Ex-Post" in: J. Eatwell, M. Milgate et P. Newman (dir.), *The New Palgrave, A Dictionary of Economics*, Londres, Macmillan; New York, Stockton Press, vol. 2, 199-201.

STEIGER, O. (1987), "Monetary Equilibrium" in: J. Eatwell, M. Milgate et P. Newman (dir.), *The New Palgrave, A Dictionary of Economics*, Londres, Macmillan; New York, Stockton Press, vol. 3, 506-508.

STREETEN, P.F. (1979), "Myrdal, Gunnar", in: D.L. Sills (dir.), *International Encyclopaedia of the Social Science*, New York, The Free Press; Londres, Collier-Macmillan, 571-578.

STREETEN, P.F. (1981), "Programme and Prognoses — Introduction to Gunnar Myrdal", in P. F. Streeten (dir.), *Development Perspectives*, New York, St. Martin's Press; Londres, Macmillan, 3-34.

STREETEN, P.F. (1981), "Life and Work of Gunnar Myrdal", in P.F. Streeten (dir.), *Development Perspectives*, New York, St. Martin's Press; Londres, Macmillan, 418-431.

STREETEN, P.F. (1987), "Myrdal, Gunnar (1898-1987)", in: J. Eatwell, M. Milgate et P. Newman (dir), *The New Palgrave, A Dictionary of Economics*, Londres, Macmillan; New York, Stockton Press, vol. 3, 581-583.

THOMAS, B. (1936), *Monetary Policy and Crisis: A Study of Swedish Experience*, Londres, Routledge.

UHR, C.G. (1960), *Economic Doctrines of Knut Wicksell*, Berkeley of Los Angeles, University of California Press.

UHR, C.G. (1973), "The Emergence of the 'New Economics' in Sweden: A Review of a Study by Otto Steiger", *History of Political Economy*, vol. 4, printemps, 243-260.

UHR, C.G. (1977), "Economists and Policymaking 1930-1936: Sweden's Experience", *History of Political Economy*, vol. 9, printemps, 89-121.

VELUPILLAI, K. (1988), "Some Swedish Stepping Stones to Modern Macroeconomics", *Eastern Economic Journal*, vol. 14, n° 1, janvier-mars.

WACKER, R.F. (1983), *Ethnicity, Pluralism, and Race — Race-relations Theory in America before Myrdal*, Westport, Conn., Greenwood Press.

WIBERG, H. (1987), "Myrdal, Gunnar", *Kölner Zeitschrift für Soziologie und Sozialpsychologie*, vol. 49, n° 4, 829-832.

WINCH, D. (1966), "The Keynesian Revolution in Sweden", *Journal of Political Economy*, vol. 74, avril, 168-176.

YOHE, W.P. (1959), *The Wicksellian Tradition in Swedish Macroeconomic Theory*, thèse de doctorat, University of Michigan, Ann Arbour.

NOTES SUR LES AUTEURS

ADAIR, Philippe, maître de conférences en sciences économiques à l'Université de Paris XII. Auteur de *l'Économie informelle — figures et discours*, (Paris, Anthropos,1985); contributions à A.Béraud et al. (dir.), *Histoire de la pensée économique*, (Paris, La Découverte, 1990).

BOK, Sissela, professeure à l'Université Brandeis, fille de Gunnar et Alva Myrdal. Auteure de *Alva: Ett kvinnoliv*, (Stockholm, Bonniers, 1987, à paraître chez Pantheon Books en 1991).

CHOSSUDOVSKY, Michel, professeur au département de sciences économiques de l'Université d'Ottawa. Auteur de *Towards Capitalist Restoration? Chinese Socialism after Mao* (Londres, Macmillan, 1986) et *La miseria en Venezuela* (5è éd., Caracas, Vadell, 1984).

DOSTALER, Gilles, professeur au département de sciences économiques à l'Université du Québec à Montréal. Éditeur de *Un Échiquier centenaire: théorie de la valeur et formation des prix* (La Découverte et Presses de l'Université du Québec, 1985) et de *Friedrich Hayek, philosophie, économie et politique* (ACFAS et Économica,1989).

ÉTHIER, Diane, professeure au département de science politique de l'Université de Montréal. Éditrice de *Democratic Transition and Consolidations in Southern Europe, Latin America and Southeast Asia* (Londres, MacMillan, 1990) et de *Friedrich Hayek, philosophie, économie et politique* (ACFAS et Économica, 1989).

GILL, Louis, professeur au département de sciences économiques à l'Université du Québec à Montréal. Auteur de *Les limites du partenariat: les expériences social-démocrates de gestion économique en Suède, en Allemagne, en Autriche et en Norvège* (Montréal, Boréal, 1989) et de *Économie mondiale et impérialisme* (Montréal, Boréal, 1983).

LALONDE, Francine, chargée de cours à l'Université du Québec à Chicoutimi et à l'Université du Québec à Montréal. Ancienne vice-présidente de la Confédération des syndicats nationaux et ex-ministre déléguée à la condition féminine du Gouvernement du Québec.

LEPAGE, Laurent, professeur au département de science politique de l'Université du Québec à Montréal. Co-éditeur avec L.Jalbert de *Néo-conservatisme et restructuration de l'État* (Québec, Presses de l'Université du Québec, 1986); auteur de "La construction de l'édifice scolaire québécois" in: Y. Bélanger et L. Lepage, *l'Administration publique québécoise: évolutions sectorielles* (Québec, P.U.Q., 1989).

PELTIER, Jacques, professeur au département de sciences économiques de l'Université du Québec à Montréal. Auteur, avec Jean-Pierre Réverêt, de "Ressources halieutiques et forestières", *Cahiers de recherche sociologique*, 1987; auteur de "Néo-autrichiens et néo-classiques" in L. Jalbert et L. Beaudry, *les Métamorphoses de la pensée libérale* (Québec, P.U.Q., 1987).

ROSIER, Michel, maître de conférences en sciences économiques à l'Université de Paris VII. Auteur de "le Modèle de reproduction et d'accumulation d'A. Smith" (*Recherches économiques de Louvain*, vol. 53, n° 2, juin 1987 et de "O. Neurath et la critique du pseudo-rationalisme" (*Dialogue, Revue canadienne de philosophie*, vol. 25, 1986).

SECCARECCIA, Mario, professeur au département de sciences économiques de l'Université d'Ottawa. Auteur de "Systemic Viability and Credit Crunches: An Examination of Recent Canadian Cyclical Fluctuations" (*Journal of Economic Issues*, mars 1988) et "Système monétaire et loi d'entropie: la notion gesellienne de préférence pour la liquidité" (*Économies et sociétés*, septembre 1988).

STREETEN, Paul, directeur du World Development Institute de l'Université de Boston et éditeur de la revue *World Development*. Auteur de nombreux ouvrages, il a collaboré avec Gunnar Myrdal pour l'ouvrage *Asian Drama* et édité *Value in Social Theory* (New York, Harper and Row, 1958).

TILTON, Timothy, professeur au département de science politique à l'Université d'Indiana. Auteur de *The Political Theory of Swedish Social Democracy* (Oxford University Press, 1990).

VELUPILLAI, Kumaraswamy, professeur de sciences économiques à l'Institut d'économie de l'Université de Copenhague. Auteur de "Some Swedish Stepping Stones to Modern Macroeconomics" (*Eastern Economic Journal*, 1987) et éditeur de *Nonlinear and Multisectorial Dynamics: Essays in Honour of Richard Goodwin* (Londres, Macmillan, 1988).

TABLE DES MATIÈRES

Achevé d'imprimer
en mars 1990 sur les presses
des Ateliers Graphiques Marc Veilleux Inc.
Cap-Saint-Ignace, Qué.